本书系教育部2020年度高校思想政治理论课教师研究专项一般项目
（项目批准号：20JDSZK039）阶段性成果；
2020年度福建省社会科学规划项目
（项目批准号：FJ2020B001）阶段性成果。

苏瑞莹 ◎ 著

用历史启迪心智
以情感触动心弦

——高校思政课『以史育人』教学模式探索

光明日报出版社

图书在版编目（CIP）数据

用历史启迪心智 以情感触动心弦：高校思政课"以史育人"教学模式探索 / 苏瑞莹著. -- 北京：光明日报出版社，2024.8. -- ISBN 978 - 7 - 5194 - 8231 - 2

Ⅰ. G641

中国国家版本馆 CIP 数据核字第 2024KL6618 号

用历史启迪心智 以情感触动心弦：高校思政课"以史育人"教学模式探索

YONG LISHI QIDI XINZHI YI QINGGAN CHUDONG XINXIAN ：GAOXIAO SIZHENGKE "YISHIYUREN" JIAOXUE MOSHI TANSUO

著　　者：苏瑞莹

责任编辑：史　宁　　　　　　责任校对：周禄雨

封面设计：品诚文化　　　　　责任印制：曹　净

出版发行：光明日报出版社

地　　址：北京市西城区永安路 106 号，100050

电　　话：010-63169890（咨询），010-63131930（邮购）

传　　真：010-63131930

网　　址：http：// book. gmw. cn

E - mail：gmrbcbs@ gmw. cn

法律顾问：北京市兰台律师事务所龚柳方律师

印　　刷：四川科德彩色数码科技有限公司

装　　订：四川科德彩色数码科技有限公司

本书如有破损、缺页、装订错误，请与本社联系调换，电话：010-63131930

开　　本：170mm×240mm

字　　数：283 千字　　　　　印　　张：16. 25

版　　次：2024 年 8 月第 1 版　　印　　次：2024 年 8 月第 1 次印刷

书　　号：ISBN 978 - 7 - 5194 - 8231 - 2

定　　价：79. 80 元

目 录/

绪　论

第一节　研究来源与意义

一、研究来源

"读史可以明智，知古方能鉴今。"作为一个民族、一个国家形成、发展与盛衰兴亡的生动记录，历史既是人类总结过去的记录，也是人类把握今天、创造未来的向导，而历史观正是人们对社会历史的根本观点和总的看法，它不仅包含对历史经验的总结，还包含着对现实的价值判断，以及对未来指引作用的认同，重视历史与历史研究可以说是马克思主义创始人一以贯之的态度，"我们仅仅知道一门唯一的科学，即历史科学""我们根本没有想到要怀疑或轻视'历史的启示'；历史就是我们的一切"①。中国共产党的历代领导人也十分重视历史学习、历史研究与历史教育，毛泽东同志就曾说："今天的中国是历史的中国的一个发展；我们是马克思主义的历史主义者，我们不应当割断历史，从孔夫子到孙中山，我们应当给以总结，承继这一份珍贵的遗产，这对于指导当前的伟大的运动，是有重要的帮助的。"②

党的十八大以来，习近平总书记更是站在历史的角度，从历史的大视野出发，就历史是什么、历史的重要性、如何对待历史，以及怎样学习历史等方面发表了一系列重要讲话，从而形成了具有历史担当意识的历史思维方法，其论史，贯通中外，纵横古今，点面结合，融汇八方，既有宏观性的理论阐述，也有较具体的研究指导，内容丰富，观点精粹。他在坚持唯物史观的基础上，不仅论述了历史发展动力、历史学的强大功能、历史与现实的融通关系、对历史应持的正当态度，以及学习历史的重大意义，而且高度重视党史、新中国史、改革开放史和社会主义发展史对青年大学生的凝心铸魂作用，强调要给学生讲清楚被实践证明了的历史逻辑和现实逻辑，增强学生的中国特

---

①马克思恩格斯全集：第3卷［M］．北京：人民出版社，1995：520.
②毛泽东选集：第2卷［M］．北京：人民出版社，1991：534.

色社会主义道路自信、理论自信、制度自信、文化自信，坚定理想信念。

思政课作为落实立德树人根本任务的关键课程，作为铸魂育人的主阵地，是高校开展历史学习、历史教育的重要载体。思考如何推进历史学习教育深度融入高校思政课教学，充分发挥历史资政育人的作用，既是高校深化思政课改革创新的内在要求，亦是落实党中央关于巩固拓展党史学习教育成果重大决策部署的客观需要，对于教育引导青年学子正确认识世界和中国发展大势，从中国共产党探索中国特色社会主义的历史发展和伟大实践中，认识和把握人类社会发展的历史必然性，认识和把握中国特色社会主义的历史必然性，不断树立为共产主义远大理想和中国特色社会主义共同理想而奋斗的信念和信心等均具有特殊重要意义。

2016 年 12 月 7 日，习近平总书记在全国高校思想政治工作会议上首次提出"要把社会主义核心价值观贯穿于高校办学育人全过程……加强中华优秀传统文化和革命文化、社会主义先进文化教育，加强党史、国史、改革开放史、社会主义发展史教育"①。

2019 年 3 月 18 日，在学校思想政治理论课教师座谈会上，习近平对思政课教师应具有的宏观历史视野提出了具体要求："历史是最好的老师。思政课教师的历史视野中，要有 5000 多年中华文明史，要有 500 多年世界社会主义史，要有中国人民近代以来 170 多年斗争史，要有中国共产党近 100 年的奋斗史，要有中华人民共和国 70 年的发展史，要有改革开放 40 多年的实践史，要有新时代中国特色社会主义取得的历史性成就、发生的历史性变革，通过生动、深入、具体的纵横比较，把一些道理讲明白、讲清楚。"② 可以看出，习近平这一论述中所要求的思政课教师的历史视野，不仅涵盖了党史、新中国史、改革开放史、社会主义发展史，还包括中华文明史和新时代中国特色社会主义的历史性成就、历史性变革。

2019 年 8 月，中共中央办公厅、国务院办公厅印发的《关于深化新时代学校思想政治理论课改革创新的若干意见》（以下简称《意见》）提出了"调整创新思政课课程体系"的要求，明确要求"各高校要重点围绕习近平新时代中国特色社会主义思想，党史、新中国史、改革开放史、社会主义发展史，宪法法律，中华优秀传统文化等设定课程模块，开设系列选择性必修课程"③。

2020 年 1 月 8 日，在"不忘初心、牢记使命"主题教育总结大会上，

---

① 习近平. 学好"四史"，永葆初心、永担使命 [J]. 求是，2021 (11)：4.
② 习近平. 思政课是落实立德树人根本任务的关键课程 [EB/OL].
③ 关于深化新时代学校思想政治理论课改革创新的若干意见 [N]. 人民日报，2019-08-15.

习近平总书记的重要讲话中更是强调指出，"要把学习贯彻党的创新理论作为思想武装的重中之重，同学习马克思主义基本原理贯通起来，同学习党史、新中国史、改革开放史、社会主义发展史结合起来"①，可以说，从党史、新中国史、改革开放史、社会主义发展史的角度强调进行历史的学习教育，这在我们党的历史上是第一次。② 也充分说明了，在理论学习中重视历史的教育功能，是中国共产党一个极为鲜明的特点。

2020 年 4 月，教育部等八部门联合印发的《关于加快构建高校思想政治工作体系的意见》更是将加强"四史"教育作为"加强政治引领"的重要内容。③ 明确要求将"四史"教育更加全面、具体地融入高校思想政治理论课（以下简称"思政课"）课程体系和教学体系之中，把"四史"教育与学习马克思主义基本原理、学习中国共产党的创新理论特别是习近平新时代中国特色社会主义思想等贯通起来，以大力推进新时代高校思政课的改革创新。

2021 年 5 月，中共中央办公厅印发了《关于在全社会开展党史、新中国史、改革开放史、社会主义发展史宣传教育的通知》，对在中国共产党成立100 周年之际开展"四史"宣传教育做出了安排部署；同时，教育部办公厅也发布通知，要求在全国大中小学思政课中开展以党史教育为重点的"四史"教育，引导学生弄清楚当今中国所处的历史方位和自己所应担负的历史责任，深刻理解中华民族从站起来、富起来到强起来的历史逻辑、理论逻辑和实践逻辑，增强学生听党话、跟党走的思想自觉和行动自觉。

习近平总书记在 2020 年 6 月 27 日给复旦大学《共产党宣言》展示馆党员志愿服务队全体队员的回信中指出："心有所信，方能行远。面向未来，走好新时代的长征路，我们更需要坚定理想信念、矢志拼搏奋斗。希望广大党员特别是青年党员认真学习马克思主义理论，结合学习党史、新中国史、改革开放史、社会主义发展史，在学思践悟中坚定理想信念，在奋发有为中践行初心使命，努力为实现'两个一百年'奋斗目标、实现中华民族伟大复兴的中国梦贡献智慧和力量。"④ 10 月 29 日中共十九届五中全会通过的"十四五"规划和 2035 年远景目标建议，把学习"四史"作为"十四五"时期为建

①习近平. 在"不忘初心、牢记使命"主题教育总结大会上的讲话 [N]. 人民日报，2020-01-09.

②孙力，田志轩. 学习党史、新中国史、改革开放史、社会主义发展史的时代使命 [J]. 思想理论教育，2020（6）.

③宋俭，廖玉洁. 将"四史"教育融入高校思想政治理论课教学体系的思考 [J]. 思想理论教育，2020（7）.

④习近平. 学好党史、新中国史、改革开放史、社会主义发展史 [M] //习近平. 论中国共产党历史. 北京：中央文献出版社，2021：160.

设社会主义文化强国打下坚实基础并"着力提高社会文明制度"的根本措施,[1] 要求:"推动理想信念教育常态化制度化,加强党史、新中国史、改革开放史、社会主义发展史教育,加强爱国主义、集体主义、社会主义教育,弘扬党和人民在各个历史时期奋斗中形成的伟大精神。"[2]

以上这一系列重要论述,不仅深刻彰显了新时代党和国家奋勇前进、气势恢宏的历史格局、现实定力和未来气度,同时也充分体现了习近平总书记要求"学史明理、学史增信、学史崇德、学史力行"的学风和方法。从而为高校思想政治理论课深刻领会、积极落实习近平总书记讲话精神,切实加强历史学习和历史教育的育人作用提供了重要指导。

基于此,以高校大学生"四史"学习教育为研究对象,以高校思想政治理论课"以史育人"教学模式的改革与创新为主线,把学习党史、新中国史、改革开放史、社会主义发展史(以下简称"四史")与学习马克思主义基本原理、学习中华优秀传统文化、学习中国共产党的创新理论特别是习近平新时代中国特色社会主义思想贯通起来,把加强历史学习和历史教育作为创新高校思政课课程体系、深化思政课教学内容改革的重点,运用文献研究法、调查研究法和过程分析法,剖析"四史"学习的本质内涵与内在逻辑,把握高校思想政治理论课所面临的现实问题,系统研究"四史"学习教育融入高校思政课教学,推动高校思政课"以史育人"教学模式的改革与创新所应遵循的理念原则和优化路径,以进一步增强思政课教学的政治高度、时代广度、历史厚度、思想深度和情感温度,就成为新时代高校思政课改革创新的重要任务,其不仅是构建大中小学一体化思政教育体系的必然要求,同时也是进一步推动习近平新时代中国特色社会主义思想"进教材、进课堂、进学生头脑"的切实举措,具有全局性、战略性、长远性和结构性的意义。

二、研究意义

(一)理论意义

1. 有助于进一步丰富和推动青年马克思主义历史观教育理论的研究

习近平总书记指出:"历史就是历史,历史不能任意选择,一个民族的历

---

①本书编写组.《中共中央关于制定国民经济和社会发展第十四个五年规划和二〇三五年远景目标的建议》辅导读本 [M]. 北京:人民出版社,2020:110.

②本书编写组.《中共中央关于制定国民经济和社会发展第十四个五年规划和二〇三五年远景目标的建议》辅导读本 [M]. 北京:人民出版社,2020:26.

史是一个民族安身立命的基础。"① 历史对一个国家和民族的发展起着重要作用，但历史本身不能被选择，被歪曲。历史观是人们对社会历史总的、根本的看法，是世界观的重要组成部分。如何正确地认识历史、看待历史，是借鉴历史的基础，其决定了人们如何把握今天、开创明天。马克思主义历史观，作为科学的历史观，开辟了人类思想史学的新纪元，是富有生命力的理论。不仅是人们正确看待历史、现在、未来的理论基础，同时也是人们正确认识国内外形势的思想武器，是抵御历史虚无主义等唯心主义历史观危害的理论依据，不仅事关中国特色社会主义现代化强国建设的发展全局，同时也事关中华民族伟大复兴的中国梦的最终实现。

青年作为社会中最具生机和活力的群体，青年兴则国家兴，青年强则国家强。青年是国家和民族的希望和未来，青年一代的健康成长，不仅关系我们国家未来的前途和命运，关系我们社会主义现代化建设的实现，同时也关系我们是否能继承和发展老一辈无产阶级革命家辛苦建立的基业。因此，以长远眼光关注青年马克思主义历史观教育，将之作为一项长期性的、系统性的工作常抓不懈，引导年轻一代树立正确的历史观，坚定其走中国特色社会主义道路的信心与决心，促使广大青年发挥好"追梦"主力军作用，不仅事关党和国家教育方针的落实，事关大学生的健康成长，同时也事关国家的前途命运，事关中国梦的实现。

党的十八大以来所形成的马克思主义历史观教育理论正是在坚持和运用马克思主义的观点、立场和方法的基础上，继承马克思主义历史观教育理论的核心精神，结合现阶段我国对青年思想政治工作的具体要求，在实践中不断发展起来的，是马克思主义中国化时代化的重要组成部分。其思想闪烁着马克思主义历史观教育理论创新的精髓，蕴含着推进思想政治工作理论和实践创新的内在规律。深入研究、准确把握党的十八大以来形成的马克思主义历史观教育理论并探寻其融入高校思政课教学的现实的、具有可操作性的对策及对高校思想政治工作的启示，不仅是对马克思主义经典作家历史观教育理论的继承和发展，同时也是对中国化时代化马克思主义历史观教育理论的丰富和完善。它不仅对于帮助我们从本质上更好地把握高校思想政治工作的科学方法论、巩固马克思主义在意识形态领域的指导地位等具有十分重要的意义，同时对于深化青年马克思主义历史观教育研究，丰富青年马克思主义历史观教育理论宝库，扩大马克思主义理论研究的视野和领域，进一步拓展

---

① 习近平在纪念邓小平同志诞辰 110 周年座谈会上的讲话 [N]. 人民日报，2014-08-20.

思想政治工作的内涵和功能，进一步做好青年工作、促进青年健康成长及全面发展等方面也具有十分重要的指导意义。

2. 有利于进一步传承和弘扬中国共产党重视历史学习和历史教育的传统

"欲知大道，必先为史。"历史是人类文明的基石，是世界上任何一个民族和国家发展进步的阶梯，也是一个政党永葆生机活力的文化资源。重视历史、研究历史、传承历史，运用历史智慧开创未来，既是马克思主义的内在要求，也是中华优秀传统文化的重要内容，更是中国共产党的优良传统和学风。

自建党以来，中国共产党始终重视开展历史教育，注重通过党的奋斗历程和伟大成就鼓舞前进的动力，用党的光荣传统和优良作风凝聚力量、坚定信念，用党的历史经验和实践经验启迪人们的智慧。毛泽东同志指出，不把党的历史弄清楚，不把党在历史上走过的道路弄清楚，就不能把当前的事情办好。邓小平同志也指出，用客观的实事求是的态度弄清每个党、每个国家的历史是非常重要的事情。江泽民同志也将学习中国历史特别是学习中国近现代史和党史，并通过历史学习发扬中华民族优良传统和党的优良作风作为教育群众特别是教育青年的重要方式。胡锦涛同志也主张通过各种纪念活动和教育活动，使青年人了解党的优良传统和作风，凝聚为伟大事业奋斗的合力。不难发现，一直以来中国共产党始终重视历史的指导意义。

进入新时代以来，习近平总书记站在新的历史起点上，以深远的历史眼光、深厚的历史学识和深刻的历史思维，对历史教育的重大意义发表了多次重要讲话。他曾经用四个"最好"论述历史的价值：在 2013 年中央党校建校八十周年庆祝会、中共十八届中央政治局第七次集体学习等诸多场合指明，"历史是最好的教科书"；在 2013 年的河北西柏坡调研指导党的群众路线教育实践活动中具体指出，"中国革命历史是最好的营养剂"；在 2014 年 7 月 7 日纪念全民族抗战爆发 77 周年仪式的讲话中强调"历史是最好的教科书，也是最好的清醒剂"；在 2019 年 3 月 18 日的学校思想政治理论课教师座谈会中明确提出"历史是最好的老师"，同时还多次强调，要全面加强党史、新中国史、改革开放史、社会主义发展史的学习教育，明白"我是谁""从哪里来""现在处于什么位置""要到哪里去"等。以上这一系列重要论述，不仅折射出加强历史学习和历史教育的重要性，而且体现了新时代我国对推进历史学习和历史教育的重视程度和实践力度。

高校思政课作为落实立德树人根本任务的关键课程，是高校思想政治工作创新发展的重要内容，是实现高等教育内涵式发展的核心部分。进入新时代，对高校思政课发挥育人主渠道作用提出更高的要求。如何在改进中不断加强，在创新中不断提高，增强大学生学习思政课的获得感，这是时代之问，亦是思政课教师必须完成的课题。马克思指出："批判的武器当然不能代替武器的批判，物质力量只能用物质力量来摧毁；但是理论一经掌握群众，也会变成物质力量。"① 高校思政课教育教学根本目的与归宿就在于将理论力量和精神价值转化为无限的实践动力，从而转化为巨大的物质价值，通过培养中国特色社会主义建设者和接班人，自觉担当中华民族伟大复兴重任。在高校思政课堂中常态化融入党史、新中国史、改革开放史、社会主义发展史教育，更加突出理论、现实与历史的结合，强化历史思维、历史自觉，推动形成教育过程的政治性、学理性、批判性、实践性和生动性的统一，引导学生了解历史事实、理清历史脉络，把握历史规律、得出历史结论，不仅有助于进一步传承和弘扬中国共产党重视历史学习和历史教育的传统，同时对于推动高校青年学子从 100 多年党史、70 多年新中国史、40 多年改革开放史、500 多年社会主义发展史中汲取营养、总结规律，进而极大增强中国特色社会主义"四个自信"，推动教师贯彻总书记关于思政课"六个一"要求，推动高校思政课课程改革创新，进一步落实"立德树人"根本任务等具有十分重要的意义。

3. 有助于进一步丰富和深化高校思想政治理论课历史教育的功能和作用

自中华人民共和国成立以来，中国共产党一直把历史教育作为全国高校思想政治理论教育的重点课程。1949 年起，文、法、教育（或师范）学院的公共必修课就包括"辩证唯物论与历史唯物论"（内含社会主义发展史部分内容）和"新民主主义论"（内含党史部分内容），1953 年 6 月，高等教育部要求高校政治理论课统一开设"中国革命史"。1961 年 4 月，《改进高等学校共同政治理论课程教学的意见》规定各高校开设"中共党史"。1978 年 4 月，教育部办公厅下发的《关于加强高等学校马列主义理论教育的意见》（"78 方案"）规定各高校恢复开设"中共党史"，面向普通高校文科学生增开"国际共产主义运动史"或"科学社会主义"。1985 年，根据中共中央印发的《关于改革学校思想品德和政治理论课程教学的通知》，调整后的高校思想政治理论课课程开设了"中国革命史"。② 1998 年 6 月，中宣部、教育部印发了《关于普通高等学校"两课"课程设置的规定及其实施工作的意见》（"98 方案"），

①马克思恩格斯选集：第 1 卷［M］. 北京：人民出版社，1995：9.
②宋俭，廖玉洁. 将"四史"教育融入高校思想政治理论课教学体系的思考［J］. 思想理论教育，2020（7）.

尽管没有设置专门的历史类课程，但"毛泽东思想概论"与"邓小平理论概论"的教学内容却内在包含党史、新中国史、改革开放史和社会主义发展史的相关内容。2005年3月，《中共中央宣传部教育部关于进一步加强和改进高等学校思想政治理论课的意见》（"05方案"）增设了"中国近现代史纲要"，其中包括了中国革命史、中共党史、新中国史和改革开放史。显然，中华人民共和国成立后的高校思想政治理论课建设，历史类课程一直发挥着思想政治教育的功能，把历史教育作为思想政治理论课教学的重要内容一直是高校思想政治理论课建设的传统。

党的十八大以来，习近平总书记反复强调学习历史的重要性，学习马克思主义理论必须与学习历史相结合，并指出："学习党史、国史，是坚持和发展中国特色社会主义、把党和国家各项事业继续推向前进的必修课。这门功课不仅必修，而且必须修好。"①为此，中共中央办公厅、国务院办公厅于2019年8月印发实施了《关于深化新时代学校思想政治理论课改革创新的若干意见》，提出各高校重点围绕党史、新中国史、改革开放史、社会主义发展史设定课程模块的要求。2020年4月22日，教育部等八部门联合印发《关于加快构建高校思想政治工作体系的意见》，也明确提出要"加强党史、新中国史、改革开放史、社会主义发展史教育，加强爱国主义、集体主义、社会主义教育"②。2020年9月，《关于巩固深化"不忘初心、牢记使命"主题教育成果的意见》印发，要求把开展"四史"专题教育与习近平新时代中国特色社会主义思想教育进一步融通起来，推动构建新时代高校思想政治工作体系。这些文件规定无疑为丰富和深化思想政治理论的历史教育功能和作用作出了总体部署，提出了明确要求。

作为高校立德树人的关键课程，高校思想政治理论课不同于其他课程的特点是具有突出的思想性和鲜明的现实关照性。这就要求思想政治理论课教学改革创新必须既观照现实，又关照大学生的思想实际，以突出其思想性，彰显其现实关照性。当前，影响大学生思想的一个现实问题是历史虚无主义正大肆借助新媒体平台涌入大学生的学习和生活，且常常利用重大时间节点和重要事件随意编排或剪裁中国历史，严重混淆了大学生的历史判断，严重影响了其科学历史观的养成，进而影响其"三观"的形成。推进高校思想政治理论课"以史育人"教学改革与创新，探索新时代高校思想政治理论课发

---

①习近平. 论中国共产党历史［M］. 北京：中央文献出版社，2021：15—16.
②教育部等八部门关于加快构建高校思想政治工作体系的意见［N］. 中华人民共和国教育部公报，2020（4）.

展创新的着力点和有效路径，不仅是新时代提升"铸魂育人"实效性的现实之所需，同时，也有助于进一步丰富和深化高校思想政治理论课历史教育的功能和作用。

（二）现实意义

1. 有助于筑牢高校意识形态主阵地

习近平总书记指出，要"巩固马克思主义在意识形态领域的指导地位"，"巩固全党全国人民团结奋斗的共同思想基础"，提出"高校立身之本在于立德树人"和"培养什么人、怎样培养人、为谁培养人"这个针对高校的时代之问。从高校承载的功能（传播知识、传播思想、传播真理）和任务（学习研究宣传马克思主义、培养中国特色社会主义事业建设者和接班人的重大任务）看，可以认为，高校意识形态的本质体现在师生的政治信仰、价值体系、道德观念、文化素养中，体现在高校师生是否能增强"四个意识"、坚定"四个自信"、做到"两个维护"上，体现在高校是否能真正落实立德树人根本任务，为党育人、为国育才上，也就是说，作为党的意识形态建设的重要组成部分，高校意识形态工作做得如何，事关党对高校的领导，事关全面贯彻党的教育方针，事关中国特色社会主义事业后继有人。

当今世界正处于百年未有之大变局，意识形态领域的斗争越发激烈，尤其是随着全面深化改革的不断深入，我国经济社会利益格局正面临着深刻变革和调整。以新自由主义、历史虚无主义为主要代表的错误社会思潮伴随着网络、自媒体的发展，打着"还原历史""挖掘真相"的旗号歪曲历史，戏谑英雄人物，企图搞乱人心，全盘否定党的领导，以达到侵蚀、消解中华民族历史根基，"煽动推翻中国共产党的领导和我国社会主义制度"的目的。习近平总书记指出："一个民族要走在时代前列，就一刻不能没有理论思维，一刻不能没有思想指引。"大学生正处于人生成长阶段的"拔节孕穗期"，极易受这些错误观点的影响，以致模糊、扭曲对党的历史的正确认识，弱化对中国特色社会主义的认同。思政课是一门具有鲜明意识形态属性的课程，是坚持马克思主义的指导地位、坚持社会主义办学方向的重要阵地。党史、新中国史、改革开放史以及社会主义发展史是社会主义主流意识形态教育的重要基石，是增强学生对党、对国家和对社会主义的政治认同、思想认同及情感认同的重要载体。推进党史、新中国史、改革开放史、社会主义发展史学习教育深度融入高校思政课教学，不仅能更好地巩固壮大主流意识形态教育，更好地教育引导学生在对历史的比较思考中，清楚认识和准确把握中国人民和中华民族选择马克思主义、选择中国共产党、选择中国特色社会主义的历史和现实必然性，同时对于帮助学生树立正确的辩证唯物观和历史唯物观，抵制历史虚无主义等敌对意识形态渗透，筑牢高校意识形态主阵地等均具有十分重要的作用。鉴于此，在思政课的教学过程中，必须以实事求是的态度，用真实的史料还原历史，通过对党史、新中国史、改革开放史、社会主义发展史中重大事件、重要人物、辉煌成就和宝贵经验的教育，从而进一步增强大学生抵御错误思潮的能力，清除历史虚无主义的阴霾，帮助大学生形成正确的世界观和方法论，树立崇高的理想信念，自觉把握历史的发展规律，树立马克思主义唯物史观，以达到荡涤历史迷雾、筑牢意识形态安全防线的思想基础。

2. 有助于推动新时代高校思想政治理论课的改革发展

党的十八大以来，以习近平同志为核心的党中央着眼于中国特色社会主义事业的长远发展，围绕"培养什么人、怎样培养人、为谁培养人"这一办好教育必须解决的根本问题，进行了不懈的理论创新和实践探索，形成了一系列内涵丰富、逻辑严密的教育工作重要论述，为新时代加快构建高校思想政治工作体系提供了指引和遵循。思政课作为解疑释惑的思想课、传播真理的理论课、铸魂育人的政治课，是立德树人的主阵地，是全面贯彻党的教育方针的关键课程，推动思政课教学改革创新，提升思政课教学实效性，在新时代高校思想政治工作体系的建构中具有全局性意义。"我对教育工作在这方面强调得最多，教育工作别的方面我也强调，但思政课建设我必须更多强调。"[①] "思政课是落实立德树人根本任务的关键课程，思政课作用不可替代，思政课教师队伍责任重大。"[②] 办好思政课，最重要的就是解决好"信心"问题。检验思政课教学的有力实效，关键之一就是有"信心"办好思政课、讲好思政课。这个"信心"来自优质的思政课教学内容。五百多年的社会主义发展史、一百多年党史、七十多年新中国史、四十多年改革开放史所带来的厚重历史以及所蕴含的丰富的思想文化遗产和宝贵的精神财富，就是思政课最富有底蕴的教学内容，是思政课教学最好的营养剂。"推动思想政治理论课改革创新，要不断增强思政课的思想性、理论性和亲和力、针对性。"[③]

进入新时代，讲好思政课，增强思政课的思想性、理论性和亲和力、针对性，就必须讲好党史、新中国史、改革开放史、社会主义发展史，这既是顺应时代发展的客观需求，也是推动思政课改革创新的必然选择。推进党史、

---

①习近平. 思政课是落实立德树人根本任务的关键课程［J］. 求是，2020（17）.
②习近平. 思政课是落实立德树人根本任务的关键课程［J］. 求是，2020（17）.
③习近平. 思政课是落实立德树人根本任务的关键课程［J］. 求是，2020（17）.

新中国史、改革开放史、社会主义发展史的学习教育与高校思政课教学的深度融合，意味着对思政课教学的政治高度、时代广度、历史厚度、思维深度和情感温度提出了更高的标准和要求。其所蕴含着的共产党执政、社会主义建设、人类社会发展的三大规律，不仅是学生坚定理想信念、提升理论素养的根本依据，同时也拥有强大的真理力量，会把爱祖国、爱人民、爱社会主义的种子播撒进学生心灵，激励学生以昂扬姿态奋发向上、勇于担当，更加坚定、更加自觉地扛稳青年一代的使命与担当。

3. 有助于塑造青年学生正确的历史观

历史是过去的现实，现实是未来的历史，"历史观正确与否事关国家的集体记忆、民族精神的积淀和文化基因传承"① "学史而惜今，知史而自信，信史而笃行"。乃是激励新时代青年砥砺前行之动力，民族精神传承之根基，中华民族伟大复兴之希望源泉。当前，我国正处于实现中华民族伟大复兴关键时期，世界正经历百年未有之大变局。在新媒体传播时代青年所接受的信息呈现碎片化，思想意识容易受到不良信息的侵染。青年乐于接受新鲜事物，思维敏捷活跃，平等独立意识、自我意识显著增强。他们具有一定的思考能力，但仍然处于人生观、价值观的形成阶段，面对繁杂多元的信息缺乏辨别能力，容易在生活学习的压力下、互相激荡的各种思潮中迷失方向。一些青年受错误思想影响丧失对自己历史文化的自信心，缺乏民族的自尊与自强，甚至不认同主流的历史观点。青年是国家和民族永续发展的力量之源，谁掌握了青年，谁就掌握了未来。为此，在"乱花渐欲迷人眼"的意识形态领域干扰面前，始终保持"乱云飞渡仍从容"的政治定力，清晰理性的判断力，深化加强对青年正确历史观的教育和引导，紧紧围绕青年关注的热点问题，解疑释惑，帮助青年树立崇高理想，培育正确的历史观，实现青年对自己民族和国家的情感归属和价值认同，就成为当前迫切需要解决的重大问题。正如习近平总书记所指出的："我们党立志于中华民族千秋伟业，必须培养一代又一代拥护中国共产党领导和我国社会主义制度，立志为中国特色社会主义事业奋斗终身的有用人才。"②

以史为鉴，可知兴替。因之，将"四史"学习教育融入思政课，旗帜鲜明地反对历史虚无主义，引导青年学生对党史、新中国史、改革开放史、社会主义发展史中模糊的、片面的、孤立的重大历史问题进行理性辨析，使广

①熊文景. 共产党人应坚持正确历史观 [J]. 红旗文稿，2018（24）：38.
②习近平. 思政课是落实立德树人根本任务的关键课程 [J]. 求是，2020（17）.

大青年学生能从这些波澜壮阔的历史演变和发展进程中，学会用历史的思维把握历史规律和历史趋势，弄清楚、理解透中国共产党为什么"能"、马克思主义为什么"行"、中国特色社会主义为什么"好"、改革开放为什么"灵"的基本道理，教育他们为中华民族五千多年的悠久历史自豪，对我们党为人民谋幸福、为民族谋复兴的百余年奋斗史钦敬，引导他们在灵魂深处树牢共产主义的远大理想、中国特色社会主义的共同理想，从内心深处坚定中国特色社会主义道路自信、理论自信、制度自信、文化自信，听党话、跟党走，不断增强政治认同、思想认同、理论认同、情感认同，自觉做到"四个自信""两个维护"，实现思想、意志和行动与党中央高度统一，勇当走在时代前列的奋进者、开拓者、奉献者，真正成为中国美好未来的创造者。

第二节　国内外研究现状及述评

党的十八大以来，习近平总书记在治国理政实践中继续秉承中国共产党关注、关心、关爱青年的优良传统，始终高度重视培养和造就青年人才，在一系列讲话、谈话、信件、座谈中，就青年思想政治工作的内容、意义做出精辟论述，提出了若干新思想、新观点、新论断和新要求。从国内外研究现状来看，党的十八大以来特别是建党 100 周年之际，学术界对青年教育理论的关注主要集中在对习近平总书记历史教育思想特别是"四史"教育思想的广泛关注上，并且已取得了十分丰硕的研究成果。

一、国内研究现状分析

党的十八大以来，习近平总书记号召全党全国加强历史学习教育，对此给予了高度重视，多次在重要场合和会议上强调要系统深入地学习党史、新中国史，并对改革开放四十多年的成功实践历史进行了总结和反思，系统阐述了世界社会主义发展的五百多年历史。2019 年 7 月，中央专题小组发布的一份报告称，党史和新中国史应该是此次专题教育的重要组成部分；2019 年10 月，在党的十九届四中全会上，党中央将改革开放史增加进常态化的历史学习内容中；2020 年 1 月，习近平总书记首次提出"学习党史、新中国史、改革开放史、社会主义发展史"，在之前的基础上新增了社会主义发展史，自此形成完整的"四史"概念。为响应习近平总书记的号召，全国各地掀起"四史"教育学习的热潮，学界对"四史"教育开始了大量深入的研究。

在专著研究方面，比较有代表性的如《中国共产党的 100 年奋斗历程》（人民日报出版社，2022）、《毛泽东邓小平江泽民胡锦涛关于中国共产党历史论述摘编》（中央文献出版社，2021）、《论中国共产党历史》（中央文献出版社，2021）以及《中国共产党简史》《中华人民共和国简史》《改革开放简史》《社会主义发展简史》（人民出版社，2021）等，其中，四部"简史"系列，是党史学习教育的重要参考材料，是全社会开展"四史"宣传教育的重要用书。在内容上，坚持以习近平新时代中国特色社会主义思想为指导，全面贯彻习近平总书记关于党史、新中国史、改革开放史、社会主义发展史的重要论述，充分体现习近平总书记在庆祝中国共产党成立 100 周年大会上的重要讲话精神，对于帮助广大青年学子正确地学习理解历史，自觉地以史为鉴、开创美好未来具有重要意义。

伴随着一系列以党史教育为重点的"四史"教育相关书目的出版，部分专门探讨"四史"教育相关问题的研究成果也相继出现，比较有代表性的如陈慧文的《新时代大学生四史教育与四个自信研究》（光明日报出版社，2022）、贾孔全的《四史教育融入中国近现代史纲要教学设计研究》（武汉大学出版社，2022）、唐忠宝，戴月波的《时代精神与青年力：一堂思政好课》（人民出版社，2022）、李忠杰的《中国共产党历史通识课》（中共中央党校出版社，2021）等。在论文发表方面，从已收集期刊成果来看，研究内容多集中在"四史"的内涵、"四史"教育意义与价值、"四史"教育路径、"四史"融入思政课教学以及习近平关于"四史"学习重要论述等方面。

从近年来国内学术界的研究成果来看，学术界主要呈现出两种视野：一种是以习近平总书记系列重要讲话精神为理论视野。学者们从中提取有关历史教育思想特别是"四史"教育思想的部分，展开了全方位、多角度的理论研究。其研究主要集中在思想精髓、理论品格、政治立场、价值取向、思维方式、信仰追求、历史担当及关心、关爱青年等多个方面。全方位、多角度地学习感触，进而分析归纳习近平总书记系列重要讲话精神，并进一步提出其思想的重要启示意义。另一种是以融入思想政治理论课为研究视野。学术界主要是以习近平总书记关于历史学习与历史教育思想和教育方法为两条主线，将其思想与理论及方法一一找对应、找联系，同时又找发展、找创新，从而归纳整理出习近平历史教育特别是"四史"教育思想融入思想政治理论课的时代诉求、价值意蕴、原则遵循以及策略路径。但不管是从哪种视野出发进行研究，都从一定角度对习近平总书记系列重要讲话精神所涉及的历史教育思想对青年的教育意义进行了描述、分析、归纳和梳理，这对我们理解习近平总书记关于历史学习和历史教育思想及对高校思想政治工作的启示等无疑具有一定的帮助与启发作用。

(一) 习近平总书记关于"四史"学习重要论述的相关研究

1. 对习近平总书记关于"四史"学习重要论述生成逻辑的研究

目前学者们主要从理论逻辑、实践逻辑和历史逻辑等方面进行探讨。如赵本燕、王建新从理论基石、文化基因、历史底蕴和实践基础等四个方面从逻辑维度系统分析了习近平总书记关于"四史"学习教育重要论述的形成依据。其中,在理论基础方面,历史唯物主义主张历史发展是连续性和阶段性相统一、必然性与偶然性相统一,这为习近平总书记大历史观的形成提供了基本根据,也是其精神内核;在文化基础方面,习近平总书记高度重视从中华优秀传统文化汲取文化力量;在价值维度,分析了习近平总书记关于"四史"学习教育重要论述的深层蕴意;在实践维度,阐释了习近平总书记关于"四史"学习教育重要论述的路径要求。[1] 周璇则从历史逻辑、理论逻辑、价值逻辑和实践逻辑四个方面阐述了这一重要论述的生成逻辑。指出了习近平总书记就学习党史、新中国史、改革开放史和社会主义发展史所做出的重要论述明确了关于"四史"学习的历史意蕴、理论支撑、价值定位和行动导向,充分体现了他对"四史"学习的高度重视。[2] 潘贺男等认为世情是这一重要论述形成的政治依据;党情是历史依据;国情是现实依据。[3] 王燕秋、王永凤认为这一重要论述涵养于马克思主义唯物史观之"脉",筑基于中国共产党历史进程之"根",统筹于爱党、爱国、爱民的伟大实践之"中"。[4] 学界虽然对生成逻辑有深入探讨,但是缺乏向马克思主义求"源"的研究。这既是目前研究所存在的一个不足,也是今后研究中所应关注的重点。

2. 对习近平总书记关于"四史"学习重要论述精神实质的研究

精神实质体现的是深层次核心及要点,目前只有少数学者关注到了这一点。赵本燕、王建新指出这一重要论述的深层蕴意在于"以史育人:通过学习'四史'涵养文化自信,探寻信念之源;以史凝力:通过普及'四史'整

---

①赵本燕,王建新. 习近平关于"四史"学习教育重要论述的多维审视 [J]. 广西社会科学,2021 (11).

②周璇. 习近平关于"四史"学习重要论述的四重逻辑 [J]. 理论导刊,2021 (6).

③潘贺男,苏醒,邵奇. 习近平总书记关于"四史"学习教育重要论述的逻辑进路探析 [J]. 教书育人 (高教论坛),2021 (21).

④王燕秋,王永凤. 从三个维度把握习近平关于"四史"的重要论述 [J]. 吉林省社会主义学院学报. 2021 (2):31—33.

合价值观念，夯实政治认同；以史鉴今：通过研究'四史'把握发展规律，推进伟大事业"①。肖文燕、罗春喜从中国共产党的领导是贯穿"四史"的主导性实践逻辑；"四史"是四个自信形成的历史逻辑；蕴含着共产党执政规律、社会主义建设规律、人类社会发展规律等三个维度，重点阐述习近平总书记关于"四史"学习重要论述的精神实质。指出"四史"内容各有侧重，但整体上"四史"是一部讲述中国共产党为人民谋幸福、为民族谋复兴、为世界谋大同的实践史。② 对于重要论述的精神实质是什么以及如何去把握这种精神实质等问题，目前学界的关注度还不够，研究成果也比较少。在以后的研究中，应当重点去关注这一层面的内容，从不同的角度去概括和凝练其精神实质。

3. 对习近平总书记关于"四史"学习方法重要论述的研究

掌握正确的方法是"四史"学习的重要抓手，学者们也从不同角度分析了习近平总书记关于"四史"学习方法的重要论述。周明明从深入了解习近平总书记关于"四史"学习教育重要论述的历史要求、原则的基础之上对运用科学方法做出了阐释。在历史要求方面，第一，把握历史思维，从历史长河中分析演变机理、探究历史规律。第二，汲取历史经验，引导全党总结经验教训，提高领导水平和执政水平。第三，结合历史实践，牢记敢于斗争、敢于胜利是中国共产党人鲜明的政治品格。在原则方面，修好历史必修课，根本在吃透"教科书"，关键在补充"营养剂"，要害在注入"清醒剂"，主旨在当好"创造者"。在科学方法方面，指出运用历史唯物史观、两点论和重点论相统一的唯物辩证法以及弘扬理论联系实际的马克思主义学风等科学方法，把握学习重点，形成"四史"学习谱系，科学对待"四史"，引导树立正确历史观。③ 朱文豪认为，无论是从教育工作层面还是从宣传工作层面而言，开展"四史"教育的方式方法可以说是十分丰富，习近平总书记在关于"四史"的论述中着重提到了以下两种方法。一是"会讲故事、讲好故事十分重要"④。要将革命、建设、改革中的先进事迹、感人故事作为生动教材，讲好中国共产党的故事、中华人民共和国的故事、改革开放的故事、中国特色社会主义

①赵本燕，王建新．习近平关于"四史"学习教育重要论述的多维审视［J］．广西社会科学，2021（11）．

②肖文燕，罗春喜．习近平关于"四史"学习重要论述的精神实质［J］．江西财经大学学报，2020（6）．

③周明明．习近平关于"四史"学习教育重要论述的理与路［J］．马克思主义理论学科研究，2021（3）：33.

④朱文豪．习近平关于"四史"教育的重要论述研究［J］．南方论刊，2021（11）：19.

的故事，这就要求各地结合实际充分发掘当地的红色历史，讲好当地的红色故事。二是"革命博物馆、纪念馆、党史馆、烈士陵园等是党和国家红色基因库"。① 开展"四史"教育也要将这些红色资源作为生动教材，帮助人们传承红色基因，具体而言，各地可以在实地参观学习的基础上积极探索打造沉浸式教育，做好这项工作同时也将助力于地方的经济社会发展。② 对于"四史"的学习方法，学术界普遍认为习近平所论述的方法主要是理论学习和实践学习，既始终注重加强理论学习，又重视实地考察。在此基础上，从习近平总书记的讲话中去概括、总结新的学习方法，应成为我们今后研究的重点内容。

4. 对习近平总书记关于"四史"学习原则重要论述的研究

对于"四史"学习所蕴含的原则研究，学术界还没有形成统一的定论，都是从不同角度提出不同的见解，如王树荫、耿鹏丽指出，这一重要论述体现了坚持学习历史和坚定信仰相统一、学习历史和把握规律相统一、学习历史和走向未来相统一的原则。党员干部学习"四史"，要以解决中国现实问题为导向，坚持唯物主义历史观和方法论，加强研读与思考的结合、理论与实践的互动、历史与未来的连通，不断提升学习和研究水平，在汲取历史智慧中坚定信仰、把握规律、走向未来。③ 王炳林、刘奎则认为这一重要论述体现了整体性原则和辩证思维的原则。党员干部学习"四史"，要树立正确的历史观、坚持整体性原则、坚持辩证思维，学习方法上注意适龄区分、讲道理与讲故事相结合等问题。④ 杨文华、李鹏昊认为这一重要论述深刻体现了历史优先原则，是习近平总书记在继承马克思主义历史观的基础上，立足于新的经济社会条件对历史问题进行的深刻思考，是新时代中国特色社会主义历史观的集中体现。它坚持辩证唯物主义的基本观点，既忠实于历史的本来面目，又善于把握历史规律，是科学的历史观。同时，"四史"重要论述又有着鲜明的问题指向，是针对当前党内外、国内外出现的新的政治动向、思想动向的权威回应，蕴含着有关历史认识与历史研究的科学方法论。其中，历史优先原则作为其特有的思维方法和评价准则，贯穿于"四史"重要论述形成和发

①朱文豪. 习近平关于"四史"教育的重要论述研究［J］. 南方论刊，2021（11）：19.
②朱文豪. 习近平关于"四史"教育的重要论述研究［J］. 南方论刊，2021（11）：19.
③王树荫，耿鹏丽. 新时代学习党史、新中国史、改革开放史、社会主义发展史的若干思考［J］. 思想理论教育，2020（5）.
④王炳林，刘奎. 关于学习党史、新中国史、改革开放史、社会主义发展史的思考［J］. 思想理论教育导刊，2020（8）.

展的全过程，成为"四史"重要论述的内生逻辑和理论特色。①

5. 对习近平总书记关于"四史"学习重要论述的意义研究

周明明认为这一重要论述是马克思主义中国化的最新理论成果，既阐明了"四史"学习教育的价值旨归、逻辑主线和核心要义，也明确了"四史"学习教育的原则方法、实践路径。② 刘贤伍从"掌握历史发展的必要之路、坚定脚下之路的信心之源、推进伟大事业的应有之举"三个方面阐述了这一重要论述的时代价值。指出这一论述对于充分发挥好"以史鉴今、继往开来"的作用，增强广大党员干部爱党、爱国情怀，继续推进党和国家各项事业，必将发挥重要的科学指引和思想武装作用。③ 同时强调指出，习近平大历史观强调"历史、现实、未来是相通的"，既是对马克思主义唯物史观的继承和发展，又是对人类未来发展面临的现实课题的理性考量和科学回应，具有大视野、大情怀、大智慧、大格局等鲜明的理论特质。④ 朱文豪认为这一重要论述是习近平新时代中国特色社会主义思想的重要组成部分，是我们深入学习领会习近平新时代中国特色社会主义思想的一把钥匙，为我们开展"四史"宣传教育实践提供了理论指导。⑤ 关于意义的研究，目前的研究还不够深化，角度还不够广泛，在以后的研究中还有待从推动党和国家事业发展、应对世界变局等方面进一步深化意义研究。

6. 对习近平总书记关于"四史"学习重要论述弘扬路径的研究

对于弘扬路径的研究，学界关注得比较多，也从不同角度提出了具体的对策。如周明明认为深入贯彻这一重要论述，一要运用科学方法，树立马克思主义学风；二要把握学习重点，形成"四史"学习谱系；三要科学对待"四史"，引导树立正确历史观。⑥ 周璇认为，贯彻落实这一重要论述要坚持"勤学：以学习坚定历史信仰；善思：以思考培养历史自觉；笃行：以行动落实历史担当；求真：以体悟强化历史自信"⑦。潘贺男等提出了四点建议：一是在全面摸清悟透"四史"经络上下真功夫、下实功夫；二是在潜心问道、

①杨文华，李鹏昊. 习近平"四史"重要论述的历史优先原则 [J]. 江西社会科学，2021 (3).

②周明明. 习近平关于"四史"学习教育重要论述的理与路 [J]. 马克思主义理论学科研究，2021 (3).

③刘贤伍. 习近平总书记关于"四史"的重要论述研究 [J]. 新东方，2021 (2).

④刘贤伍. 习近平大历史观的鲜明理论特质 [J]. 兵团党校学报，2022 (2).

⑤朱文豪. 习近平关于"四史"教育的重要论述研究 [J]. 南方论刊，2021 (11)：60—61，67.

⑥周明明. 习近平关于"四史"学习教育重要论述的理与路 [J]. 马克思主义理论学科研究，2021 (3).

⑦周璇. 习近平关于"四史"学习重要论述的四重逻辑 [J]. 理论导刊 2021 (6)：27—33.

学深悟透"四史"的过程中下苦功夫、下硬功夫；三是在弘扬主旋律、传播正能量的过程中推进学习"四史"教育走深走实；四是在"学思用贯通、知信行统一"的过程中将学习"四史"教育内化于心、外化于行。[①] 刘贤伍指出要通过建立和完善组织机制，提升"四史"学习教育的学习管理水平；挖掘科学内涵，增强"四史"学习教育活力；建立科学体系，确保"四史"学习教育推向纵深；创新方式方法，彰显"四史"学习教育的思想伟力；构建长效机制，确保"四史"学习教育落到实处。[②]

（二）"四史"教育的相关研究

1. 对"四史"内涵的相关研究

"四史"从时间上来看，存在跨度大、部分具有重叠性的特点，从内容上看，存在涵盖范围广、内容具有重复性的特点。如何把握"四史"的内涵，避免"四史"教育的简单化与重复性，使"四史"教育切实发挥作用，是"四史"学习教育要解决的首要问题。在现有研究中，关于"四史"教育的内涵的界定，学术界主要有以下三种视角。

首先，是从党史教育的视角出发阐述"四史"教育的内涵。米亭认为，"四史"并非简单的历史接续，虽在一定程度上存在着时间的交错与重合，但其内在逻辑呈现出清晰的历史脉络：以百余年党史为主线，围绕中国共产党为人民谋幸福、为民族谋复兴、为世界谋大同的初心和使命，展现了我们党领导人民缔造人民当家作主新型国家的新中国史和创造经济快速发展、社会长期稳定两大奇迹的改革开放史，使中国特色社会主义成为世界社会主义 500 多年发展史中最成功的鲜活样本。"四史"以不争的事实表明，除了中国共产党，没有任何别的政党能够领导中国革命、建设和改革的伟大事业，党的领导是做好党和国家各项工作的核心优势，是确保国家治理始终沿着社会主义方向前进的根本保证。[③] 吴怀友认为，实现中华民族伟大复兴成为百余年党史的主题，既是中国社会历史发展必然性与阶段性的有机结合，又是中国社会历史发展合规律性与合目的性的高度统一，中华民族"站起来—富起来—强起来"是贯穿百余年党史的鲜明红线。[④] 陈金龙主张要立足于大历史观的基础

---

①潘贺男，苏醒，邵奇. 习近平总书记关于"四史"学习教育重要论述的逻辑进路探析 [J]. 教书育人（高教论坛），2021（21）：5—9.

②刘贤伍. 习近平大历史观的鲜明理论特质 [J]. 兵团党校学报，2022（2）.

③米亭. "四史"学习教育作用于国家治理的价值意蕴、显著优势和实践要求 [J]. 理论导刊，2021（4）.

④吴怀友. 准确把握中国共产党百余年历史发展的主题 [J]. 求索，2021（6）.

之上来剖析党史，党史是在宽广时空背景下发生的，因此必须将其置于中华民族发展史、中国近现代发展史、世界社会主义发展史、人类文明发展史的坐标下进行评价。中国共产党百余年历史，赢得民族独立，奠定民族复兴的基础，实现中华文化创造性转化和创新性发展；开辟实现民族独立、人民解放和国家富强、人民幸福的正确道路，实现新旧制度更替，使人民过上幸福生活，提升中国的国际地位；使世界社会主义的实践空间由西方拓展到东方，使世界社会主义发展摆脱危机、走出困境，展现出世界社会主义发展的光明前景；为人类文明发展注入了中国贡献、中国经验、中国智慧。①

其次，是从各"史"之间的逻辑关系的视角出发阐释"四史"教育的内涵。王炳林、刘奎认为，需要在内容上突出各自的时间主题，如在党史教育过程中，突出"复兴"主题，把党的百余年奋斗史和中华民族复兴史结合起来，阐释好"没有中国共产党，就没有新中国，就没有中华民族伟大复兴"②的道理。在新中国史中突出"发展"主题，讲好中华民族站起来、富起来、强起来的历史过程，讲好中华人民共和国成立以来取得的伟大成就。这样就能够解决新中国史和党史讲授内容交叉重复的问题。在改革开放史中突出"创新"主题，深刻理解和把握创新是改革开放的鲜明特征。正是因为解放思想、开拓创新，才使得中国共产党、中华人民共和国和中华民族都发生了翻天覆地的变化。没有创新，就没有改革开放；没有创新，改革开放也不可能取得如此辉煌的成就。在社会主义发展史中突出"信仰"主题。教育引导学生深刻理解社会主义必然战胜资本主义的历史必然性，更加坚定中国特色社会主义道路自信、理论自信、制度自信、文化自信。除此以外，需要在结构上突出"四史"的各自特色。如在党史学习中整合不懈奋斗史、理论创新史和自身建设史几个部分。在新中国史的学习上，突出"五位一体"总体布局。在改革开放史的学习上，主要突出历程、成就以及经验。在社会主义发展史上，主要阐释清楚社会主义从空想到科学、从理论到实践、从一国到多国的发展历程。③ 王广义认为，"四史"虽然在时间上有所重叠，但是在内容上是相互关联与呼应的，因此是一个不可分割的主题，各自都有鲜明的主题。④ 一方面，从历史主体和时间上说，"四史"之间各有侧重。党史，是自中国共产党成立，到今天中国特色社会主义新时代的历史，也就是中国共产党从无到

①陈金龙. 大历史观视域下的中国共产党百余年历史 [J]. 求索，2021 (3).
②习近平. 在庆祝中国共产党成立100周年大会上的讲话 [N]. 人民日报，2021-07-02.
③王炳林，刘奎. 关于"四史"融入思想政治理论课的思考 [J]. 思想教育研究，2020 (8).
④王广义. 以党史为重点的"四史"教育融入高校思想政治理论课路径探析 [J]. 思想教育研究. 2021 (7)：112—113.

绪论

019

有、从小到大、从弱到强，逐步发展壮大的历史。党的各级组织及全体党员是创造中国共产党历史的主体。从时间范畴上看，党史发展至今正好 100 年。新中国史，是中华人民共和国成立以来，国家政治、经济、军事、文化、外交等方面的发展史，也就是中国共产党带领中国人民从一穷二白走向全面复兴的历史。在时间范畴上，新中国史至今已有 70 余年，而中华人民共和国就是创造这段历史的主体。改革开放史，是中国从封闭走向开放、从僵化走向活力、从落后走向发达、从世界边缘走向世界中心的历史。在时间范畴上，改革开放史至今已有 40 多年，而中国共产党和中国人民是创造这段历史的主体。社会主义发展史，是社会主义从空想到科学、从理论到实践、从一国到多国、从单一到多样的历史。以 1516 年空想社会主义著作《乌托邦》问世为标志，世界社会主义已有 500 多年悠久历史，各时期的社会主义者以及社会主义国家和组织是演绎这段历史的主体。此外他认为，"四史"之间是一个有机整体，而不是相互割裂与分离的关系，其内在逻辑非常的紧密。改革开放史是新中国史的重要组成部分。改革开放以来，我国各领域发展取得巨大成就，创造了世所罕见的经济快速发展奇迹和社会长期稳定奇迹，人民群众的生活水平显著提高，获得感、幸福感、安全感与日俱增。进而，新中国史是党史中的鸿篇巨制。中华人民共和国成立后，中国共产党成为执政党，开始领导中国人民进行社会主义革命、建设、改革。从这个意义上说，新中国史也就是中国共产党的执政史。再进一步说，中共党史是社会主义发展史中最高亢激荡的乐章。中国共产党领导中国人民推翻帝国主义、封建主义和官僚资本主义"三座大山"的压迫，建立起新中国，为社会主义由一国向多国的扩展增添了一支举足轻重的力量。如今，中国特色社会主义进入新时代，科学社会主义在 21 世纪的中国谱写了社会主义发展史的恢宏新篇章。由是观之，党史是"四史"的核心与关键，因为不论新中国史、改革开放史还是社会主义发展史，其历史的剧作者和剧中人都是中国共产党及其领导的中国人民，一以贯之的内在逻辑是中国共产党为中国人民谋幸福、为中华民族谋复兴、为世界谋大同。这始终贯穿于整个"四史"内容中。栾永玉从思想政治教育课的视角出发阐释"四史"教育的内涵。认为"四史"是党和国家的宝贵精神财富，蕴含着丰富的育人资源，高校要将"四史"教育融入思想政治工作各环节，贯穿立德树人全过程，着力培养德、智、体、美、劳全面发展的社会主义建设者和接班人。"四史"中蕴含着中国共产党为什么"能"的基因密码，通过"四史"教育全方位展示党的奋斗历程，我们可以深刻感悟中国共产党"能"在哪里；"四史"中蕴含着马克思主义为什么"行"的理论密钥，"四史"就是一部马克思主义的成功史，也是马克思主义与中国具体实践相结合的探索史、奋斗史、发展史，生动诠释了马克思主义"行"在哪里；"四史"中蕴含着中国特色社会主义为什么"好"的道路秘诀，"四史"深刻记录着中国发生的翻天覆地的变化、国家经济实力持续增强、综合国力大幅提升、人民生活显著改善、国际地位空前提高，中华民族实现了从站起来、富起来到强起来的伟大飞跃。一系列伟大成就的背后，是根植于中国大地、反映中国人民意愿、适应中国和时代发展进步要求的中国特色社会主义，通过学习"四史"，我们可以深切领略到中国共产党带领中国人民开创的中国特色社会主义"好"在哪里。① 刘灿认为"四史"的内容既紧密相连，又各有侧重。党史侧重点在于政党层面的奋斗史，新中国史侧重点在于国家层面的复兴史，改革开放史侧重点在于事业层面的创新史，社会主义发展史侧重点在于信仰层面的跃迁史。加强大学生"四史"教育，应准确把握贯穿其中的主题主线、主流本质，突出蕴含其中的核心思想、精髓要义。党史教育应聚焦中国共产党成立以来的奋斗历程、精神谱系，引导大学生深刻认识中国共产党为什么"能"；新中国史教育应聚焦中华人民共和国成立以来的沧桑巨变、辉煌成就，引导大学生深刻认识新中国发展为什么"快"；改革开放史教育应聚焦改革开放以来的艰辛探索、重大创新，引导大学生深刻认识中国特色社会主义为什么"好"；社会主义发展史教育应聚焦世界社会主义运动的波澜壮阔、跌宕起伏，引导大学生深刻认识马克思主义为什么"行"。引导大学生用发展着的马克思主义观察现实、解读时代、引领实践，在水到渠成中领会新时代党的创新理论的丰富内涵、时代价值和世界意义。②

2. 对"四史"教育意义与价值的相关研究

"四史"教育中蕴含着党和人民的历史智慧和中国共产党人的初心使命，"四史"教育具有深刻而广泛的意义。关于"四史"的意义与价值，目前学术界较多从汲取思想智慧、坚定文化自信、反对历史虚无主义等角度来展开论述。

首先，是从增强历史认同的视角出发对"四史"教育意义与价值进行的阐述。王炳林、刘奎认为，"四史"教育意义重大，是增强中国特色社会主义道路自信、理论自信、制度自信、文化自信的必然要求。"四史"教育有助于把握历史规律，吸收历史养分，提高历史思维能力，增强历史定力；有助于

①栾永玉. 将"四史"教育贯穿高校立德树人全过程 [J]. 中国高等教育，2021 (9).
②刘灿. 加强大学生"四史"教育的三重维度 [J]. 湖南农业大学学报（社会科学版），2021 (2).

增强对中国共产党的执政规律、社会主义建设规律、人类发展规律的认识与把握，为认识历史提供更宽阔的历史视角，从根本上认清"历史虚无主义"的危害。① 魏晓文、秦雪认为，当前在国际上，有不少恶意抹黑中国共产党的言论、著作，并对党内的不良风气等客观事实进行歪曲。历史观是人们对待社会历史的总开关和总阀门，加强"四史"学习教育能够帮助人们时刻保持清醒的头脑，维护好意识形态的良好生态。② 孙艳美认为，"四史"教育是增进历史认知的必修课、是培育历史认同的认知基础、是提升历史思维能力的重要方法、是增强历史担当的重要途径。③ 靳诺认为把握"四史"教育的政治性、针对性、时代性，能够着力引导解决学生的思想困惑、着力增强学生的使命意识，有助于解决历史教育为谁服务的价值观问题、解决观察历史和分析历史的世界观方法论问题、解决国家育人育才和增强学生使命担当问题。④ 项久雨、欧丹认为，贯通学好党史、新中国史、改革开放史、社会主义发展史，能够以系统的历史认知增进对辩证唯物主义和历史唯物主义的真理性理解；能够以真实而强烈的历史记忆加深对无产阶级政党的感性体悟与理性认同；能够以开阔的历史思维看待一切风险和挑战，培养激昂奋进的斗争精神；能够以高度的历史自觉性主动去担责、作为，不断推进中国特色社会主义伟大事业走向新高潮；能够加强对广大干部群众的思想上的引导和理论上的辨析，以旗帜鲜明的态度反对历史虚无主义，更好地做到正本清源、固本培元。⑤

其次，是从爱国主义教育的视角出发对"四史"教育意义与价值进行的阐述。赵本燕、王建新认为，"四史"教育能够强化民族认同，厚植爱国情怀，有助于在历史教育中增强人们的爱国情感；深化"四个自信"，坚定理想信念，通过对历史的回溯与厘清，进一步凝聚青年学生的深厚情感，为大学生指明了前进的方向；能够弘扬英雄精神，锻造民族血性，引导青年增强民族自信心和自豪感，赓续民族血脉。从学史中传承红色基因，践行初心使命，

①王炳林，刘奎. 关于学习党史、新中国史、改革开放史、社会主义发展史的思考 [J]. 思想理论教育导刊，2020 (8).

②魏晓文，秦雪. 历史虚无主义批判的三重逻辑——学习习近平关于"四史"的重要论述 [J]. 思想教育研究，2020 (9).

③孙艳美."中国近现代史纲要"课加强"四史"教育探析 [J]. 思想理论教育导刊，2020 (9)：103—107.

④靳诺. 围绕立德树人加强"四史"教育 [J]. 思想政治工作研究，2020 (5).

⑤项久雨，欧丹. 马克思主义视域下"四史"教育的价值逻辑与深刻意蕴 [J]. 马克思主义理论学科研究，2021 (4).

促使大学生自觉践行初心使命。① 张智强调历史是最好的教科书，也是最好的清醒剂，学习党史、新中国史、改革开放史和社会主义发展史，可以帮助人们更好地理解"中国共产党为什么能、把握社会主义为什么好，改革开放为什么灵以及马克思主义为什么行"的问题。② 王广义、胡靖认为，"四史"能够为大学生成长成才提供"力量"：汲取思想的力量，更好地把握历史发展主线，增强历史洞察能力；汲取信仰的力量，更好地弘扬爱国主义精神和建党精神，使青年学子深刻认识到革命先烈坚定的理想信念，从而扬起理想之帆，筑牢信仰之基；汲取道德的力量，使青年学生更好地领悟英雄人物高尚的道德情操，从而见贤思齐，在共产党人舍生忘死的感人故事中汲取道德能量，提升道德修养的动力；汲取实践的力量，有助于引导青年学生更加深刻地认识到自身的历史使命和责任担当，自觉将小我融入大我，为中华民族伟大复兴贡献力量。③ 韩菲认为，开展"四史"教育可以引导学生重新审视中华民族近代以来的探索历程，加深历史认同、国民认同、文化认同和政治认同，增强"四个自信"，坚定爱国主义的立场和态度；进一步明确什么是爱国、为什么爱国以及如何爱国，从而完善其爱国主义的理论体系；在理论与知识的学习，历史、理论、现实三者的结合中，能激发学生将自身的爱国情感升华为一种坚定的理想与信念，从而进一步提升青年对国家的责任担当意识。同时她认为，开展"四史"教育可以有效应对在经济全球化的背景下对爱国主义带来的挑战，有力回击"历史虚无主义"，消解消费主义对爱国信念的消极影响，帮助广大青年学生理性爱国。④ 程美东、刘辰硕则从历史、现实和未来三个维度出发，阐释"四史"教育的价值与意义，指出加强"四史"教育不仅可以继承和发扬宝贵的思想传统，为改革与发展提供思想助力，同时，还意在指向更加灿烂辉煌的未来，为人民的美好生活提供精神滋养，为中华民族伟大复兴提供必要指引，为社会主义事业达到全新境界提供重要启示。⑤ 李丹等认为，将"四史"融入高校思想政治教育，可以"增强青年学生的政治认同，传承爱国主义精神"，同时能够"激发青年大学生树立崇高理想，坚定四

---

① 赵本燕，王建新. 时代新人培育视野下"四史"教育的逻辑透视 [J]. 北京航空航天大学学报（社会科学版），2021（11）.

② 张智. "四史"教育：新时代爱国主义教育的必修课 [J]. 社会主义核心价值观研究，2021（3）.

③ 王广义，胡靖. 以党史为重点的"四史"教育融入高校思想政治理论课路径探析 [J]. 思想教育研究，2021（7）.

④ 韩菲. "四史"教育筑牢爱国主义的思想堡垒 [J]. 广西社会科学，2021（4）.

⑤ 程美东，刘辰硕. 从三个维度理解加强"四史"教育的重大意义 [J]. 思想教育研究，2020（12）.

个自信，助力大学生成长规律"。①

最后，是从世界观和方法论的视角出发对"四史"教育意义与价值进行的阐述。季正聚认为学习"四史"可以使我们坚持唯物史观，摒弃历史虚无主义，坚定理想信念与"四个自信"。② 曲青山认为，深刻领悟习近平总书记关于党史国史系列讲话，深入学习其蕴含的丰富内涵，有助于进一步提升民族自信心和自豪感，增强坚定"四个自信"的自觉，更好地为实现中国梦服务。③ 周璇探讨了习近平总书记关于"四史"学习重要论述的逻辑，她认为"四史"学习和教育的意义体现在：帮助人民大众更好地树立科学史观、在逻辑思维方面更好地涵养历史思维、在现实发展中更好地把握历史方位、在前进过程中更好地汲取历史力量，帮助人民大众更好地勤学、善思、笃行、求真。④ 谢俊认为"四史"学习教育必须将唯物史观的运用作为理论核心，必须有整体性的大局观。⑤ 奚洁人指出学史能够使人们坚定理想信仰，增强坚持党的领导、马克思主义指导地位、坚定中国特色社会主义的信心。⑥ 田克勤、郑自立认为"四史"教育有利于广大人民增强中国特色社会主义的理论和行动自觉。⑦ 王树荫、耿鹏丽认为，开展"四史"教育十分必要，通过历史教育，有利于全社会掌握马克思主义理论的精髓，把历史进程中积淀而成的精神力量作为推进中国改革发展的内生动力，坚持唯物主义历史观和方法论，并且做到在历史教育中坚定信仰、把握规律。⑧ 弘文认为学好"四史"能增强对中国共产党领导、中国特色社会主义的深刻理解，领悟到我国现在所取得的成就来之不易，从而可以增强坚定中国特色社会主义的信心。⑨ 代星均指出学习"四史"有利于帮助我们明确历史必然性、把握历史规律、涵养历史思维，增

①李丹，徐晓风."四史"教育与高校思想政治理论课实效性研究［J］.思想政治教育研究，2021，37（1）：90—95.

②季正聚.在历史自觉和历史担当中砥砺前行——把学习"四史"作为必修课［J］.中国党政干部论坛，2020（8）.

③曲青山.新时代是党史新中国史研究的新领域［J］.中共党史研究，2019（11）.

④周璇.习近平关于"四史"学习重要论述的四重逻辑［J］.理论导刊，2021（6）：27—33.

⑤谢俊.学习"四史"需要把握三个维度［J］.党政论坛，2020（11）.

⑥奚洁人.学史明志知史明道品史明智——"四史"学习的政治意义和理论价值［J］.上海党史与党建，2020（8）.

⑦田克勤，郑自立.在历史与理论的贯通中增强思想和行动自觉——深入理解习近平总书记关于学好"四史"的论述［J］.思想理论教育，2020（7）.

⑧王树荫，耿鹏丽.中国共产党汲取百余年历史经验的思想自觉［J］.马克思主义理论学科研究，2021（4）.

⑨弘文.学好"四史"坚定"信心"［J］.党史文苑，2020（9）.

强历史自信与历史担当。① 谢晓娟认为我们能从"四史"中汲取历史经验，坚定社会主义必胜信念的决心。②

3. 对"四史"教育路径的相关研究

首先，关于加强"四史"学习教育的原则方面。方涛从坚持历史与逻辑相结合、理论与实践相结合、历史与现实相结合这三个"结合"写出了"四史"教育的重要性和方法路径。认为进行"四史"学习教育只有坚持唯物主义历史观和方法论，才能深刻领悟马克思主义立场、观点、方法，才能深度把握中国特色社会主义的理论渊源、发展规律和实践逻辑。③ 王炳林、刘奎认为，进行"四史"教育时，要将"四史"各自特点熟记于心，每一部历史都有其独特的教育意义，要抓住主要部分进行重点学习，抓住其主流和本质；同时，不能忘记"四史"之间也有共性，也要从整体上把握"四史"共有的特质，在历史教育中习得理论和方法，借鉴经验和教训。进行"四史"教育，要坚持正确的历史观、坚持整体性与部分性相结合的原则，用辩证思维认识和判断历史中的是非对错。④ 孙力、田志轩认为，在新时代开展"四史"教育，不能只注重了解历史，要注重在历史中把握规律。要在"四史"教育中做到史论结合，运用历史思维，破解现实问题，继而开拓新的历史。⑤ 王树荫、耿鹏丽认为，开展"四史"教育十分必要，应坚持唯物主义历史观和方法论，并且做到在历史教育中坚定信仰、把握规律。⑥ 张明认为进行党史学习教育应树立整体观念。⑦ 冯留建、张亚东从全面辩证的观点看待历史的发展进程，认为只有这样才能深刻把握"四史"的内在联系和规律，才能保证"四史"教育工作、学术创新活动沿着正确方向进行。⑧ 杨延圣、郑斐然认为，在"四史"教育的顶层设计上，要注重其整体性，不能片面地割裂开来，即遵循"大历史观"的教育理念。在教育目标上要凸显"四史"教育的层次性，课程建设上要注重史学类课程间的协同性，教育策略上要重视"四史"教育的实

①代星均. 深入学习"四史"增强历史担当 [N]. 三峡日报，2020-09-23.
②谢晓娟. 从"四史"中汲取奋发前行的磅礴力量 [J]. 红旗文稿，2020（19）.
③方涛. 以"三个结合"开展"四史"学习教育 [J]. 求知，2020（8）.
④王炳林，刘奎. 关于"四史"融入思想政治理论课的思考 [J]. 思想教育研究，2021（8）.
⑤孙力，田志轩. 学习党史、新中国史、改革开放史、社会主义发展史的时代使命 [J]. 思想理论教育，2020（6）.
⑥王树荫，耿鹏丽. 中国共产党汲取百余年历史经验的思想自觉 [J]. 马克思主义理论学科研究，2021（4）.
⑦张明. 论党史、新中国史研究的基本原则与科学方法 [J]. 扬州大学学报，2020（3）.
⑧冯留建，张亚东. 中共党史研究中的实事求是原则 [J]. 云南社会科学，2016（2）：14.

践指向性。① 谢俊从价值维度、理论维度和核心维度出发，建议我们运用马克思主义唯物史观去学习"四史"，以及要用整体大局观学习"四史"，"四史"不是单独割裂的，它们是不可分割的整体，是互相连通联系的。② 张智认为，加强"四史"教育的基本进路要把握好几对关系：坚定学习历史和坚定信仰相统一；坚持思维培养与理论学习相统一；坚持中国历史和世界历史相统一等。③ 学者们运用多维度和多层面的方法，为新时代如何进行"四史"学习教育提供重要借鉴。

其次，关于加强"四史"学习教育的途径方面。徐磊祥、李晓娴认为开展"四史"学习，需统筹推进，从学术维度，构建史论学习基础，包括梳理"四史"的脉络、强化"四史"中党政理论的阐释、建立话语体系；从教育维度，构建"四史"学习体系，充分调动个人学习"四史"积极主动性；从社会维度，根据不同层次群体需求开拓多样化"四史"学习途径，使人们对于"四史"理论的学习在潜移默化中入脑入心。④ 邢亮认为，要想有准备地把"四史"教育融入思政课教学体系中，首先应该在当前的思政课程体系中很好地引入"四史"教育，为学生开设可行的必修课程；还应该在思政课必修课程中插入"四史"教育知识；大力推进学生们的"四史"教育专项学习，充分发挥思政课教师的重要作用；进行专题教学研究，以教学研究的高水平实现"四史"教育的高质量。⑤ 朱汉国认为可以通过道德教育提升"四史"教育的针对性和实效性，并从编写"四史"教育教材、讲好"四史"故事、将"四史"教育与社会实践相结合三个方面对"四史"教育的实施路径进行探索。⑥ 刘迪、李中华认为高标准、高质量开展好"四史"学习教育，是高校思想政治教学的关键一环，既是新时代高校坚持社会主义办学方向的重要抓手，又是教育引导当代青年守初心、担使命的必要之举。推动"四史"教育与高校思想政治教育的深度融合，要发挥主体作用，突出"四史"学习教育融入高校思想政治教育的导向性；坚持守正创新，提高"四史"学习教育融入高校思想政治教育的实效性；坚持正本清源，提高"四史"学习教育融入高校

①杨延圣，郑斐然."四史"教育融入高校思政教育的现实需求与路径优化 [J]. 学术探索，2021 (5).

②谢俊. 学习"四史"需要把握三个维度 [J]. 党政论坛，2020 (11).

③张智."四史"教育：新时代爱国主义教育的必修课 [J]. 社会主义核心价值观研究，2021 (3).

④徐磊祥，李晓娴. 从三个维度推进"四史"学习教育 [J]. 中共石家庄市委党校学报，2021 (6).

⑤邢亮."四史"教育融入高校思政课教学体系探究 [J]. 思想政治课研究，2021 (3).

⑥朱汉国. 新时代如何加强"四史"教育 [N]. 中国社会科学报，2021-07-01 (5).

思想政治教育的针对性，不断将高校"四史"教育引向深入。① 杨延圣、郑斐然认为高校开展"四史"教育既是落实党中央重大政治任务的政治要求，也是提升高校思想政治教育实效性的重要举措。高校应在现有教育体系基础上从顶层设计、教育目标、课程协同、教育策略等方面优化"四史"教育的路径。② 赵本燕、王建新认为"四史"教育是对中华民族与中国共产党优秀育人传统的历史赓续，具有以史为镜、以史为源、以史为荣、以史为行等多重价值内涵。因此，以"四史"教育为重要抓手培育时代新人，要以坚定正确的政治方向为"四史"教育"掌好舵"，以理性科学的辩证思维为"四史"教育"布好篇"，以立德树人的任务要求为"四史"教育"落好棋"。③ 刘灿认为历史是最好的"教科书"。加强大学生"四史"教育，应准确把握主题主线，聚焦中国共产党成立以来的奋斗历程、精神谱系，新中国成立以来的沧桑巨变、辉煌成就，改革开放以来的艰辛探索、重大创新，世界社会主义运动的波澜壮阔、跌宕起伏，注重发扬求实的精神，掌握矛盾的方法，坚持发展的眼光，运用联系的观点，引导大学生知古鉴今、开创未来。④ 王伟、王佩璇认为高校大力开展大学生"四史"教育，既是加强党对高校的全面领导，坚定社会主义办学方向的重要任务；又是贯彻党的教育方针，深化落实高质量立德树人根本任务的现实需求和必要手段。高校应在正确认识大学生"四史"教育意义的基础上，树牢政治导向、坚持辩证思维、把握学科属性、突出时代特性，真正做到具有鲜明的时代意义和现实价值的教育。⑤ 王一安、王福兴认为高校是开展"四史"教育的主阵地，要坚持把党的理论创新成果纳入高校中，发挥最新科学理论对人才的培育作用，提升主流意识形态教育实效性，提高"四史"育人的整体效能，打通历史与现实、理论与实践的内在联系，不断筑牢"四个自信"，彰显历史的光辉路程，发挥"四史"铸魂育人作用，培育担当民族复兴大任的时代新人。⑥ 王铁成认为提升"四史"教育效果，应构建常

①刘迪，李中华."四史"学习教育融入高校思想政治教育路径研究［J］. 思想政治教育研究，2021（5）.

②杨延圣，郑斐然."四史"教育融入高校思政教育的现实需求与路径优化［J］. 学术探索，2021（5）.

③赵本燕，王建新. 时代新人培育视野下"四史"教育的逻辑透视［J］. 北京航空航天大学学报（社会科学版），2022（6）.

④刘灿. 加强大学生"四史"教育的三重维度［J］. 湖南农业大学学报（社会科学版），2021（2）.

⑤王伟，王佩璇. 加强大学生"四史"教育的理论基础、时代价值与现实路径［J］. 华北电力大学学报（社会科学版），2023（3）.

⑥王一安，王福兴. 高校开展"四史"教育：意义、内涵、路径［J］. 思想政治教育研究，2021（3）.

态化的"四史"教育内容学习机制、常态化的"四史"教育意义表达机制、常态化的"四史"精神涵养机制以及常态化的"四史"教育效能提升机制。①徐磊、朱子威认为"四史"学习教育是高校立德树人根本任务中居于重要地位的部分，影响新时代大学生牢记初心使命、厚植家国情怀、践行使命担当等价值取向的建立。高校应深入学习贯彻习近平总书记关于"四史"的重要论述，全面加强大学生"四史"学习教育，并通过强化顶层设计、优化课程教学、丰富活动载体、抓好文化建设等路径，将"四史"学习教育融入教育教学全过程，培养具有崇高理想信念和深厚家国情怀的时代新人。②

（三）"四史"教育融入高校思政课的相关研究

自"四史"教育提出后，国内学术界围绕"四史"教育融入高校思政课已经形成了一定的研究成果，这些成果对于进一步推进高校思政课"以史育人"教学模式的改革创新起到了重要作用，同时，在相关方面的研究也存在可以拓展的空间。

1. 从"四史"教育融入高校思政课的价值的视角进行阐述

首先，关于"四史"教育融入思政课对于学生成长成才具有的重要作用方面。谈振好通过厘清从鸦片战争到开创中国特色社会主义这一段历史，阐明了中国特色社会主义的必然性，并进一步说明了历史教育有着重要的资政育人功能。中共党史、新中国史、改革开放史、社会主义发展史教育作为思政教育的重要组成部分，对于高校落实立德树人根本任务，培养社会主义建设者和接班人具有重要意义，要通过"四史"教育使学生拥有强大精神动力。③ 林于良认为"四史"是蕴含丰富营养和强大精神动力的"百科全书"，是思想之光，同时也是精神之钙、力量之源。作为大学生成长成才的"营养宝库"，通过"四史"的学习，从中汲取丰富的理论滋养，不仅有助于大学生增强民族自豪感，提高对政治的认同，同时对其树立正确的历史观也具有十分重要的作用。④ 靳诺从解决学生思想困惑、树立学生正确历史观、增强学生使命意识三个方面阐述了围绕立德树人加强"四史"教育的重要性，认为"四史"教育是提高高校思政工作实效和完成立德树人目标的有效途径。⑤

---

① 王铁成. 构建新时代"四史"教育常态化机制论析 [J]. 思想理论教育导刊，2022 (11).
② 徐磊，朱子威. "四史"学习教育融入高校立德树人的路径探讨 [J]. 学校党建与思想教育，2021 (18).
③ 谈振好. 新时代高校"四史"教育的方法论原则与实践路径 [J]. 社科纵横，2021 (36).
④ 林于良. 高校"四史"教育价值旨归现实困境路径选择 [J]. 中学政治教学参考，2020 (38).
⑤ 靳诺. 围绕立德树人加强"四史"教育 [J]. 思想政治工作研究，2020 (5).

其次，关于开展"四史"教育是进行社会主义主流意识形态教育、抵制历史虚无主义的重要途径方面。王一安和王福兴认为近年来历史虚无主义对当代青年学生的意识形态产生了极大的冲击，作为马克思主义意识形态理论教育的"必修课"，"四史"教育不仅能够坚定高校青年学生对马克思主义的信仰、树立中国特色社会主义的信念，同时也能进一步增强青年学生对实现中华民族伟大复兴中国梦的信心。① 杨延圣和郑斐然指出目前一些错误思潮消解了社会主义主流意识形态教育的成效，高校将"四史"教育融入思政课，不仅有助于"四史"知识的宣传与普及，同时对于促使青年学生认清历史发展规律、抵制错误思潮等也具有十分重要的意义，能为高校的主流意识形态安全做保障。②

最后，关于"四史"教育的融入有助于加强新时代高校思政课的建设方面。王炳林、刘奎从高校思政课教学体系出发，认为"四史"是实现思想政治理论课目标的基础，要准确把握"四史"之间的内涵和特点，避免在思想政治理论课中出现重复，讲好"四史"，讲好思政课。③ 虞志坚从理论逻辑、历史逻辑和实践逻辑出发，阐明"四史"教育与新时代高校思政课是相融相通、相辅相成的。④ 宋俭和廖玉洁在深刻地阐明了各个时期我国的历史教育在思想政治教育中的重要地位的基础之上，进一步提出加强"四史"教育是时代要求，对于高校思政课的改革与建设具有十分重要的促进作用。⑤ 李丹、徐晓风提出，作为当前高校思想政治理论课最鲜活的素材，"四史"融入高校思想政治理论课能够更好地展现高校思想政治理论课的独特魅力。⑥ 彭陈从中国共产党百余年艰苦卓绝的伟大奋斗历史中归纳出中国共产党一贯重视历史学习的优良传统，并在厘清了思想政治理论课各门课程与"四史"教育的关系的基础之上，强调指出"四史"教育融入高校思想政治理论课不仅是历史的

①王一安，王福兴. 高校开展"四史"教育意义、内涵、路径 [J]. 思想政治教育研究，2021 (37).

②杨延圣，郑斐然. "四史"教育融入高校思政教育的现实需求与路径优化 [J]. 学术探索，2021 (5).

③王炳林，刘奎. 关于学习党史、新中国史、改革开放史、社会主义发展史的思考 [J]. 思想理论教育导刊，2020 (8).

④虞志坚. "四史"教育融入高校思想政治理论课教学的三重逻辑 [J]. 江淮论坛，2020 (6).

⑤宋俭，廖玉洁. 将"四史"教育融入高校思想政治理论课教学体系的思考 [J]. 思想理论教育，2020 (7).

⑥李丹，徐晓风. "四史"教育与高校思想政治理论课实效性研究 [J]. 思想政治教育研究，2021 (37).

传承，同时也符合新时代教育教学的需要，具有重要的理论价值和现实意义。① 罗文章则提出，聚焦理想信念，围绕党史、新中国史、改革开放史、社会主义发展史开设思政必修课，能使思政课往"灵魂课程"提升。② 秦冰馥提出，加强"四史"教育已成为新时代高校思想政治理论课程落实立德树人根本任务、推进课程改革创新、提升高校思想政治教育质量的重要举措。③ 顾钰民提出学习"四史"与思想政治理论课的内在联系对提升思想政治理论课的教学质量和效果有着重要意义。④ 周苏娅指出"四史"教育运用到思政课中，通过历史与现实的结合促使教学内容转变为大学生的思想意识和行为方式，从而提升思政课的育人实效。⑤

2. 从"四史"教育融入高校思政课的路径的视角进行阐述

首先，从课堂教学的角度分析实现路径。王炳林、刘奎指出，学好"四史"是实现思想政治理论课目标的重要基础。"四史"融入思想政治理论课，要在"四史"学习中坚持大历史观、正确党史观和整体性原则等基本原则；要处理好讲道理与讲故事、历史知识与历史规律、课堂讲授与实践教学、历史性与现实性之间的关系。⑥ 李寒梅认为把党史、新中国史、改革开放史、社会主义发展史教育融入思政课教学，是当前和今后一个时期高校思政课教学改革的重要任务。"四史"教育融入思政课教学，要坚持与党的创新理论同步、问题导向与目标导向相结合、促进大学生的全面发展等原则，在明确以事实性内容的融入奠定坚实的认知基础、以原理性内容的融入提升价值判断与选择能力、以价值性内容的融入塑造稳固的态度与观念等目标和任务基础上，拓展"四史"教育融入课程标准与教材文本、课堂教学与实践教学、教学研究等的路径和方式，以进一步提高思政教学的实效性。⑦ 张楠系统论述了围绕课程目标、课程设计、教材重点、社会热点等多角度的融合路径。一是要围绕课程目标和特点，推进差异化融合；二是要聚焦教材重点难点、社会热点和学生关注点，突出针对性融合；三是要创新显性与隐性相统一的教

① 彭陈．"四史"教育融入高校思想政治理论课教学的现实意义与实践路径 [J]. 聊城大学学报（社会科学版），2021 (5).

② 罗文章. 办好思政课　铸魂育新人 [J]. 新湘评论，2021 (8).

③ 秦冰馥．"四史"教育贯通于新时代高校思政课程的思考——以抗美援朝战争为例 [J]. 延边大学学报，2021 (12)：86－92.

④ 顾钰民．"四史"学习与加强思想政治理论课建设 [J]. 理论与改革，2021 (1).

⑤ 周苏娅．"四史"教育融入高校思想政治理论课的三重维度 [J]. 思想教育研究，2021 (4).

⑥ 王炳林，刘奎. 关于"四史"融入思想政治理论课的思考 [J]. 思想教育研究，2021 (8).

⑦ 李寒梅．"四史"教育融入高校思政课教学的逻辑理路 [J]. 马克思主义与现实，2022 (4)：110－116.

育路径，推进多样态融合。^① 栾永玉认为开展"四史"教育的途径，应该突出思想性，将"四史"教育融入学习课堂要充分利用课堂主渠道，发挥思政课程和课程思政在立德树人、铸魂育人中的关键作用，将"四史"学习内容融入学科体系、教材体系、课程体系，扎实推进"四史"教育融入课堂。在此过程中，注重把握情感与道理、历史与现实、知识与智识之间的统一。突出针对性，将"四史"教育融入生活课堂。在校园文化生活、网络空间两个方面做好建设。突出实效性，将"四史"教育融入实践课堂，开展实践教学、组织社会实践、开展志愿服务等。^② 唐俊、张劲松认为思政课是加强大学生"四史"教育的重要渠道，将"四史"教育融入思政课具有重要意义。"四史"教育融入高校思政课要坚持"三个统一"，即坚持总结历史和面向未来的统一、坚持保持定力和改革创新的统一、坚持问题导向和目标导向的统一。"四史"教育可通过调整教学方案、增设"四史"教学模块、开展网络实践教学活动、提升思政课教师的综合素养等方式融入高校思政课。^③ 刘建华认为，新时代思想政治理论课教学质量的提升，有赖于信仰力量、精神力量、动能力量和道义力量的有力彰显。党史、新中国史、改革开放史、社会主义发展史以鲜明的历史事实展现了中国共产党百余年奋斗的光辉历程，以宏阔的历史视野和理论导引思想政治理论课应有的信仰、精神、动能和道义。思想政治理论课要充分挖掘和展示党史、新中国史、改革开放史、社会主义发展史的精神硬核和文化资源，从中汲取信仰、精神、动能和道义的硬核力量。^④ 王哲认为强化提升思政课教学对理论命题的感性支撑力，是当前思政课教学创新的一个重要思路。所谓感性支撑力是指通过展示具体生动的感性活动，为理论命题的真理意涵提供具有现场感的感性事实支撑，促进学生充分理解其丰富意涵、提升内化和外化水平的效力。"四史"反映着中国共产党人率领人民群众运用马克思主义不断进行革命的、具有高度理论自觉的感性实践活动，是当前强化思政课感性支撑力的主要依托。为此，应确立"以史撑理"的基本教学思路，展现"四史"与"理论"之间的内在关系，以突出素材的"对应性"、叙事"在场感"、案例的"学理性"和内容的"感染力"为基本着力

---

①张楠."四史"学习教育与高校思想政治理论课教学改革深度融合的探索［J］. 思想理论教育，2021（3）.

②栾永玉. 将"四史"教育贯穿高校立德树人全过程［J］. 中国高等教育，2021（9）.

③唐俊，张劲松."四史"教育融入高校思政课探究［J］. 学校党建与思想教育，2021（19）.

④刘建华."四史"：思想政治理论课的硬核力量［J］. 华侨大学学报（哲学社会科学版），2021（3）.

点，充分发挥"四史"对马克思主义理论的感性支撑力。① 宋俭、廖玉洁认为，在高校思想政治理论课教学中，把学习党史、新中国史、改革开放史、社会主义发展史与学习马克思主义基本原理、学习中国共产党的创新理论特别是习近平新时代中国特色社会主义思想贯通起来，是新时代高校思政课改革创新的重要任务。将马克思主义理论教育与历史教育相结合是中国共产党思想理论教育和高校思政课建设的传统。"四史"教育在新时代高校思政课建设中具有全局性意义，是进一步推动习近平新时代中国特色社会主义思想"进教材、进课堂、进学生头脑"的重要举措。加强"四史"教育是时代要求，要把加强"四史"教育作为创新高校思政课课程体系、深化思政课教学内容改革的重点。② 王玉认为推动"四史"融入高校思想政治理论课需要坚持整体性原则，关键在于从实践逻辑、价值立场、理论创新与世界进步四个层面科学把握"四史"的共通性，实现理论与历史相统一、局部与整体相结合。在教学中，实现"四史"教学的整体性必须坚持"大历史观"，着重从主流与本质的科学把握、横向与纵向的历史比较、情感与理性的有机结合中构建科学的教学内容。③ 李正兴、陈惠萍认为"四史"教育融入高校思想政治理论课，是落实立德树人根本任务的必然要求，也是加强大学生"四史"教育的根本途径。坚持按照课程化、活动化、立体化的要求，着力推进"四史"教育融入思政课的课堂教学和实践教学，着力构建全方位育人的"四史"教育立体课堂，是"四史"教育融入思政课的基本路径。在实践中只有科学构建整体性的"四史"内容体系，坚持运用具有针对性的教学方法，充分发挥教学过程的主体性，才能提升"四史"教育效果。④ 杨延圣、郑斐然认为，在"四史"教育的顶层设计上，要注重其整体性，不能片面地割裂开来，即遵循"大历史观"的教育理念。在教育目标上要凸显"四史"教育的层次性，课程建设上要注重史学类课程间的协同性，教育策略上要重视"四史"教育的实践指向性。⑤

其次，从提升教师教育能力的角度分析实现路径。范连生、范文文认为

①王哲. 立足"四史"强化思政课教学的感性支撑力［J］. 思想理论教育导刊，2022（3）.

②宋俭，廖玉洁. 将"四史"教育融入高校思想政治理论课教学体系的思考［J］. 思想理论教育，2020（7）.

③王玉. 高校思想政治理论课"四史"教学的整体性及其实践路径［J］. 思想教育研究，2021（1）.

④李正兴，陈惠萍."四史"教育融入高校思想政治理论课的实践路径［J］. 江西师范大学学报（哲学社会科学版），2021（6）.

⑤杨延圣，郑斐然."四史"教育融入高校思政教育的现实需求与路径优化［J］. 学术探索，2021（5）.

思想政治理论课教师应明确党史、新中国史、改革开放史、社会主义发展史教育融入思想政治理论课的价值意蕴、原则与实现路径。[①] 沈茹指出，"四史"教育与高校思政课在理论逻辑、实践逻辑、历史逻辑上具有内在一致性，两者契合相通。高校应注重提高教师的综合素质。[②] 赵君表示需要对师资队伍进行优化，加强对思政课教师的培训的同时拓宽人才选拔视野，加大人才引进力度。[③] 冯霞、刘进龙认为以"四史"为主线贯通思想政治理论课教学全过程，应发挥教师教育主导作用。[④] 桂署钦、石晶晶提出开展"四史"教育的关键就是增强师资队伍力量，除了教师自身要重视提升自己的历史素质之外，高校要加强对教师的"四史"培训和教学考核。[⑤] 唐俊、张劲松认为思政课是加强大学生"四史"教育的重要渠道，将"四史"教育融入思政课具有重要意义。"四史"教育可通过提升思政课教师的综合素养等方式融入高校思政课。[⑥] 韩振峰、张悦认为，将"四史"学习教育融入高校思政课，要充分发挥教师的主导作用。[⑦] 王广义、胡靖指出加强专兼职思政课教师的选聘，实施教师素质提升工程，才能提升教师队伍的质与量，解决好"谁来融"这个问题。[⑧]

最后，从大学生对于"四史"教育的价值需求和思想观念的角度分析实现路径。从本视角出发探寻"四史"融入思政课的路径旨在要求应充分了解作为接受主体的大学生对于"四史"有哪些接受需求，应注意分析大学生对于"四史"教育的价值需求和思想观念，促使其加强对"四史"的认知、认同，从而形成内在的稳定的知识结构，实现从内到外的过程。比如，高静毅认为应该首先了解当代大学生的认知特点和接受习惯，从而有的放矢地开展教育。此外她还认为应该注重大学生对于"四史"教育学习的课堂期待，渴望沉浸式和参与式的教学体验。应深刻把握"四史"教育与大学生成长需求的内在契合点，充分激发大学生的接受动力，深刻把握"四史"教育与大学

①范连生，范文文."四史"教育融入思想政治理论课的价值意蕴与实现路径［J］.教育评论，2021（7）.

②沈茹."四史"教育有效融入高校思政课的路径探究［J］.天中学刊，2023（1）.

③赵君.以"四史"教育推动高校思政工作守正创新［N］.广西日报，2021-04-08（10）.

④冯霞，刘进龙."四史"教育融入高校思想政治理论课的三维审视［J］.思想理论教育导刊，2021（2）.

⑤桂署钦，石晶晶.高校实施"四史"教育的途径探讨［J］.学校党建与思想教育，2021（8）.

⑥唐俊，张劲松."四史"教育融入高校思政课探究［J］.学校党建与思想教育，2021（19）.

⑦韩振峰，张悦."四史"学习教育融入高校思想政治理论课探析［J］.北京社会科学，2022（1）.

⑧王广义，胡靖.以党史为重点的"四史"教育融入高校思想政治理论课路径探析［J］.思想教育研究，2021（7）.

生成长需求的内在契合。从"知、情、意、行"的角度，坚持需求驱动，以差异化设计增强"四史"教育的针对性，以实际化设计增强"四史"教育的实用性，以合作化设计提高"四史"教育的吸引力。[1] 靳诺指出"四史"教育要解决学生的思想困惑，引导学生树立正确历史观，增强学生使命意识。[2] 杨凝晖认为人才培养是"四史"教育融入高校思政课最重要的环节，因此，要用红色故事让大学生把握鲜活的革命精神，激活学生的积极性和主动性，增强教学温度和热度。[3] 冯霞、刘进龙认为"四史"融入需要通过从历史中寻找现实根源，激发学生兴趣，培养学生的历史思维，强化学生的主体意识。[4] 郝平指出"四史"教育深入学生要创新载体和方法，贴近学生生活。[5] 徐秦法、赖远妮认为学习对象的认知水平决定了教育方法与内容需要循序渐进，针对大学生主要是采用"问题式融入"，以专题形式突出历史主题，以社会调查增强历史认知，以志愿服务践行使命担当。[6] 通过对以上文献的提取和参考，可以发现学界对"四史"教育的关注程度与日俱增，"四史"教育融入思政课的研究成果也在不断发展和完善，其中，"四史"教育融入高校思政课的价值研究以及路径研究已经取得了一些突破。

3. 从"四史"融入高校思政课各门课程的视角进行阐述

徐曼、郑宏宇指出"四史"教育融入"马克思主义基本原理"课教学不是学习一般性的历史知识，而是以"四史"教育为载体的马克思主义基本原理教育，这既是增强大学生马克思主义基本原理知识理解的"辅导书"，也是坚定大学生对马克思主义价值理念认同的"必修课"。加强"四史"教育与"马克思主义基本原理"课教学的深度融合具有严密的内在逻辑。在教学理念上必须坚持教材体系和教学体系融合创新、知识传授和价值引领同向互动、理论自觉和行动自觉同频共振。在教学实践策略上要围绕教材内容和特点，加强重点性融合；创新教学方法和模式，发展多样性融合；完善教学评价和考核，探索有效性融合，不断提升教学质量。[7] 赵庆华认为"四史"教育融入

①高静毅. 接受视角下"四史"教育入脑入心的思政课教学研究 [J]. 学校党建与思想教育，2022 (7).

②靳诺. 围绕立德树人加强"四史"教育 [J]. 思想政治工作研究，2020 (5).

③杨凝晖. 加强学科建设 夯实思政基础 [N]. 山西日报，2021-04-13 (11).

④冯霞，刘进龙."四史"教育融入高校思想政治理论课的三维审视 [J]. 思想理论教育导刊，2021 (2).

⑤郝平. 积极探索高校"四史"宣传教育路径 [N]. 人民日报，2021-06-01 (13).

⑥徐秦法，赖远妮. 找准着力点 推动各学段上好党史这堂课 [N]. 光明日报，2021-04-13 (13).

⑦徐曼，郑宏宇."四史"教育融入"马克思主义基本原理"课的内在逻辑、教学理念和实践策略 [J]. 中国大学教学，2022 (6).

"纲要"课，需要从逻辑、史观、路径三个维度进行把握。逻辑方面，应厘清"四史"之间的理论、历史、实践逻辑与时空、内容、主次逻辑。史观方面，应坚持唯物史观、群众史观和大历史观。路径方面，可挖掘地方史和区域社会史、影视作品以及时政热点中的"四史"资源，从而真正将"四史"教育贯彻到"纲要"课的具体讲授实践中。① 李坤睿认为在"中国近现代史纲要"课运用"四史"经典文献教学，目标是促进史论结合、讲授与引导结合、中国本位与国际视野结合。围绕这一目标，教师应注意三个维度：一是视野维度，拓宽国际视野，引导学生在世界社会主义发展史脉络中理解中国近现代史；二是史实维度，细化历史认知，强化论证链条，加强学生对历史逻辑的理解，加深对历史规律的认识；三是理论维度，帮助学生理解教材中理论性较强的内容，理解一些疑难、敏感但必须正本清源的问题。② 王雪超以"四史"内在逻辑关系为切入点，提出将其融入中国近现代史纲要，从而将世界史线索化隐为显；将课程中提及但没有讲透的问题讲透。③ 孙艳美则提出"纲要"和"四史"教育之间的关系，"纲要"课承担"四史"教育的时代使命，而"四史"教育则蕴含着"纲要"课内容的重点，还提出两者相融合应该坚持的原则有唯物主义历史观原则、整体性原则、史论结合原则、理论联系实际原则、正面宣传为主原则，最后提出两者相结合的着力点，按照从浅层至深层的逻辑提出历史认知、历史认同、历史思维、历史担当。④ 郑海涛、王继才提出将"四史"融入思想道德修养与法律基础课程教学，作者紧紧围绕落实立德树人的根本任务以及进一步推动思政课教育改革创新的重要任务，把高校思想道德修养与法律基础课程教学内容及课程要求和"四史"教育融合在一起。作者提出，传承红色基因、汲取精神力量、感悟高尚与纯粹、追忆先辈革命初心、吸收借鉴优秀道德成果、见证共和国法治印迹便是将两者相结合的成果。要引导大学生树立历史思维，通过历史感悟中国共产党的初心，从而鼓舞他们积极奋斗在新时代！⑤ 王文臣指出"四史"教育与"概论"课教学两者之间具有内在逻辑，具体体现在思想和政治两个方面；也提出"四史"

① 赵庆华."四史"教育融入"中国近现代史纲要"课程的实践探索 [J]. 中国大学教学, 2022 (3).

② 李坤睿."四史"文献与"中国近现代史纲要"课教学内容的拓展 [J]. 思想理论教育, 2023 (3).

③ 王雪超."四史"内在逻辑关系及其融入"纲要"课的路径探析 [J]. 思想理论教育导刊, 2021 (2).

④ 孙艳美."中国近现代史纲要"课加强"四史"教育探析 [J]. 思想理论教育导刊, 2020 (9).

⑤ 郑海涛, 王继才."四史"融入思想道德修养与法律基础课程教学研究 [J]. 教育教学论坛, 2020 (46).

教育融入"概论"课程教学的内容切入点在于高校思政课四门课程的关系上；最后提出进行"四史"教育是为了青年学生批判历史唯心主义的负面影响，弘扬爱国主义等。① 可以看出，已有研究者将"四史"教育与高校思政课建设或者高校教学体系相结合，试图站在"四史"的角度来找出高校思政课改革创新的途径和新思路，这也是本研究值得借鉴的地方。

二、国外研究现状分析

每个国家的政治制度不同，意识形态上也存在差异。国外对"四史"教育的研究虽然暂无成果，但通过查阅文献，目前能搜到的相关的成果主要有关于其本国的历史教育、中共党史的研究、新中国历史的研究、改革开放的意义以及社会主义发展脉络等研究。本书将国外对这一领域的研究现状归纳、整理如下。

（一）国外关于"四史"的研究

国外将"四史"作为整体进行研究的理论成果较少，大部分国外学者对于中国共产党党史、新中国史、改革开放史、社会主义发展史进行单独的研究，且部分研究以主要历史事件评价为切入点，通过事件评价来阐述个人对于这段历史的看法。

在中共党史研究中，国外的中共党史研究属于专史研究。② 在《创建中国共产党的十三个人》一书中，日本作家谭璐美详细介绍了参加中共一大的十三位代表，特别指出了中国共产党创立初期对于日本产生的影响。③ 美国学者费正清从中美关系的视角对中国的长征进行了研究并指出，长征是在不断遭受阻击的情况下，历时长达两年之久，行程达 6600 英里的一次撤退。④ 国外学者通过长征的描述，对中共党史进行了深层次的解读，并在言语之间表现出对中国共产党的赞赏和认可。美国著名中国问题专家沈大伟认为，中国共产党已经用自身行动证明了其存在的合理性。中共党史表现出中国共产党保护国家的利益，提高中国在世界的地位以及改善人民生活的经过。⑤ 德国学者托马斯·海贝勒认为，中国共产党的领导体制，展现出"转型—巩固—适应"

---

①王文臣."四史"教育融入"概论"课教学的内容切入与现实意义 [J]. 思想政治课研究，2020 (10).

②梁怡. 百余年国外中国共产党党史研究与"四史"教育 [J]. 世界社会主义研究，2021 (5).

③翟亚柳，乔君，陈鹤. 二〇一〇年国外中共党史研究述评 [J]. 中共党史研究，2022 (8).

④[美] 费正清. 美国与中国 [M]. 张理京，译. 北京：世界知识出版社，1999：269-270.

⑤本刊编辑部. 全球盛赞"中国模式"[J]. 决策与信息，2009 (11).

的不同发展阶段，这一过程也是实用主义逐渐取代意识形态的过程。①

在新中国史和改革开放史的研究中，美国布朗大学政治学教授谢德华认为，中国的发展从来都不是想要改写经济发展规则，也不是改造整个世界，更不是故步自封地发展。中国的一系列举措仅仅展现出其在努力融入这个由世界上发达工业经济体所创造并主宰的体系。②乔纳森·安德森认为，中国发展在当前虽仍较为落后，尽管其有着长期的社会主义背景，但并不妨碍其成为世界上自由化最快的经济体之一。③弗朗西斯·福山认为，中国党国体制较其他发展中国家最为明显的特质之一，就是自主程度。中国政府能够按照自己的旨意设定独立的政策议程，既体现于制定政策方向的共产党高层，又体现于自由裁量权来执行上级指令的下级干部，而西方社会政党往往受到财团的左右。④

在社会主义发展史研究中，国外学者显然被中国特色社会主义所吸引。国外学者普遍认为，当今世界具有两大难题，一是贫困与发展，二是和平与战争。西方模式主导下的世界秩序加剧了多数发展中国家的贫困，中国模式虽然还在不断完善之中，但在解决这两个问题上，展现出其独特优势。美国著名中国问题专家乔舒亚·库珀·雷默指出，中国通过艰苦奋斗和创新实践，逐渐探索出并成功实践的模式，这一模式称为"北京共识"。⑤依附理论的代表人物萨米尔·阿明认为中国发展道路与苏联模式不同，自20世纪60年代以《论十大关系》为标志，中国就已经有意识地探索自己的发展道路，正是这些探索为1980年后中国的成功奠定了基础。中国在实行改革开放时，也没有遭遇苏联向西方开放时的崩溃。⑥

（二）国外关于历史教育的研究

"四史"教育是一个具有浓厚中国特色的特殊词汇，在国外鲜有提及。但大部分国家都极为重视青年的国家历史教育以及国家基本情况教育，以助于

---

①［德］托马斯·海贝勒.关于中国模式若干问题的研究［J］.当代世界与社会主义，2005（5）.

②［美］谢德华.中国的逻辑：为什么中国的崛起不会威胁西方［M］.曹槟，孙豫宁，译.北京：中信出版社，2011：27.

③［美］乔纳森·安德森.走出神话：中国不会改变世界的七个理由［M］.余江，等译.北京：中信出版社，2006：237—238.

④［美］弗朗西斯·福山.政治秩序与政治衰败：从工业革命到民主全球化［M］.毛俊杰，译.桂林：广西师范大学出版社，2015：341.

⑤Joshua Cooper Ramo, The Beijing Consensus：Notes on the New Physics of Chinese Power, First published 2004 by Foreign Policy Center.

⑥［埃及］萨米尔·阿明.中国在走一条独特的道路［J］.朱美荣，编译.当代世界与社会主义，2013（2）：60—67.

青年形成正确的历史观。

1. 关于历史教育意义的研究

美国教育界认为："没有历史，社会就不能分享如下的共同记忆，人们曾经在哪儿、人们的核心价值观是什么，或历史上哪些决定至今还影响着我们的生活。"① 美国杜赞奇曾言："历史是民族认同得以形成的最重要的教育手段。"② 对于美国而言，历史是国家的共同记忆，是核心价值观的来源，历史是民族认同感的基础。在 *Designing History in East Asian Textbooks Identity Politics and Transnational Aspirations*（《东亚历史教科书中的历史设计，认同政治与跨国界渴望》）中，学者们集中阐述了历史教育在增强国家认同中的作用和重视历史教育的意义。德国历史学理论家耶尔恩·吕森说："历史论题是人类生活中极其重要的元素，在历史中，人们形成并且反映了他们与其他人的认同感、归属感，以及与他者的差异。"③ 德国十分重视历史教育，同样强调对国家的认同和归属感，认为正确的历史认知是一个人的文化基础和文明修养的基础。历史教育是英国大学生思想政治教育的主要内容之一。英国历史学界在课程方案中明确提出历史教学的目的除了知识教育方面，更多的是在思想教育方面，把学生培养成适合现代化社会发展需要的合格公民，注重启发学生的"判定价值"和"做出判断"。1986 年，苏联就曾颁布《苏联普通中学历史大纲》，并在其中对青年历史教育的目标进行了明确的论述和规定。在实际的教学过程中，他们认为，通过对青年学生进行历史教育，可以完善和发展青年的个性和思想品德。霍姆林斯基曾说过："教历史的教育艺术奥秘就在于，要赋予正在掌握知识的人一颗战士的灵魂。"日本"注重树立学生历史主义的态度，并运用这一观点多方位、多角度地考察和批判历史事实的态度和能力"，④ 更为注重对历史思维的培养，重视历史观的养成。法国同样重视历史教育，学者安托万·普洛斯特指出："法国人认为，民族认同和民族存在都要通过历史教育来获得，通过历史教育有利于提高公民的认同感和学习能力。"⑤ 总体来看，上述各国社会制度不同，意识形态不同，因此对历史教育的价值追求也不同。但是，各国都非常重视利用历史教育实现民族认同、文化认同，使受教育者明确自身的使命和担当。可见，各国都认识

①赵亚夫. 国外历史课程标准研究［M］. 北京：人民出版社，2003：13—14.
②［美］杜赞奇. 为什么历史是反理论的？［M］. 北京：社会科学文献出版社，2003：89.
③［德］耶尔恩·吕森.《历史的观念译丛》总序［J］. 清华大学学报（哲学社会科学版），2009，24（1）.
④黄璐. 基于历史教育的中学思想政治教育有效载体研究［D］. 西安：西安科技大学，2011：25—26.
⑤［法］安托万·普罗斯特. 历史学十二讲［M］. 王春华，译. 北京：北京大学出版社，2012：17.

到历史教育中蕴涵着丰富的思想政治教育价值，通过历史教育提高素质，确立价值，培养人格，培养符合社会的公民素质。但是，这些研究也存在着一定的局限性：一是多数国外学者认识到了历史教育有重要功能，但未提出如何凸显潜在的功能，没有提出提升的路径；二是较多国外学者在分析历史教育的影响时，没有提出抵御历史虚无主义的对策。

2. 关于历史教育内容的研究

美国的历史教学很重视对学生的爱国主义教育、能力的培养。美国的历史学习习惯于与其他社会科学相联系，在学习中找到不同学科与历史学习的联系与区别。从历史教学的内容来看，其教材版本繁多，内容极其丰富。主要分类为家族史、邻居史、本国史、世界史、政府史等，这与中国历史教育内容的分类标准完全不同。日本学校历史教育侧重历史知识的背诵，思考能力反而不作为历史教育的重点，这也导致学生对于历史缺乏兴趣。日本的历史课本中关于世界史的内容较为复杂，这大大增加了记忆难度。这就造成了学生为轻松应对大学入学考试，从而放弃对于世界史的学习，选择难度相对较低的日本史这一现象的产生。同时，在日本，小学、初中的历史教育也普遍倾向于日本史，往往忽视世界史的学习。[①] 相比日本，新加坡历史教育从本国史和世界史两个方面同步开展，使学生在清楚世界历史发展动向的基础上，通过历史梳理认清自己的所属脉络，产生对国家的政治性认同和归属感。德国学校政治教育有统一的课程设置，教学内容也有统一的规定性，系统化的学科知识与其政治教育的基本目标保持一致，在知识点上囊括了世界历史、德国历史、国内外政治、经济理论模式等，构成了系统的政治理论教育知识体系。德国是直接把历史的内容编写进政治教育的课程，作为教学内容出现的。

3. 关于历史教育对策的研究

国外关于运用历史教育去推动学生爱国主义教育的对策研究较为丰富。在美国，虽然没有全国统一的历史教学规划，但总体来看各个州对学生的历史教育都极其重视，并通过法律程序来确立历史教育在基础教育中的重要地位。美国对青年进行历史教育的目的通常是使青年通过对国家历史的学习，来培养爱国主义思想以及对所谓的民主制度的忠诚。同时他们也认为通过对历史的学习能够使学生运用所学知识进行合理的价值判断，也就是形成正确的价值观。从历史教材来看，美国的历史基础教育教材版本众多，内容丰富，

①赵世海. 全球化视野下的日本历史教育新动向 ［J］. 比较教育研究，2020（7）.

包括世界历史、本国历史、本国的政府历史、世界文化历史等。如美国将《国家政治制度》《当代世界史》等书籍编入通识教育学科中，"运用西方先进的人文主义传统智慧与审美，培养学员的美国式人格价值观与道德情感"①。同时美国政府极其重视高校学生国家观念的教育形式，一些州政府甚至以法令形式规定大专院校应当设立国家和历史等有关学科，并强制规定学生必须修满相应的历史学分，否则将无法获得学位。同样重视历史教育的还有日本，日本自古以来不仅善于向其他国家、民族学习，同时也是一个注重历史教学和国情分析的民族。在中学的基础教学中，日本人通常将本国国情教育与历史教育相结合。日本高中历史教育的目标是：通过历史教育使青年学生"从广阔的视野上考察日本史的形成和发展，进而培养学生的历史思维能力，把握现代日本的形成过程和日本文化的特点，增强其作为国民的自觉性"②。在具体实施的过程中，日本通常会将历史教育融合进人文地理、经济、社会、道德等内容的学习中，以加强学生融会贯通能力的培养，这是日本历史教学的一大特色。在英国，虽然没有统一的教学标准和课程大纲，但在20世纪70年代提出的《中学人文学科课程改革的建议》中曾明确提到了历史教育的任务。其中包括帮助学生正确认识目前国家和社会的政治经济形势，同时要学会用历史的角度看待问题，衡量和考察现实。俄罗斯为了强化对青少年的历史、军事素质教育，使其在政治思想上做好为国家服务的准备。普京当局提出统一编制新版的历史教材，以复原历史事实、重塑国家民族英雄人物形象，指导他们建立社会主义正确价值观，以增强民族荣誉感。除了通过立法形式加强立法保护之外，各联邦主体一般都还设立了爱国主义教育协调理事会，以开展协调统一的教育实践活动。此外，在俄国的主要街道上随处可见很多历史杰出人物和民族英雄的纪念馆、雕塑等，他们会将这些因素有机地渗透到都市建筑之中，培养青年对民族功臣的敬仰之情。"新加坡的爱国主义教育，注重于培养国家意志，从教育形成价值的观念上传承了东方的优良传统文明，弘扬了儒家伦理精神。"③从课堂教学内容出发，针对中小学生知识水平，讲究层次性、系统化，把课堂教学当作第一阵地，重点开展历史、地理、宗教的教育，增进中小学生对国家的认同度。韩国新制定的《高等教育法》中直接明文规定了社会科学的教育目标为"要让高等教育者认识到个人与国

①郭强.当代美国高校德育研究［M］.上海：同济大学出版社，2014：189.
②郭桂兰.中外历史教育的纵横比较及思考［J］.内蒙古师大学报（哲学社会科学版），1996（2）.
③杨茂庆，岑宇.新加坡学校价值观教育：路径、特点及经验［J］.比较教育研究，2020（2）.

家、社会之间的关联，认清国家历史和现状，从而培养学生国民意志和责任感"。①

三、国内外研究现状述评

综上所述，通过梳理国内外理论界学者关于历史教育这一问题的研究，可以发现，历史教育尽管在不同时代、不同阶级、不同国度有着不尽相同的做法，但是国内外有一个共识——历史教育不可忽视。尤其是各个国家将历史教育有机地融入公民教育或道德教育中的经验，无疑对于当代我国正确认识历史国情、明确时代方向、推动时代发展以及大力推进我国高校思想政治理论课"以史育人"教育教学模式的创新等具有一定的启示意义和重要的借鉴意义。对于这些成果的考察和回顾不仅极大地拓宽了本研究的理论视野，同时也因这些成果所依托的极为丰富的马克思主义理论、教育学、心理学以及历史学、政治学等多种学科背景的理论知识，由此对于思想政治教育资源的利用和发展问题具有较高的参考价值，尤其是对于"四史"这一基本史实作为一种新时代的高校思想政治教育资源如何得到最大程度的开发和利用等具有非常重要的启示意义。具体体现为以下三个方面：

第一，从研究视角来看，对于历史学习和历史教育的问题已不仅仅是单纯的历史学或者教育学领域的问题，更多情况下，学者们更倾向于运用马克思主义的立场、观点和方法进行研究，党史、新中国史、改革开放史、社会主义发展史带着鲜明的社会主义特色和中国特色，党史、新中国史、改革开放史、社会主义发展史教育则是这种特定语境下政治教育和国情教育中的一个特定范畴，而对于这个概念的准确把握无疑要从马克思主义的基本立场和观点出发。国外当然没有"四史"和"四史"教育的概念和教育实践，但各国对于将相关意识形态（或者主流价值观）以及本国的历史文化、现实国情融入本国下一代教育中的相关教育实践数不胜数，以政治教育、道德教育和国情教育的面貌出现，这样的实践无疑对本书研究具有一定的借鉴意义，特别是对于探讨多主题协同参与到历史资源融入高校思想政治教育具有重要借鉴意义。

第二，从研究方法来看，对于历史学习和历史教育研究较多基于学理化分析的层面。学理化建构是本书得以深刻发展的重要理论基础，学术界对于党史、新中国史、改革开放史、社会主义发展史的内涵、其内部要素相互关

---

① [韩] 韩国教育课程，教科书研究会. 韩国教科教育之变迁 [M]. 首尔：大韩教科书株式会社，1990：82.

系的深刻剖析，一定程度上明晰了学术界对于相关概念的界定。但这种学理化的建构多以定性分析和推理演绎为主，本书侧重对实际融入效果的反馈和研究，希望通过实证调研的方法对高校思想政治理论课"以史育人"教育的实践成效进行分析和把握，并将"以史育人"实践置于建党以来相关教育实践发展的基础上推进，其所形成的结论具有一定的借鉴意义。

第三，从研究主题来看，对于"四史"教育融入思政课，以推进高校思政课教育教学模式的改革与创新的全面性、系统性研究还有待进一步提升。就目前大部分研究来看，主要是从某一个角度进行描述、分析、归纳和梳理，研究视野较为单一，缺乏应有的历史辩证法或纵向比较研究。基于此，本书力求在吸收和借鉴现有理论研究成果的基础上，以党的十八大以来习近平总书记系列重要讲话精神当中所蕴含的关于党史、新中国史、改革开放史、社会主义发展史的学习教育的基本观点体系为指导，以高校青年学生爱国主义教育为主线，在厘清"四史"教育融入思政课的逻辑、价值和进路的基础之上，有效回答"为什么融、融什么、怎样融"三个递进问题等这一新时代对高等教育提出的崭新教学任务。从而为有效推进新时代思想政治理论课的改革创新，进一步推动习近平新时代中国特色社会主义思想"进教材、进课堂、进学生头脑"等提供借鉴思路。

第三节　研究思路与方法、创新之处

一、研究思路

本书在借鉴相关研究成果，并在广泛搜集和分析研究资料的基础之上，以习近平新时代中国特色社会主义思想为指导，结合新形势下高校思想政治理论课教学所面临的新机遇、新挑战及多年以来从事思想政治教育教学的工作经验，对党的十八大以来习近平总书记系列重要讲话精神当中所蕴含的关于党史、新中国史、改革开放史、社会主义发展史的学习教育的基本观点体系，以及其在高校思想政治理论课教学中的理论价值与实践价值进行深刻阐述、深入分析，并选择采用同一问题不同角度、不同方式交叉印证的办法，在对当前高校青年学子的思想政治现状和当前高校思政课"以史育人"教学模式的现状等方面进行调研分析、掌握充分的数据资料的基础上，结合新形势下高校思政课教学所面临的新情况、新问题等，进一步对推动高校思政课

"以史育人"教学模式建构的理论渊源、现实要求、逻辑必然以及目标指向、价值遵循等方面进行详细阐述，并在此基础上，对高校思政课"以史育人"教学模式建构的重要理念、内容结构、方式方法、载体建设、教育者素质及保障体系等几个方面进行具体分析，以期为新形势下深入学习宣传贯彻习近平总书记关于历史学习和历史教育的系列重要讲话精神，进一步增强高校思想政治理论课"以史育人"教学模式的改革与创新，提升高校青年学生思想政治工作的实效性等方面提供点滴参考。

本书具体结构如下：

绪论：本部分在查阅文献、资料数据搜集的基础之上，对选题的来源与意义、研究现状、研究思路与方法及本书的创新之处进行揭示。

第一章："以史育人"与高校思想政治理论课。本章在充分把握高校思想政治教育的基本原理、挖掘国内外相关研究成果的基础上，对"以史育人"内涵特征、理论基石和价值意蕴以及高校思想政治理论课的内涵、功能和特点进行系统梳理的基础之上，进一步阐明党史、新中国史、改革开放史、社会主义发展史融入高校思想政治理论课所具有的思想政治教育价值，使"党史、新中国史、改革开放史、社会主义发展史"优质教育资源得以充分利用，使"党史、新中国史、改革开放史、社会主义发展史"教育在思想政治教育中的价值得到更好的体现和实现，使受教育者认同"以史育人"的思想政治教育功能，帮助受教育者树立马克思主义唯物史观，提升抵御历史虚无主义的能力，助力提升思想政治教育的实效性和针对性，从而为本研究廓清基础和前提。

第二章：高校思政课"以史育人"教学模式的生成逻辑。本章分别从古代先贤重视与借鉴历史的传统、马克思主义经典作家高度重视历史的思想以及中国共产党重视历史学习的优良传统等三个方面详细地研究和探讨了高校思政课"以史育人"教学模式生成的历史渊源的基础，进一步从"四史"教育的功能和目的契合了高校思想政治理论课的使命和要求方面阐明了高校思政课"以史育人"教学模式生成的理论逻辑，并在对高校思政课"以史育人"模式的时代诉求进行科学分析的基础上，进一步阐明推动高校思政课"以史育人"教学模式的改革与创新不仅是反对历史虚无主义、坚定"四个自信"的必然选择，同时也是落实高校立德树人根本任务的现实诉求以及提升高校思政课铸魂育人实效的必然要求。

第三章：高校思政课"以史育人"教学模式的现实审视。本章在前两章已对党的十八大以来以习近平同志为核心的党中央就历史学习和历史教育所做的一系列重要论述，以及在对高校思政课"以史育人"教学模式建构的历史逻辑、理论逻辑和现实逻辑等内容进行科学梳理和系统分析的基础上，本着理论联系实际的原则，在对当前高校青年学子的思想政治现状及高校思政课"以史育人"教学模式的现状等方面进行调研分析的基础上，进一步对存在的问题进行归因分析，以期为找寻路径策略提供现实的依据。

第四章：高校思政课"以史育人"教学模式的实践探赜。本章结合当前我国高校思想政治工作以及高校思想政治理论课教学所面临的新使命、新机遇和新挑战等，进一步对推动高校思想政治理论课"以史育人"教学模式创新的理念基础、价值遵循以及目标取向进行详细阐述，并从理论与实践相结合的角度出发，进一步从"把握一条主线：增进历史认知的宗旨所在""实现两个转变：增强历史自觉的内在要求""坚持三个结合：提升历史思维能力的重要方法""讲清楚四个为什么：培育历史认同的认知基础""推进五个融合：增强历史担当的重要途径"等几个方面加以展开并进行系统论述，从而为顺利实现高校思想政治理论课"以史育人"教学模式的创新与实践提供一个可供操作的新思路，这也是本书研究的重点，它将对理论与实践操作层面上的青年历史教育有重要的指导意义。

结束语：本章在前四章分析问题的基础之上，进一步强调指出，在新时代把中国共产党所形成的重视历史学习和历史教育的传统特别是党的十八大以来所形成的历史教育理论与中国具体实际相结合，不断推进高校思想政治理论课的创新与实践，对于进一步提升高校思想政治理论课"以史育人"的针对性、时效性，进一步推进马克思主义历史学习和历史教育理论的传承和发展等无疑具有十分重要的意义。但是开展"四史"教育不能是思政课教师的"独角戏"，还需要发挥不同育人主体的作用，把各类要素集聚起来，采用真正融入学生心田的形式，通过讲活历史故事、用活红色资源，化抽象理论为具体实践，以引导新时代青年学生以实现中华民族伟大复兴为己任，做出不负时代、不负韶华、不负党和人民的历史新业绩。

二、研究方法

科学的研究方法，是思想政治工作研究的工具和武器，就目前对党的十八大以来所形成的历史教育理论的研究来看，尽管就其理论体系的构成要素如理论来源、主要内容、原则途径等方面的研究已取得了一定的成果，但关于这一话题的理论分析还较缺乏，可供研究参考的文献还比较少。为此，本书在查阅大量基础文献的基础上，以马克思主义唯物史观为指导，用实事求是的态度，运用历史学、思想政治教育学等学科研究方法开展本选题研究，力求将党的十八大以来所形成的重视历史学习和历史教育理论作为一个整体，纵横结合，既注意纵向的历史发展，又联系横向的思想内涵，从而宏观地把握党的十八大以来所形成的历史教育理论，并对该理论的启示意义进行深入探讨。具体而言，主要遵循、运用的原则和方法如下。

一是文献研究法。文献研究法是指通过多种途径查阅、搜集各种记载经验事实和理论成果的文献资料，摘取与研究课题有关的信息的研究方法。党的十八大以来，习近平总书记关于历史学习和历史教育工作的思想理论散见、渗透在他的著作、文章、书信、电报、批示、题词、讲话和谈话等中，也体现在他长期以来的实践活动中。因此，运用文献研究法研究党的十八大以来习近平总书记针对历史学习和历史教育所发表的系列重要讲话精神，就能够在借鉴以往研究成果的基础之上，对研究对象有一个更客观、更整体、更系统、更深刻的认识。基于此，要深入地研究习近平总书记关于历史学习和历史教育所作的一系列重要论述及其所具有的启示意义，一方面，必须尽可能地全面学习研究习近平本人的著述，如《论中国共产党历史》《毛泽东邓小平江泽民胡锦涛关于中国共产党历史论述摘编》《习近平新时代中国特色社会主义思想学习问答》《习近平谈治国理政（中文版）》等；另一方面，还要学习研究客观记录反映他思想活动和实践活动的文献资料，特别是党的重要文献文件、党史资料等，如《习近平在庆祝中国共产党成立100周年大会上的讲话》《习近平在哲学社会科学工作座谈会上的讲话》《习近平在知识分子、劳动模范、青年代表座谈会上的讲话》《青年要自觉践行社会主义核心价值观——习近平在北京大学师生座谈会上的讲话》《习近平：做党和人民满意的好老师——同北京师范大学师生代表座谈时的讲话》《习近平在纪念中国人民抗日战争暨世界反法西斯战争胜利70周年系列活动上的讲话》《指导新时期宣传思想文化工作的纲领性文献：学习习近平总书记在全国宣传思想工作会议上的重要讲话文章选》等。只有尽可能全面地搜集整理有关习近平总书记关于历史教育所发表的重要讲话以及重要论述等文献资料，才可能如实地还原以习近平同志为核心的党中央关于历史教育工作思想的本来面貌。

二是比较研究法。比较研究法是根据一定的标准，把不同的或相似的事物放在一起进行比较，以确定事物之间异同的一种方法。运用比较法，研究党的十八大以来所形成的历史学习和历史教育理论及对高校思想政治理论课教学的启示的最终目的，是揭示我党思想政治工作以及思想政治理论课教学的本质和规律，以指导现阶段高校思想政治工作以及思想政治理论课教学，

绪

论

服务于我国经济社会发展大局。比较研究法包括纵向比较法和横向比较法，将党的十八大以来所形成的历史学习和历史教育理论置于中国传统文化的发展历程、置于马克思主义发展史、置于中国共产党百余年奋斗史的长河中，同中国古代关于历史教育的思想，同马克思、恩格斯、列宁、毛泽东等人的马克思主义历史教育思想进行纵向比较，概括其中的共性，凸显党的十八大以来所形成的历史教育理论的个性，体现它们之间一脉相承又与时俱进的关系；通过横向比较，研究中国共产党领导下的高校思想政治工作以及思想政治理论课教学的本质特征和基本原理，从而更好地揭示高校思想政治工作以及思想政治理论课教学的发展规律和发展趋势。通过跨时空的比较研究，纵横交错，就可以让我们以更加开阔的视野客观认识"四史"教育融入高校思想政治理论课教学的必要性、可能性以及现实意义，更加准确地掌握党领导下的高校思想政治工作以及思想政治理论课教学的本质和规律，从而推动高校思想政治理论课教育教学理论的不断创新。

三是系统分析方法。党的十八大以来所形成的"四史"教育理论是一个系统的理论体系。系统分析方法要求，一方面，应把该理论作为一个整体进行审视，对该理论从特定的形成背景、主要内容体系与特点等几个要素予以综合研究；另一方面，由于党的十八大以来所形成的"四史"教育理论会受到时代、社会环境大系统的影响，因此，研究该理论及其对当前高校思想政治理论课教学模式的改革与创新的启示等，就需要将该理论与当时的时代背景、社会背景视为一个有机整体。

四是逻辑与历史相统一的方法。坚持历史研究与逻辑分析相统一的原则和方法，史论结合，以论为主。在具体研究时，不可能详尽地考察"四史"教育理论形成发展的每一个历史细节，应侧重研究其成熟的、具有代表性的理论观点。基于此，在研究中，要尽可能全面地考察这一理论形成和发展的历史背景、历史过程，充分挖掘分析在各个不同的历史时期习近平总书记所提出的相关思想观点；将所有思想观点放到更广阔的时代背景中进行审视，尽可能详尽地分析各个思想观点之间的逻辑关系，以完整、准确地理解、总结、梳理党的十八大以来围绕历史学习和历史教育所采取的一系列重要举措及所取得的一系列重要成效，所面临的一系列重要挑战以及所应采取的应对措施，从而对高校思想政治理论课教学"以史育人"教学模式的创新实践提供可供借鉴的思路。

五是多学科整合研究法。本书力求从伦理学、政治学、社会学、历史学、教育学等方面进行跨学科的贯通研究，专题研究与主题探究相结合，并以主题统领专题，在每一个专题研究中，都特别强调回到习近平的著作、文章、书信、电报、批示、题词、讲话和谈话等文本语境中，强调文本研究，找寻其思想与提升"四史"教育工作实效性的关联性，力求探索出适合中国国情的高校思想政治理论课教学模式改革与创新的新思路。

三、创新之处

本书拟从理论与现实的交会处寻求与确立研究的起点，将唯物辩证法等马克思主义哲学首要的和基本的观点贯穿其中，全面、系统地探寻党的十八大以来所形成的"四史"历史教育理论的主要内容及对高校思想政治理论课教学模式改革与创新的启示问题，具有一定的理论和现实意义。创新之处主要体现在以下三方面。

一是研究视角的新颖性。自党的十八大以来，尽管已有部分学者对习近平总书记就历史学习和历史教育问题所发表的系列论述以及对高校思想政治理论课"以史育人"教学模式进行了一定的研究，但从研究现状来看，国内学术界研究，大部分是从某一个方面或角度来做论述，多层面的关联性研究较少，进行拓展的研究也较少，与之相关的论著至目前为止也未搜索到，因此，还有很大的分析和探索空间。基于此，本书拟在借鉴相关研究成果的基础上，结合当代中国特色社会主义伟大实践，以马克思列宁主义、毛泽东思想、邓小平理论、"三个代表"重要思想、科学发展观、习近平新时代中国特色社会主义思想为指导，对党的十八大以来习近平总书记关于"四史"教育的相关论述进行广泛搜集和分析研究，进一步对该理论体系对高校思想政治理论课"以史育人"教学模式的启示等方面进行探索和研究，以期在一定程度上进一步丰富和拓展"四史"教育研究。因此，本书无疑在研究视角方面具有一定的新颖性。

二是研究方法的创新性。本书拟根据课题目标和研究设计，充分利用信息化教育教学手段，通过编制两份信效度、可行性较高的调查问卷，依托"问卷星"这一软件系统，抽取若干个有代表性的高校学生进行问卷调查，并对相关数据进行定量分析，客观公正地对当代大学生"四史"教育的现状及成因，以及当前高校思想政治理论课教学直面新形势所面临的新情况、新问题等现状进行深刻分析，综合运用文献研究法、比较研究法、系统分析方法、逻辑与历史相统一的方法及多学科整合研究法等进行分析和论证，以期改变过去单纯的理论研究，实现理论研究与实证研究相结合。

三是理论认识的前导性。作为一名思想政治理论教育工作者，其庄严使命就在于关注和研究时代课题。习近平总书记曾经指出："中国梦是我们的，更是你们青年一代的。中华民族伟大复兴终将在广大青年的接力奋斗中变为现实。"本书不是单纯停留在理论的层面上，而是紧扣时代脉搏，以马克思主义唯物史观为指导，以中国梦为支点，在对党的十八大以来习近平总书记围绕"四史"教育以及思想政治理论课教学所发表的系列重要讲话精神进行深入研究并深刻阐述的基础之上，进一步对"四史"教育融入高校思想政治理论课的理念创新、内容结构、方式方法、载体建设、教育者素质及保障体系等几个方面进行具体分析，因而具有一定的前导性和创新性，这对于进一步激发广大青年学子为实现中华民族伟大复兴的中国梦增添强大青春能量，为圆中华民族伟大复兴的中国梦而努力奋斗，都起到了一定的导向作用。

第一章　"以史育人"与高校思想政治理论课

"历史是一个民族安身立命的基础。"任何一个民族和国家都有自己割不断的历史，都有自己千百年来所形成的共同记忆。"人事有代谢，往来成古今。"鉴古方能知今，继往方能开来。诚如习近平总书记所说："一个民族、一个国家，必须知道自己是谁，是从哪里来的，要到哪里去"①"中国的今天是从中国的昨天和前天发展而来的"。② 了解今天的中国，要从了解她的昨天开始。只有通过学习历史，把古与今贯通起来，才能真正弄清中华民族从哪里来，将往哪里去，增强民族自信和文化自信，满怀信心地去把握今天，开创明天。党的十八大以来，习近平总书记立足新时代这一历史方位，就加强历史学习和历史教育发表的一系列重要论述，立意高远、内涵深刻。将这一系列重要论述融入高校思政课教学过程中，引导广大青年弄清楚"中国共产党为什么能、马克思主义为什么行、中国特色社会主义为什么好、改革开放为什么灵"等基本道理、弄清中国所处的历史方位以及青年应当承担的时代重任进而增强广大青年听党话、跟党走的思想自觉和行动自觉，不仅能为高校思想政治理论课深刻领会、积极落实习近平总书记重要讲话精神，切实加强历史学习和历史教育的育人作用提供重要指导，同时对于更好地引导大学生坚定理想信念，将中国特色社会主义理论力量和精神价值转化为行动力量，自觉成为担当中华民族复兴大任的时代新人等也具有十分重要的意义。

第一节　"以史育人"概述

"以史育人"顾名思义就是利用历史故事和历史事件来启发人们的思考、提高人们的素质、厚实人们的历史素养，最终成长为一个"完整的人"。本书"以史育人"中的"史"主要是指党史、新中国史、改革开放史、社会主义发

---

①习近平：青年要自觉践行社会主义核心价值观——在北京大学师生座谈会上的讲话 [N]. 人民日报，2014-05-05.

②习近平：牢记历史经验历史教训历史警示　为国家治理能力现代化提供有益借鉴 [N]. 人民日报，2014-10-14.

展史。党史、新中国史、改革开放史、社会主义发展史实际上就是中国共产党的理论探索史、为民服务史、伟大斗争史和自身建设史，这些历史又共同构成了中华民族发展史上的绚丽篇章。"四史"彼此的内在逻辑、蕴含的价值共识、镌刻的民族记忆、根植的光荣传统等，是对"中国共产党为什么能""中国特色社会主义为什么好""马克思主义为什么行""改革开放为什么灵"的有力回答，是对共产党执政规律、社会主义建设规律、人类社会发展规律的深刻认识，是对马克思唯物史观科学真理和方法原则的生动诠释。而明晰"以史育人"的主要内容以及内涵特点则是科学有效融入高校思政课教学，开展历史学习和历史教育的前提。

一、"以史育人"的主要内容

习近平总书记指出："一个国家、一个民族要振兴，就必须在历史前进的逻辑中前进、在时代发展的潮流中发展。"强调"要学一些中国历史和世界历史知识，特别要深入学习中国近现代史和中共党史，深入学习世界近现代史和马克思主义发展史，不断深化对共产党执政规律、社会主义建设规律、人类社会发展规律的认识"。[①] 这就要求我们必须遵循历史唯物主义所揭示的人类社会发展的规律和趋势，牢牢把握中国共产党为人民谋幸福、为民族谋复兴、为世界谋大同的奋进实践史，遵循历史科学基本原则，掌握理论历史内容。党史、新中国史、改革开放史、社会主义发展史各有特点又有内容交叉，要抓住各自的重点内容，融入高校各门思政课分类设计教学体系，以达到"以史育人"的教育效果。

（一）党史学习与领会"四个选择"

中国共产党的历史，是1921年中国共产党成立以来，党领导中国人民进行革命、建设、改革的历史，是矢志践行初心使命、筚路蓝缕奠基立业、创造辉煌开辟未来的革命奋斗史、接续推进的理论创新史、不断完善的自身建设史。习近平总书记对党史高度重视，强调指出："要努力从党走过的风云激荡的历史中、从党开创和不断推进的伟大事业中、从党全心全意为人民服务的根本宗旨和长期实践中，深化对党的信赖，坚定对党的领导的信念。"[②]

1840年鸦片战争之后，近代中国逐步成为半殖民地半封建社会，可以说是国家蒙辱、人民蒙难、文明蒙尘，中华民族遭受到了前所未有的苦难。面

①习近平.领导干部要认认真真学习 老老实实做人 干干净净干事 [N].学习时报，2008-05-13.
②习近平.论坚持党对一切工作的领导 [M].北京：中央文献出版社，2019：63.

对山河破碎、民族危亡和民生凋敝的现实，历史第一次向国人提出了"向何处去"的时代问题。中国社会各阶级的有志之士试图去寻求救亡图存之径，但"却在很长时间内都抱憾而终"，① 无力扭转中国被西方侵略势力宰割的命运，中华民族在国外侵略势力的欺凌和压迫之下蒙受了百余年的屈辱和灾难。直至中国共产党登上历史的舞台，才由此开启了近代中国人民奋斗抗争的新篇章，开启了中华民族走向伟大复兴的新征程。习近平总书记在2021年7月1日庆祝中国共产党成立100周年大会上的讲话中，把中国共产党百余年历史，非常清晰地划分为四个阶段，总结取得的四个成就，并进行了四个庄严宣告。2021年11月党的十九届六中全会通过的《中共中央关于党的百余年奋斗重大成就和历史经验的决议》延续了"七一"重要讲话精神，把中国共产党百余年历史划分为四个阶段。

第一个历史阶段，以1921年7月中国共产党成立到1949年10月1日中华人民共和国成立为标志，完成救国大业。这28年间，以毛泽东同志为主要代表的中国共产党人带领中国人民，发扬浴血奋战、百折不挠的精神品格，经过党的创立和大革命、土地革命战争、抗日战争、解放战争四个时期，成功探索了一条农村包围城市、武装夺取政权的正确革命道路，推翻了压在中国人民身上的帝国主义、封建主义、官僚资本主义"三座大山"，建立起了人民当家作主的中华人民共和国，实现了民族独立、人民解放，创造了新民主主义革命的伟大成就。在这个过程中，党带领人民流血牺牲，历经千难万险。可以说，红色政权来之不易，新中国来之不易。它是红色的，是由无数革命先烈用生命和鲜血换来的。毛泽东同志在党的七大上曾指出："我们党尝尽了艰难困苦，轰轰烈烈，英勇奋斗。从古以来，中国没有一个集团，像共产党一样，不惜牺牲一切，牺牲多少人，干这样的大事。"② 中华人民共和国的成立，彻底结束了旧中国半殖民地半封建社会的历史，彻底结束了旧中国一盘散沙的局面，彻底废除了列强强加给中国的不平等条约和帝国主义在中国的一切特权，中国人民真正成为国家和社会的主人，实现了中国从几千年封建专制政治向人民民主的伟大飞跃。这为实现中华民族伟大复兴创造了根本社会条件。中国共产党带领中国人民用实际行动庄严宣告：中国人民从此站起来了。

第二个历史阶段，以1949年10月1日中华人民共和国成立到1978年12

①习近平. 在纪念毛泽东同志诞辰120周年座谈会上的讲话 [N]. 人民日报, 2013-12-27.

②樊高伟. 不怕牺牲　英勇斗争——弘扬伟大建党精神，锤炼共产党人鲜明的政治品格 [N]. 解放军报, 2021-07-15.

月中共十一届三中全会召开为标志，完成兴国大业。这 29 年间，以毛泽东同志为主要代表的中国共产党人带领中国人民，发扬自力更生、发愤图强的精神品格，成功进行了具有中国特色的社会主义改造道路，完成社会主义革命，彻底消灭了延续几千年的封建剥削制度，确立起社会主义基本制度，实现了中华民族有史以来最广泛而深刻的社会变革，实现了一穷二白的东方大国迈进社会主义社会的伟大飞跃，并推进大规模社会主义建设，开始探索中国自己的社会主义建设道路。1954 年 6 月，毛泽东同志曾提出过这样的问题："现在我们能造什么？能造桌子椅子，能造茶碗茶壶，能种粮食，还能磨成面粉，还能造纸，但是，一辆汽车、一架飞机、一辆坦克、一辆拖拉机都不能造。"在中国共产党的坚强领导下，经过全国人民自力更生、艰苦奋斗，我们很快有了中国历史上的无数个第一：生产出第一架飞机、第一辆汽车、第一台拖拉机，自行研制第一颗原子弹、氢弹先后爆炸成功，自行研制第一颗人造地球卫星发射成功，自行研制第一艘核潜艇顺利下水，自行设计建造第一座大桥——南京长江大桥，在世界上首次人工合成牛胰岛素，首次培育成功强优势籼型杂交水稻等。经过 20 多年的奋斗，初步建立起独立的比较完整的工业体系和国民经济体系，创造了社会主义革命和建设的伟大成就。邓小平同志说："如果六十年代以来中国没有原子弹、氢弹，没有发射卫星，中国就不能叫有重要影响的大国，就没有现在这样的国际地位。"进行社会主义革命，确立社会主义基本制度，这是以毛泽东同志为核心的党的第一代中央领导集体，团结带领全党全国各族人民进行的伟大创造，体现了中国人民的意愿，符合中国的实际，顺应了历史发展的潮流。这场中华民族有史以来最为广泛而深刻的社会变革，为实现中华民族伟大复兴奠定了根本政治前提和制度基础，为开创中国特色社会主义提供了宝贵经验、理论准备、物质基础。中国共产党带领中国人民用实际行动庄严宣告：只有社会主义才能救中国，只有社会主义才能发展中国。

第三个历史阶段，以 1978 年 12 月中共十一届三中全会召开到 2012 年 11 月中共十八大召开为标志，推进富国大业。这 34 年间，以邓小平同志、江泽民同志、胡锦涛同志为主要代表的中国共产党人带领中国人民，发扬解放思想、锐意进取的精神品格，成功实现了中华人民共和国成立以来具有深远意义的伟大历史性转折，坚持四项基本原则，坚定不移推进改革开放，确立党在社会主义初级阶段的基本路线，开创、坚持、捍卫、发展了中国特色社会主义，实现了从计划经济体制到社会主义市场经济体制、从封闭半封闭到全方位开放的历史性转变，实现了人民生活从温饱不足到总体小康，再到奔向全面小康的历史性跨越，实现了从生产力相对落后的状况到经济总量跃居世界第二的历史性突破，创造了改革开放和社会主义现代化建设的伟大成就。从 1978 年至 2012 年，我国经济高速增长，国内生产总值先后超过意大利、法国、英国、德国，2010 年超过日本，成为世界第二大经济体。同时，出口超过德国，成为世界第一大出口国。成为 18 世纪工业革命以来继英国、美国、日本、德国之后的"世界工厂"，并于 2010 年跨入上中等收入国家的行列。中国共产党在改革开放和社会主义现代化建设新时期团结带领中国人民实现了中华民族从站起来到富起来的伟大飞跃，为实现中华民族伟大复兴提供了充满活力的体制保证和快速发展的物质条件。中国共产党带领中国人民用实际行动庄严宣告：中国大踏步赶上了时代。

第四个历史阶段，以 2012 年 11 月中共十八大中国特色社会主义进入新时代到 21 世纪中叶为标志，推进实现强国大业。在持续奋斗中，以习近平同志为核心的党中央，团结带领全党全国各族人民，举旗定向，谋篇布局，从理论和实践结合上深刻回答了新时代坚持和发展什么样的中国特色社会主义、怎样坚持和发展中国特色社会主义这个重大时代课题，创立习近平新时代中国特色社会主义思想。发扬自信自强、守正创新的精神品格，坚持和加强党的全面领导，统揽伟大斗争、伟大工程、伟大事业、伟大梦想，统筹推进"五位一体"总体布局、协调推进"四个全面"战略布局，增强"四个自信"，坚持全面从严治党、依规治党、形成完善的党内法规体系，坚持和完善中国特色社会主义制度、推进国家治理体系和治理能力现代化，顺利实现了全面建成小康社会的第一个百年奋斗目标，并战略安排实现第二个百年奋斗目标，创造了新时代中国特色社会主义的伟大成就。这为实现中华民族伟大复兴提供了更完善的制度保证、更坚实的物质基础、更主动的精神力量。中国共产党带领中国人民用实际行动庄严宣告：中华民族迎来了从站起来、富起来到强起来的伟大飞跃，实现中华民族伟大复兴进入了不可逆转的历史进程。

在庆祝中国共产党成立 100 周年大会上，习近平总书记强调："一百年来，中国共产党团结带领中国人民进行的一切奋斗、一切牺牲、一切创造，归结起来就是一个主题：实现中华民族伟大复兴。"① 这是对中国共产党百余年历史主题的高度概括，彰显了中国共产党人的初心使命。中国共产党何以在近代中国数百政党中脱颖而出？就是因为中国共产党不是谋一己私利之政党，而是为了人民和民族利益的党，百余年来初心不改，矢志不渝。党领导

① 习近平. 在庆祝中国共产党成立 100 周年大会上的讲话 [N]. 人民日报，2021-07-02.

人民创造的新民主主义革命、社会主义革命和建设、改革开放和社会主义现代化建设、新时代中国特色社会主义的伟大成就，在中华民族复兴史上有着重要意义。这一重要论断，深刻揭示了中国共产党的百余年奋斗与中华民族的前途命运之间的紧密联系，体现出中国共产党人的大历史观。中国共产党是为了挽救民族危亡而成立的，百余年来也是为着人民幸福、民族复兴而奋斗的。"坚持真理、坚守理想，践行初心、担当使命，不怕牺牲、英勇斗争，对党忠诚、不负人民"的伟大建党精神为历代中国共产党人所传承，历久弥新。

在讲授党史时，思政课要抓住"复兴"这一主题，把党的百余年奋斗史和中华民族复兴史结合起来，阐释好"没有中国共产党，就没有新中国，就没有中华民族伟大复兴"① 的道理。引导学生深刻了解党的建立背景，熟悉党的奋斗历程，理解党的根本宗旨，感悟党的初心使命，进而感受党在艰难历程中的伟大创举。帮助大学生深刻领会历史和人民为什么选择了马克思主义、中国共产党、社会主义道路和改革开放，深刻明白正是因为"四个选择"让历经磨难的中国人民和中华民族，找到了实现伟大复兴的必由之路。那么，为什么中国共产党赢得了人民的衷心拥护和坚定支持呢？马克思、恩格斯在《共产党宣言》中给出了答案："过去的一切运动都是少数人的，或者为少数人谋利益的运动。无产阶级的运动是绝大多数人的，为绝大多数人谋利益的独立的运动。"② 列宁也曾强调："只有以先进理论为指南的党，才能实现先进战士的作用。"③ 在思政课中，通过对中国共产党成立前后的中国历史反复比较和总结，引导学生深刻感悟历史和人民义无反顾做出"四个选择"，为中华民族实现从站起来、富起来到强起来的历史飞跃提供了坚实保障，从而不断坚定对党的领导的坚定信念，坚决拥护党的领导，自觉践行历史赋予的重任，为党和国家的事业发展做出贡献。

（二）新中国史学习与提升"四个正确认识"

新中国史，即中华人民共和国史，就是 1949 年中华人民共和国成立后，中国人民在中国共产党的领导下为实现国家繁荣富强、民族振兴发展和人民幸福的任务而艰辛探索、自力更生、艰苦奋斗，进行社会主义革命、建设和改革的历史。习近平总书记强调："新民主主义革命的胜利成果决不能丢失，社会主义革命和建设的成就决不能否定，改革开放和社会主义现代化建设的

---

①习近平. 在庆祝中国共产党成立100周年大会上的讲话［N］. 人民日报，2021-07-02.
②马克思恩格斯选集：第1卷［M］. 北京：人民出版社，1995：283.
③列宁专题文集·论无产阶级政党［M］. 北京：人民出版社，2009：71.

方向决不能动摇。这是党和人民在当今世界安身立命、风雨前行的资格。"①作为马克思主义同中国实际相结合不断取得伟大胜利、对世情国情党情不断深入思考、不断提升党执政能力的历史，新中国史是中国通史的组成部分，是中华民族 5000 多年文明史中的辉煌篇章。在中华人民共和国 70 余年的历史进程中，中国人民在党的领导下为建设富强、民主、文明、和谐、美丽的社会主义现代化国家而奋斗，国家各项制度从无到有、日趋完善，人民的生活发生了翻天覆地的变化，从而为实现中华民族伟大复兴奠定了坚实基础。

以毛泽东同志为核心的党的第一代中央领导集体，创造性地运用马克思主义国家学说，逐步建立并巩固了中华人民共和国的国体、政体，建立发展起社会主义根本制度、基本制度和重要制度。根据社会主要矛盾的变化，党及时提出了社会主义现代化奋斗目标，制订实施了国民经济和社会发展五年计划，领导人民走上了国家富强、人民幸福的正确光明道路。以邓小平同志为核心的党的第二代中央领导集体，提出社会主义初级阶段理论，确立社会主义初级阶段基本路线，制定了分"三步走"、到 21 世纪中叶基本实现社会主义现代化的发展战略。以江泽民同志为核心的党的第三代中央领导集体，确立了社会主义市场经济体制的改革目标和基本框架，推进了全面改革开放新局面的形成。以胡锦涛同志为核心的党中央，强调科学发展，坚持以人为本，统筹全面协调可持续发展，提出和形成了中国特色社会主义事业总体布局。

党的十八大以来，以习近平同志为核心的党中央，统筹推进中国特色社会主义事业"五位一体"总体布局、协调推进"四个全面"战略布局。党和国家事业在坚持党的全面领导、全面从严治党、经济建设、全面深化改革开放、政治建设、全面依法治国、文化建设、社会建设、生态文明建设、国防和军队建设、维护国家安全、坚持"一国两制"和推进祖国统一、外交工作 13 个方面取得了历史性成就、发生了历史性变革，实现了全面建成小康社会的第一个百年奋斗目标，开启全面建成社会主义现代化强国的第二个百年奋斗目标新征程，朝着实现中华民族伟大复兴的宏伟目标继续前进。在加快发展、走向复兴的艰辛探索中，新中国也经历了一些磨难，遭受了一些挫折。但这是探索中的失误、前进中的曲折，中国人民正是在深刻总结教训的基础上推进改革开放，实现了伟大转折，取得了伟大成就。正如列宁所指出的那样，"设想世界历史会一帆风顺、按部就班地向前发展，不会有时出现大幅度

---

① 习近平谈治国理政：第 2 卷 [M]. 北京：外文出版社，2017：13.

的跃退，那是不辩证的、不科学的，在理论上是不正确的。"① 从社会主义发展看，既要认识到在实践探索中出现某种曲折是符合历史规律的现象，又要学会尽可能地避免某些曲折，不断总结经验教训，掌握运用马克思主义思想方法和工作方法，使社会主义不断向前发展。

作为马克思主义同中国实际相结合不断取得伟大胜利、对世情国情党情不断深入思考、不断提升党执政能力的历史，新中国史的讲授，要突出"发展"这一主题，要在联系中华人民共和国成立后的国内外环境的基础之上，从经济发展史、政治发展史、文化发展史、社会发展史、生态文明建设史，以及外交、国防军队建设等方面列出专题，进行专题讲解，以引导学生深刻领会中国现代化建设事业取得的历史性成就，准确理解当代中国马克思主义，深刻把握新中国历史发展的主题和主线，认清新中国发展的两个历史时期之间的关系，分清主流和支流，正确认识社会主义的前进趋势。从而进一步教育引导学生正确认识世界和中国发展大势，不断树立为共产主义远大理想和中国特色社会主义共同理想而奋斗的信念和信心；正确认识中国特色和国际比较，全面客观认识当代中国、看待外部世界；正确认识时代责任和历史使命，用中国梦激扬青春梦，点亮理想的灯、照亮前行的路；正确认识远大抱负和脚踏实地，把远大抱负落实到实际行动中，让勤奋学习成为青春飞扬的动力，让增长本领成为青春搏击的能量。

（三）改革开放史学习与坚定"四个自信"

改革开放史，是 1978 年召开党的十一届三中全会以来，中国共产党和中国人民在理论与实践中，推进改革开放和社会主义现代化建设的历史过程，是社会主义制度自我完善和发展的实践史，是在新的历史条件下为人民谋幸福、为民族谋复兴，是中国共产党带领人民开启的一次伟大革命。习近平总书记在庆祝改革开放 40 周年大会上的讲话强调："我们党作出实行改革开放的历史性决策，是基于对党和国家前途命运的深刻把握……是基于对人民群众期盼和需要的深刻体悟""改革开放是我们党的一次伟大觉醒，正是这个伟大觉醒孕育了我们党从理论到实践的伟大创造。改革开放是中国人民和中华民族发展史上一次伟大革命，正是这个伟大革命推动了中国特色社会主义事业的伟大飞跃！"

1978 年 12 月召开的党的十一届三中全会，拉开了改革开放和社会主义现代化建设新时期的序幕。这是党中央基于对党和国家前途命运的深刻把握、

---

① 列宁专题文集·论辩证唯物主义和历史唯物主义 [M]. 北京：人民出版社，2009：265.

对历史发展趋势的科学洞察做出的历史性决策。中国共产党抓住"什么是社会主义、怎样建设社会主义""建设什么样的党、怎样建设党""实现什么样的发展、怎样发展"等根本性、系统性问题，紧扣中国特色社会主义制度这个关键，带领人民攻坚克难，以经济体制改革为牵引，统筹推进各个领域的体制改革，快速提升了国家综合实力，有效抵御了"苏东剧变"对我国的负面冲击，不断推进我国各项事业的健康发展，使中国以全新的面貌岿然屹立于世界民族之林，焕发出勃勃生机。到2010年，中国经济总量已经排在世界第二位，仅次于美国。

2012年党的十八大以来，中国特色社会主义进入新时代。面对"新时代坚持和发展什么样的中国特色社会主义、怎样坚持和发展中国特色社会主义"的根本问题，中国共产党以非凡的政治担当和政治智慧，提出完善和发展中国特色社会主义制度、推进国家治理体系和治理能力现代化总目标，全面深化改革、系统整体设计推进改革，使得党和国家事业发生了历史性变革，一系列国家治理的新理念、新思想、新战略得以形成。

改革开放40多年来，从开启历史新时期到跨入新世纪、新阶段，从进入新时代到迈向新征程，中国在不断解放和发展生产力，在推动社会广泛而深刻变革的过程中，形成了中国特色社会主义。实践证明，我们取得的一切成绩和进步，迎来近代以来最好的发展时期，最根本的原因就是坚定中国特色社会主义的"四个自信"。不断加强和改善党的领导，坚持以人民为中心，勇于自我革命，推进理论创新，不断开辟马克思主义发展的新境界。学习改革开放史，思政课在教学中应把握住"创新"这一主题，全面了解改革开放40多年来的光辉历程和伟大成就。具体而言，从党史角度看，应引导学生深刻认识党做出改革开放这项重大战略抉择的历史背景、决策部署和发展历程，正确认识改革开放前后两个历史时期的关系，深刻领会改革开放是"我们党的一次伟大觉醒"。从新中国的角度看，应引导学生深刻认识改革开放给中国人民的社会生活、中华民族的精神面貌带来的巨大变化，深刻领会改革开放是"中国人民和中华民族发展史上一次伟大革命"。从社会主义发展史的角度看，应引导学生深刻理解改革开放与中国特色社会主义之间的关系，认识改革开放是坚持和发展中国特色社会主义的必由之路。正是因为有了改革开放，中国特色社会主义才能够在世界社会主义发展史上形成重要地位，从而引导学生进一步坚定"四个自信"。

（四）社会主义发展史学习与认识"三大规律"

社会主义发展史，自1516年空想社会主义著作《乌托邦》开始，至今有

500 多年。总的来说，社会主义发展史，就是世界社会主义从空想到科学、从理论到实践、从一国到多国的发展历程，有历史的必然性。社会主义发展史在时段上涵括中国共产党历史、中华人民共和国史和改革开放史；党史、新中国史、改革开放史是社会主义发展史的有机组成部分，是世界社会主义 500 多年发展史的中国篇。只有把党史、新中国史、改革开放史和社会主义发展史联系起来，才能更好地弄清楚我们从哪里来、现在到了哪里、今后要往哪里去，从而不断深化对"不忘初心、牢记使命"的理性认识，坚定对社会主义和共产主义的理想信念。

从空想到科学的飞跃。社会主义从空想发展到科学，用了 300 多年时间。以法国的圣西门、傅立叶和英国的欧文为代表的空想社会主义者，他们无情揭露了资本主义社会固有的矛盾和弊病，论证了社会主义代替资本主义的合理性，提出了关于未来社会的一些积极主张和天才预测，为科学社会主义提供了重要的思想材料。但是，由于受不成熟的资本主义发展状况和唯心史观的局限，空想社会主义无法找到实现其社会理想的正确道路和社会力量，因而具有"十分虚幻和空想的性质"。到 19 世纪 40 年代，资本主义经济政治制度基本确立，以蒸汽动力为先导的机械化大生产促使资本主义迅速发展，随后资本主义爆发周期性经济危机，工人阶级已经作为一支独立的政治力量登上历史舞台，马克思、恩格斯深入考察资本主义社会状况，批判继承德国古典哲学、英国古典政治经济学和英法空想社会主义等一系列人类文明成果，创立唯物史观和剩余价值学说，揭示了社会主义代替资本主义的客观规律，使社会主义代替资本主义不再是人们头脑中的一种主观愿望，而成为现实社会矛盾运动的必然趋势。唯物史观和剩余价值学说这"两大发现"，使社会主义建立在现实的基础之上，实现了从空想到科学的伟大飞跃。科学社会主义理论犹如壮丽的日出，照亮了人类探索历史规律和寻求自身解放的道路。在马克思主义指导下，"第一国际"等国际工人组织相继创立和发展，工人阶级政党如雨后春笋般建立和发展，国际共产主义运动蓬勃兴起和发展，人民第一次成为自己命运的主人，成为实现自身解放和人类解放的根本政治力量。然而，马克思、恩格斯时代的科学社会主义主要是理论上的，至于如何把科学社会主义理论变成社会主义社会的实践，还有待后来者解答。

从理论到现实的转变。19 世纪末 20 世纪初，资本主义过渡到帝国主义阶段，资本主义的不平衡矛盾日益激化，经济文化相对落后的俄国逐渐成为资本主义各种矛盾的集合点和帝国主义链条上的"薄弱环节"。科学社会主义发展的中心逐步从西欧转移到俄国。列宁在革命的实践中，坚持把马克思主义同俄国具体实际相结合，创造性地提出社会主义可能在一国或数国首先取得胜利的理论，领导十月革命取得成功，建立了世界上第一个社会主义国家，实现了社会主义从理论到实践的历史转变，也实现了社会主义从西方到东方的扩展与演进。列宁去世后，斯大林领导苏联人民开展了大规模的社会主义建设并取得了巨大成就。但是，苏联在社会主义建设中逐步形成了一个以高度集中的经济政治体制为特征的"苏联模式"，并日益成为经济社会发展的体制障碍。

从中国创造到世界旗帜。在1917年俄国十月革命的影响下，中国先进分子把马克思主义、社会主义引进中国。面对中国这样一个经济文化落后的东方大国如何建设社会主义这一共产党执政后的崭新课题，共产党人较早认识到苏联模式存在的问题，提出要独立自主探索出适合自己国情的社会主义建设道路。以毛泽东同志为主要代表的中国共产党人把马克思主义基本原理与中国具体实际紧密结合，成功探索出适合中国国情的革命新道路、社会主义改造道路，在马克思列宁主义的基础上进一步回答了怎样夺取政权、建设政权的问题，实现了马克思主义中国化时代化的第一次历史性飞跃，创立了毛泽东思想。以邓小平同志、江泽民同志、胡锦涛同志、习近平同志为主要代表的几代中国共产党人，继续坚持把马克思主义基本原理同中国具体实际相结合、同中华优秀传统文化相结合，解放思想、实事求是、与时俱进、求真务实、守正创新，相继聚焦回答了"什么是社会主义、怎样建设社会主义""建设什么样的党、怎样建设党""实现什么样的发展、怎样发展""新时代坚持和发展什么样的中国特色社会主义、怎样坚持和发展中国特色社会主义"等一系列重大时代课题，成功开创、坚持、发展了中国特色社会主义道路。尽管在这一过程中，共产党也曾经受过苏联解体、东欧剧变带来的严重冲击和其他各种风险考验，但共产党始终坚持马克思主义科学指导，紧紧依靠人民群众，战胜一个个困难，化解一次次危机，取得一场场胜利，历经血与火的淬炼，带领人民成功坚持和发展了中国特色社会主义，取得了举世瞩目的辉煌历史性成就，形成了一系列阶段性理论成果，这些成果共同形成了中国特色社会主义理论体系，实现了马克思主义中国化时代化新的飞跃。中国特色社会主义的成功，用事实宣告了"历史终结论"的终结，彻底荡涤了苏联解体、东欧剧变给社会主义发展带来的阴霾，重振了人们对社会主义的信心，使世界范围内两种意识形态、两种社会制度的历史演进及其较量，发生了有利于马克思主义、社会主义的深刻转变。中国特色社会主义既是中国的，也是世界的。中国共产党和中国人民以自己的伟大创造，成为世界社会主义的中流砥柱和引领 21 世纪社会主义发展的伟大旗帜。当到 21 世纪中叶，我国成为世界上第一个通过走社会主义道路成功建成现代化强国之时，中国特色社会主义将展现出更加强大、更有说服力的真理力量，对于人类社会发展进步的历史作用将更加充分地展现出来。

对社会主义发展史的讲授，思政课的教学应突出"信仰"这一主题。引导学生以全新的视野深化对共产党执政规律、社会主义建设规律、人类社会发展规律的认识。在人类社会的发展过程中，"封建社会代替奴隶社会，资本主义代替封建主义，社会主义经历一个长过程发展后必然代替资本主义"，①这是历史发展的必然趋势。但是，这种替代不可能是一蹴而就的，而是一个长期的、曲折的过程。在社会主义发展史上，资本主义与社会主义的斗争是不断发展着的，"从一定意义上说，某种暂时复辟也是难以完全避免的规律性现象"。② 历史大势不可逆转。邓小平说得好："一些国家出现严重曲折，社会主义好像被削弱了，但人民经受锻炼，从中吸取教训，将促使社会主义向着更加健康的方向发展。因此，不要惊慌失措，不要认为马克思主义就消失了，没用了，失败了。哪有这回事！"③ 如果对理论没有彻底的认知，对历史没有清醒的认识，就不可能有坚定的马克思主义、社会主义信仰，就有可能会因为诸如东欧剧变、苏联解体这样"难以完全避免的规律性现象"而动摇。思政课要在社会主义发展史的教学中把握住"信仰"的主题，通过讲清楚空想社会主义和科学社会主义的区别与联系，从理论维度帮助大学生把握科学社会主义的科学性；讲清楚科学社会主义从始至终就是实现共产主义社会的行动指南，从历史维度帮助大学生把握科学社会主义的实践伟力；讲清楚科学社会主义基本原则是中国特色社会主义事业的"根"和"源"，从现实维度帮助大学生把握科学社会主义的开放发展性；讲清楚社会主义从来都是在开拓中前进的历史必然，从价值维度帮助大学生把握科学社会主义发展建设的规律性。"四个道理"的历史逻辑一脉相承，理论逻辑相互支撑，实践逻辑环环相扣，目标指向一以贯之，对大学生学习社会主义发展史而言，既是实现精准把握的基本要求，也是对相关思想疑惑的积极回应，更是学史增信的必然环节，对于教育引导学生深刻理解社会主义必然战胜资本主义的历史必然性，在更宽广的视野和更深邃的智慧中把握共产党执政规律、社会主义建设规律和人类社会发展规律，增强中国特色社会主义道路自信、理论自信、制度自

---

① 邓小平文选：第 3 卷 [M]. 北京：人民出版社，1993：382.
② 邓小平文选：第 3 卷 [M]. 北京：人民出版社，1993：383.
③ 邓小平文选：第 3 卷 [M]. 北京：人民出版社，1993：383.

信、文化自信等具有十分重要的意义，需要在教学中深刻把握、深度启迪。

（五）"四史"是一个紧密相连的有机整体

"历史需要岁月的洗礼和沉淀，才能看得更加真切、更加全面。"[①] 习近平总书记对学习党史、新中国史、改革开放史、社会主义发展史做出的一系列重要论述，为我们学好、学懂、学透"四史"提供了科学依据。各史各有侧重又交错相融，各有主题又逻辑关联，想要准确了解"四史"的本质内涵和内在逻辑、探究历史发展规律，把握历史主题主线，就要理清"四史"之间的主题内容和逻辑关系，更好地把握"四史"的理论基础和精神内核。

"四史"虽然时间起点不同，但无法完全分隔开来，其必定是相互包含、相互叠加的关系。社会主义从空想到科学的发展实践，产生了马克思主义，继而推动社会主义从理论走向实践，取得俄国十月革命胜利与苏联社会主义建设等成就。马克思主义与中国工人运动相结合，诞生了中国共产党。中国共产党领导团结人民浴血奋战，建立了新中国和社会主义制度。新中国建设进程中，解放思想、实事求是，进行改革开放，探索开创了中国特色社会主义，推动社会主义从一种模式走向多种形态。概括起来，社会主义发展史是包括中国和中国之外的世界社会主义理论和实践的内容。党史、新中国史、改革开放史都是社会主义发展史在中国空间中不同时间的具体深入展开，是社会主义在中国本土化、时代化的过程中形成的。新中国史、改革开放史则聚焦于社会主义的建设和改革，一以贯之坚持和完善中国特色社会主义，是党史的重要发展成果。而党史、新中国史、改革开放史以及社会主义发展史又都需要放在中华民族发展史上加以考察。

2019年3月18日，在学校思想政治理论课教师座谈会上，习近平总书记就曾对思政课教师应具有的宏观历史视野提出了具体要求："历史是最好的老师。思政课教师的历史视野中，要有5000多年中华文明史，要有500多年世界社会主义史，要有中国人民近代以来170多年斗争史，要有中国共产党近100年的奋斗史，要有中华人民共和国70年的发展史，要有改革开放40多年的实践史，要有新时代中国特色社会主义取得的历史性成就、发生的历史性变革，通过生动、深入、具体的纵横比较，把一些道理讲明白、讲清楚。"[②] 可以看出，习近平总书记这一论述中所要求的思政课教师的历史视野，不仅

---

①高长武. 以历史唯物主义的大历史观看待中国共产党的100年 [J]. 党的文献，2021 (4)：67—75.

②习近平. 思政课是落实立德树人根本任务的关键课程 [EB/OL]. http：//www. qstheory. cn/dukan/qs/2020-08/31/c＿1126430247. htm.

涵盖了"四史"，还包括中华文明史和新时代中国特色社会主义的历史性成就、历史性变革。在省部级主要领导干部"学习习近平总书记重要讲话精神，迎接党的二十大"专题研讨班上的重要讲话中，习近平总书记将"中华民族发展史"与"党史、新中国史、改革开放史、社会主义发展史"并列提出；在党的二十大报告中，习近平总书记将"新时代十年的伟大变革"置于"党史、新中国史、改革开放史、社会主义发展史、中华民族发展史"的视野之中予以考察。以上这一系列重要论述不仅契合了习近平总书记多次强调的"大历史观"的教育理念，同时对于马克思主义理论研究以及"四史"融入思政课教学也提出了新的要求。在对青年学子加强"四史"教育的过程中，应将党史、新中国史、改革开放史以及社会主义发展史放在中华民族发展史上加以考察。引导学生深刻明白一部中国史，就是一部各民族交融汇聚成多元一体中华民族的历史，就是各民族共同缔造、发展、巩固统一的伟大祖国的历史。正是因为各民族的共同奋斗，才绘就了精彩的时代画卷。正如习近平总书记在《关于〈中共中央关于党的百余年奋斗重大成就和历史经验的决议〉的说明》中所指出的，中国共产党自诞生以来，"团结带领人民在革命、建设、改革各个历史时期持续奋斗，创造了彪炳中华民族发展史、世界社会主义发展史、人类社会发展史的奇迹，彻底扭转了近代以来中华民族的历史进程，生动谱写了世界社会主义历史发展的壮丽篇章，成功开辟了马克思主义新境界，为实现中华民族伟大复兴建立了不朽功业，为促进人类进步作出了重大贡献"。① 为此，只有立足"两个大局"，将"四史"放在中华文明、人类文明发展史这样思接千载、视通万里的宏阔视野下加以纵深审视，才能引导学生更加深刻地明白"我是谁""从哪里来""现在处于什么位置""要到哪里去"，从而更加深刻地"看清楚过去我们为什么能够成功、弄明白未来我们怎样才能继续成功"。② 以渐进增强"伟大祖国、中华民族、中华文化、中国共产党、中国特色社会主义的认同"，③ 寻获思想洗礼、精神皈依、情感归宿和身份归属，增强"四个自信"，为促进各民族平等团结、共同繁荣发展凝聚起青年力量。

总之，"四史"在内容上是一个完整的讲述体系，反映的是中国共产党领导人民实现民族解放的历史，中国特色社会主义建设取得伟大成就的历史，中华民族走向伟大复兴的历史和社会主义运动改变人类世界的历史。它既凸

---

①习近平谈治国理政：第4卷［M］. 北京：外文出版社，2022：22.
②习近平. 在复兴之路上坚定前行——《复兴文库》序言［N］. 人民日报，2022-09-27（1）.
③习近平谈治国理政：第3卷［M］. 北京：外文出版社，2020：300.

显了中国特色社会主义道路的特殊性，又兼顾了世界社会主义运动的一般性，两者你中有我，我中有你，相互融合，有机统一，对全面、正确认识中国道路的历史、中国道路的成就以及中国道路的世界意义具有重要意义。有助于我们从整体史的视角准确理解和把握中国特色社会主义道路和世界社会主义发展史的内在规律与统一，进一步增强中国特色社会主义道路自信、理论自信、制度自信和文化自信。

二、"以史育人"的特征

（一）政治性

党史、新中国史、改革开放史、社会主义发展史主要讲的是中国共产党成立以来团结带领人民抵御外来侵略、争取民族独立、实现人民解放和民族伟大复兴的历史，概言之，即党的不懈奋斗史、理论探索史、自身建设史，反映党的政治奋斗历程和中华民族的政治选择历程，具有鲜明的政治属性。所以，"四史"教学不是一般的历史教学，而是以历史为依托开展的思想政治教育。在开展"四史"教学的过程中，首要的就是把握其政治性，要始终把坚持正确的政治方向和原则摆在首位。政治方向正确就意味着教育的观念不会跑偏。"以史育人"的目的在于通过"四史"的学习与分析，引导人们了解当前政治局面形成的原因，充分理解我国政治制度和政治文化的独特之处，防止对政治发展带有偏见。如果在"四史"学习教育中忽视政治性，那么就极容易出现对历史的认同危机，对未来生活的规划就无法保障。通过教育除了要让大学生掌握基本的历史知识外，还应引导学生深刻认识现代中国的发展脉络，深刻认识到中国共产党的执政和领导地位不是与生俱来的，而是历史和人民赋予的；新中国的成立是整个中华民族做出了巨大的牺牲才换取的成果；改革开放是中国繁荣发展的强大动力和必由之路；中国特色社会主义是党和人民历经艰难困苦、付出各种代价取得的宝贵成果。在此基础上，指引大学生深刻认识现代中国的发展脉络，深刻认识中国为什么选择马克思主义、为什么选择中国共产党、为什么选择中国特色社会主义道路，引导学生建立对我们国家政治制度和社会制度的历史认同和政治认同，自觉坚守正确的政治方向、政治立场和政治原则。

（二）整体性

梁启超说过："时代与时代，相续者也，历史者无间断者也。"[1] 这就是历

---

[1]梁启超. 中国历史研究法　中国历史研究法补编［M］. 北京：中华书局，2015：177.

史的整体性问题。"四史"尽管时间跨度很大,内容非常丰富,且各有侧重点和主题,但彼此之间也不是割裂和孤立的,而是一个有机联系的整体。这种关系可以概括为:党史、新中国史和改革开放史都是世界社会主义发展史的重要内容,世界社会主义的发展对党史、新中国史和改革开放史也产生着深刻影响。中国共产党领导中国人民完成了新民主主义革命和社会主义革命,建立了新中国、走上社会主义道路,开创了新中国史、丰富了世界社会主义发展史,从此肇始的新中国史本质上是党领导人民进行社会主义建设实践探索、实现伟大民族复兴的历史。其中的改革开放史既是党史、新中国史,也是接续探索中国特色社会主义建设道路的历史。而党史、新中国史、改革开放史以及社会主义发展史又都需放在中华民族发展史上加以考察。"四史"皆以马克思主义基本原理为理论底蕴,以唯物史观和唯物辩证法为理论根基,以马克思主义立场、观点、方法为理论旗帜,共同揭示出历史发展规律以及中国发展的理论逻辑和实践逻辑,在"四史"的学习和研究中坚持整体性原则,就是要在全局过程中,在与政治、经济、文化、社会等各方面的联系中看待历史。比如,对于中国共产党精神谱系的研究,就要从整体上考察才能把握谱系的全貌。一是伟大精神贯穿了党的历史全过程,中国共产党百余年历史的每个阶段、每个时期都有着伟大精神,正是这些不同的伟大精神共同构成了谱系;二是伟大精神涵盖的领域是多方面的,政治、经济、文化、军事等各个方面、各个领域都有精神的体现,所以它是一个庞大的系统,能够构成精神谱系;三是伟大精神的承载主体是多种多样的,不仅有先进人物,如雷锋精神、焦裕禄精神等,还有先进群体,如"两弹一星"精神、女排精神等,还有以地域为代表的精神,如井冈山精神、延安精神等。只有从整体上观察,中国共产党精神谱系的整个图景才能展现出来。所以,学习"四史"要坚持整体性原则,用大历史观学习研究"四史",认清其中蕴含的历史智慧与规律,把握历史、理论与实践上的密切关系。

(三)时代性

"历史记录时代,历史见证发展。""四史"涉及的时间阶段不同,所涉及的历史内容和时代要求就不同,这不仅需要我们站在各个时代的角度和立场来看待历史问题,还需要在历史问题的思考中对当下中国发展在世界中的情况进行全面把握。习近平总书记指出:"一代青年有一代青年的历史际遇。我们的国家正在走向繁荣富强,我们的民族正在走向伟大复兴,我们的人民正在走向更加幸福美好的生活。当代中国青年要有所作为,就必须投身人民的伟大奋斗。"当代青年学生正处于我们国家最好的时代,肩负着实现中华民族伟大复兴的历史使命。高校开展"四史"学习教育，就是要引导学生深刻认识自身的历史使命，更好地把握现在中国发展的大势，树立自己的使命意识，自觉地把自己的志向和国家民族的命运紧密贯通起来，实现个人成才和中华民族伟大复兴的有机结合。因此，高校"四史"学习教育的一个基本教学逻辑就是从讲党的历史知识开始，从建立学生的正确历史观着眼，最后落脚到让学生为实现中华民族伟大复兴而努力奋斗。从这个角度看，高校"四史"学习教育是与中国社会的时代性紧密相连的，虽是讲历史，却又不是简单的历史教育，而是和当代中国政治紧密联系。它的根本任务在于服务现实，告诉学生中国特色社会主义的本然和应然，增强对中国特色社会主义的道路自信、理论自信、制度自信和文化自信。故而，以史鉴今、立德树人就成了"四史"学习教育的重要任务。其能在理论和历史的辩证统一中为塑造人们的高尚人格增添光彩，力争培养出更多具有家国情怀、创新能力、全球视野和引领时代的高质量人才。

第二节　高校思想政治理论课概述

大学生思想政治教育工作是一项系统工程，工程主体是思政课和日常思想政治教育。而思政课作为高校思想政治教育的主渠道，是高校思想政治教育的第一课堂，承担着对大学生进行全面系统的马克思主义理论教育并从理论上解决政治思想问题的任务。习近平总书记在全国高校思想政治工作会议上的讲话强调：在解决好"高校培养什么样的人、如何培育人以及为谁培养人"这个根本问题中，高校思政课起着特殊的重要作用，为学生一生成长奠定科学的思想基础。[①]

一、高校思想政治理论课的地位

在实现第二个百年奋斗目标，实现中华民族伟大复兴中国梦的大环境下，高校思想政治理论课的地位举足轻重，其作为教育的一个重要环节，对于引导当代青年学生站在历史的高度审视中国梦，坚定理想信念，在实现中国梦的生动实践中放飞青春梦想，在为人民利益的不懈奋斗中书写人生华章等发挥着主渠道、主阵地的作用。

---

①习近平在全国高校思想政治工作会议上强调：把思想政治工作贯穿教育教学全过程　开创我国高等教育事业发展新局面 [N]. 人民日报，2016-12-09 (1).

（一）重塑和筑牢大学生的价值信仰体系的需要

当今时代，随着世界多极化和经济全球化趋势的深入发展，世界各文化体系在不同情况下的相互渗透、相互影响、相互交流也日益深广。虽然文化多元化能给人们带来正向影响，但以美国为首的西方发达国家凭借其强大的经济、政治、科学技术乃至军事实力，不仅从整体上主导着全球的经济、政治秩序，而且实际控制着文化的主动权，对非西方国家处于相对弱势的本土文化产生了强烈的冲击。中国作为世界上最大的发展中国家，更是成了西方敌对势力加紧实施文化渗透战略的主要目标。近年来，以美国为首的西方国家打着践行"普世价值"的幌子，通过外交、报刊及网络等新兴媒体的传播等渠道，以分化为手段，以西化为目的，大肆宣传西方的资本主义思想文化和意识形态，诋毁、批判我们的民族文化，企图以"润物细无声"的温和方式改变社会主义国家主流意识形态，颠覆社会主义国家的政治制度与社会制度。作为以高智商群体的形象出现并担当各种社会思潮的领潮人的当代大学生，思想活跃，文化素质较高，接受新生事物能力强，因此，在开放的文化环境里，大量涌入的西方文化思潮不可避免地会影响到他们。特别是在西方敌对势力对我国的意识形态领域的斗争已从政治层面走向社会层面，并获得了新的表现方式，手段也越来越隐蔽、越来越具有欺骗性的新的发展趋势下，这种渗透更容易使一些意志薄弱者或涉世未深者受到蛊惑，而对西方价值观念盲目崇拜，进而怀疑、否定、背弃社会主义价值体系，对社会主义和共产主义理想信念产生动摇，出现新的信仰危机。

高校思想政治理论课通过一系列传导理论和实践活动方式，如通过对大学生开展扎根于中国特色社会主义的宏伟事业中，并在实践中总结提炼、创新升华了的中国特色社会主义理论体系教育，通过对大学生开展系统性的中国特色社会主义的"四个自信"教育等，毫无疑问，对于引导青年大学生运用马克思主义的基本立场、观点、方法考察、研判当前各种非主流政治文化思潮，抵制和批判反主流意识形态渗透，区分善恶、甄选美丑，深刻领会中国特色社会主义理论在追求真理、实现价值、发展个人等方面的丰富内涵，引导青年大学生把中国梦作为自己的崇高追求，重塑和筑牢大学生的价值信仰体系等方面都具有十分重要的意义。

（二）培养和提升大学生的价值判断与价值选择能力的需要

古往今来，作为人生精神的重要构成部分的理性精神，即以摆脱蒙昧和迷信、摆脱情绪，直面真理以及真理背后的逻辑为基本特征的思维方式一直被视为人性内核与人生底蕴的重要基础。通过高层次的知识传授赋予莘莘学子以理性和科学，使之在互相砥砺中摒弃庸俗与短浅，提升自身的人生境界，使人达到智慧理性和智慧美德正是大学之本质精神。但从当代中国大学生的实际状况来看，理性精神在部分大学生中存在极大的欠缺。尽管原因是多方面的，但文化多样性是其中一个不容忽视的方面。作为西方发达国家的一种泛文化思维的后现代主义文化思潮，以文化产业为特征，以现代科技传媒为手段，以市场经济为导向，以市民大众为对象的大众文化的勃兴等都对其产生发挥了微妙的作用。毫无疑问，在孕育了西方现代文化的母胎中，以"反传统、反主流、反中心"为基本特征的，秉承西方传统文化基因又在后工业化语境中变异产生的被称为"文化幽灵"的后现代主义，为当代大学生注重自我发展、彰显个性提供了精神支持，但与此同时，由于其所追求的是"解构"和"不连续性"，其所力求表达的是"去中心化""去神秘化"和"去合法化"，因此，可能导致部分大学生为追求情感的满足、心灵的快乐，很少顾及集体荣誉、集体需要。"他们崇尚这种看上去十分前卫实际上无深度、平面化的文化现象，他们消费它但从不问它来自何处，又将去向何方。在这里，对生命的终极意义关怀、对社会的使命与责任被搁置、被疏离。"① 而作为一种在现代工业社会中产生的与市场经济发展相适应的文化形式——大众文化的积极作用也不可低估，虽然它具有贴近大众文化生活、满足大众文化需要、尊重大众文化权利、反映大众文化理想等特点，但由于其所隐含的某种特殊的文化趣味和价值导向，如消解崇高、弱化理想信念等，也给我国的社会主流文化与精英文化带来了极大的冲击。它以"戏说""恶搞"的面目出现，以竭力迎合、刺激人们感情中的低俗东西的各类室内剧、新武侠电影以及劣质的相声、庸俗的小品、浅薄轻佻的逗笑表演等左右各级电视台。受这种低俗文化的影响，部分大学生或多或少都出现了精神迷乱、理性思维缺失的现象，陷入虚无、无聊中，呈现出一种消极的文化心态。

在这样的形势下，充分利用思想政治理论课的主渠道、主阵地地位，积极开展针对青年学生的蕴含了中国特色社会主义的共同理想、凝聚了全国人民共同奋斗的强大力量、能够唤醒国人的民族文化自觉、彰显传统文明的瑰丽色彩的思想政治教育，不仅可以让当代青年大学生充分汲取先进文化特质，克服因后现代文化的传入与大众文化的勃兴所导致的大学生理性精神的缺失所带来的困境，而且对培养、提升大学生的价值判断与价值选择能力，激发起青年学生旨在实现中华民族伟大复兴的文化自觉意识等都具有十分重要的

①谢宏忠. 基于文化多样性视野的大学生价值观导向研究 [D]. 福州：福建师范大学，2010.

意义。

（三）培育和增强大学生的国家、民族认同感的需要

全球化和"地球村"的出现打破了传统的时空观念，使人们与外界乃至整个世界的联系更为紧密，但全球化并不意味着各种文明之间的平等交流。由于以美国为首的西方国家在全球化、多元文化的发展过程中处于绝对优势地位，所以它们利用自己所处的优势地位去压倒"他者"，并以经济全球化为载体，大力宣扬人类相互依赖的加强、共同利益的增多，甚至提出"国界消失""社会趋同""民族国家时代已成过去"等言论，从而达到瓦解非西方、非主流文化及其传统的目的。英国政治学家戴维·赫尔德曾公开声称，全球化进程已使政治远不再是从前首先单纯围绕国家和国家间事务的活动……任何一种把国家视为无限制的、不可分割的公共权力形式的观念都站不住脚了。罗马俱乐部的创始人佩西也认为，在人类进入全球帝国时代后，国家主权原则作为人类政治制度的基础，已成为社会文化发展的主要障碍和因此陷入困境的典型病症。英国历史学家汤因比认为，在全球化时代，必须剥夺地方国家的主权，一切都要服从于全球的世界政府的主权。美国学者路易斯·汉金甚至提出要消除国家主权这一词汇，强调指出，对于国际关系来说，特别是对于国际公法来说，主权一词在很大程度上是没有必要的，最好避免使用，该把主权一词作为旧时代的残余遗物摆放到历史的陈列架上去。西方国家的这些意在消除国家意识形态的思潮既冲击着我国传统的国家主权观和安全观，也在不断混淆着大学生的思想意识，致使有的学生民族、国家意识淡化，甚至接受了国家随经济全球化推进而消亡的观点，对国家、民族的前途命运失去信心。淡忘了国家意识，消解了民族身份，逐渐失去了对传统文化、对国家与民族的认同感。一些大学生对重要的政治理论问题一知半解，对马克思主义理论认识模糊甚至不知。一些大学生在世界观、人生观、价值观存在误区与偏差，对当前社会问题缺乏全面系统深入客观的理解和认识，对中国特色社会主义道路、共产主义信念缺乏信心，对党和政府缺乏信任，思想颓废，态度消极，对前程感到迷茫。因此，改变过分重视专业学习，而忽视理想教育、政治教育、道德教育、心理教育的不良现象，加强和改进思想政治教育，提升思想政治理论课的教学实效性已成为解决大学生深层次思想问题，使其成为合格的社会主义建设者和接班人奠定坚实基础的必然要求。

二、高校思想政治理论课的功能

中共中央、国务院《关于进一步加强和改进大学生思想政治教育的意见》

中指出"高等学校思想政治理论课是大学生思想政治教育的主渠道",这是对高校思想政治理论课功能的基本定位。事实上,高校思想政治理论课承载的功能并不止于此,且并非一成不变。而以往人们对高校思想政治理论课的功能认识比较偏颇,导致该课程长期以来备受冷落,甚至有被边缘化的趋势,其重要作用也无法有效发挥。因此,要切实增强高校思想政治理论课的实效性,其先决条件就是对高校思想政治理论课的功能进行全面而正确的定位。

(一) 系统传播马克思主义理论的功能

自 2013 年 8 月习近平在全国宣传思想工作会议上提出"两个巩固"的思想,即"宣传思想工作就是要巩固马克思主义在意识形态领域的指导地位,巩固全党全国人民团结奋斗的共同思想基础"的思想之后,2016 年 12 月 7 日至 8 日,习近平在全国高校思想政治工作会议上又指出,"我们的高校是党领导下的高校,是中国特色社会主义高校。办好我们的高校,必须坚持以马克思主义为指导,全面贯彻党的教育方针。要坚持不懈传播马克思主义科学理论,抓好马克思主义理论教育,为学生一生成长奠定科学的思想基础"。以上这些重要论述,深刻地阐明了高校思想政治工作的根本指导思想,也为高校意识形态教育工作指明了任务与方向。

马克思主义是在批判地吸收前人优秀思想成果、总结人类历史经验特别是工人阶级革命实践经验的基础上产生和发展起来的。它深刻揭示了历史发展的客观规律,为人类社会发展进步指明了正确方向。它是一个博大精深而又不断丰富发展的科学理论体系,是工人阶级和劳动人民认识世界和改造世界的强大思想武器。自从马克思主义诞生以来,不断有人歪曲、责难、攻击、否定马克思主义的科学性,但历史已经反复证明,作为真理的马克思主义,只会在实践中丰富、完善和发展,而不会被历史所淘汰。邓小平曾经专门指出,"我坚信,世界上赞成马克思主义的人会多起来的,因为马克思主义是科学"。[1] 中国近代以来的历史也已经充分证明,只有高举马克思主义旗帜,立足中国的实际,带领和团结各族人民共同奋斗,才能拯救中国,使古老的民族重新焕发活力,实现中华民族伟大复兴。作为我们立党立国的根本指导思想,也是社会主义意识形态的伟大旗帜,马克思主义及中国化时代化的马克思主义已经和我们党、国家、民族的前途命运紧密地连接在一起,已经融为我们民族的精神之魂,它事关党的前途命运,事关国家长治久安,事关民族

---

①邓小平文选:第 3 卷 [M]. 北京:人民出版社,1993:382.

凝聚力和向心力。① 这三个"事关",阐明了以马克思主义为指导的意识形态工作的根本性质和战略地位,彰显了意识形态工作在引领社会、凝聚人心、推动发展中的强大推进作用。

2016 年 7 月 1 日,习近平在庆祝建党 95 周年大会上强调:"坚持不忘初心、继续前进,就要坚持马克思主义的指导地位,坚持把马克思主义基本原理同当代中国实际和时代特点紧密结合起来,推进理论创新、实践创新,不断把马克思主义中国化推向前进。"2021 年 7 月 1 日,习近平总书记在庆祝中国共产党成立 100 周年大会的重要讲话中强调:"马克思主义是我们立党立国的根本指导思想,是我们党的灵魂和旗帜。中国共产党坚持马克思主义基本原理,坚持实事求是,从中国实际出发,洞察时代大势,把握历史主动,进行艰辛探索,不断推进马克思主义中国化时代化,指导中国人民不断推进伟大社会革命。"高校作为培养中国特色社会主义事业建设者和接班人的重要阵地,毫无疑问,其意识形态教育是党的意识形态工作的重要组成部分。它不仅承担着以马克思主义理论引领社会思潮、凝聚人心、团结奋斗的重要使命,而且也决定着社会主义建设者和接班人的政治素质和培养质量。因此,高校思想政治工作必须把牢固确立马克思主义在意识形态领域的指导地位作为首要任务来抓好。

思想政治理论课作为高校对学生进行马克思主义理论教育的主渠道和主阵地,毫无疑问必须责无旁贷承担起政治导向的功能。因为,虽然大学生日常思想政治教育活动也会宣传相关知识,但都是碎片化的,而思政课主要关注理论引导,就当前高校设置的六门必修课程即《思想道德与法治》《中国近现代史纲要》《马克思主义基本原理》《毛泽东思想和中国特色社会主义理论体系概论》以及《习近平新时代中国特色社会主义思想概论》《形势与政策》来看,其课程设置、主要内容安排以及总课时数都是由顶层设计的。教材均是由思政课专家精心编写,注重课程体系的整体性,突出马克思主义理论的科学性、时代性和系统性。思政课有优秀教材,有课时保障,有教师的讲解和引导,可全面系统地向大学生传播马克思主义理论,这是思想政治教育的其他途径所无法比拟的。大学生的"三观"和政治道德品质还未定型,通过思想政治理论课向大学生系统讲授传授马克思主义理论知识、宣传马克思主义的意识形态和党的方针政策,能够帮助他们提升政治认知,强化政治认同,激发政治热情,从而逐步使大学生具有明确的政治意识、坚定的政治原则性

---

①习近平. 胸怀大局把握大势着眼大事 努力把宣传思想工作做得更好 [N]. 人民日报,2013-08-21.

以及高度的政治敏锐性，最终树立起中国特色社会主义共同理想和坚定的共产主义信念，为其思想健康发展奠定科学的理论基础。

（二）思想引领功能

马克思、恩格斯指出："统治阶级的思想在每一个时代都是占统治地位的思想。这就是说，一个阶级是社会上占统治地位的物质力量，同时也是社会上占统治地位的精神力量。"① 思想政治教育的本质是用社会主导的理论、思想意识、价值等教化、引导群众，使群众的思想朝着统治阶级的期望发展。人的思想会不断变化，常有偏差，这决定思想政治教育的基本矛盾是受教育者的思想行为与社会要求不一致，要解决这一矛盾，教育引导作用至关重要。"历史经验证明，用大搞群众运动的办法，而不是用透彻说理、从容讨论的办法，去解决群众性的思想教育问题，而不是用扎扎实实、稳步前进的办法，去解决现行制度的改革和新制度的建立问题，从来都是不成功的。"② 思政课的教学内容主要是共产主义理想教育，社会主义法治观、道德观教育，爱国主义教育，目的是引领大学生树立共产主义意识，形成正确的世界观、人生观和价值观。五门课程各有侧重：《马克思主义基本原理》的重点是讲授马克思主义的世界观和方法论，有理论思维训练、科学精神培育、社会进程认识引导、社会主义核心价值观重塑的功能；《中国近现代史纲要》主要是对大学生进行国情与国史教育，用史实帮助大学生分析中国坚持马克思主义、共产党的领导和社会主义道路的必然性和正确性，引导学生反思当前的价值观完全来自历史的选择，激起学生的爱国主义热忱，提高民族自信心、自豪感；《毛泽东思想和中国特色社会主义理论体系概论》主要讲授马克思主义中国化时代化的两大理论成果，即毛泽东思想与中国特色社会主义理论体系，其中中国特色社会主义理论体系包括邓小平理论、"三个代表"重要思想、科学发展观以及习近平新时代中国特色社会主义思想，引导大学生树立中国特色社会主义的共同理想，为实现中华民族伟大复兴中国梦而奋斗；《思想道德与法治》着重对大学生进行理想信念、爱国主义、道德规范和法律规范教育，旨在引导大学生提升爱国主义情感，树立道德意识和法律意识，践行社会主义核心价值观，形成价值共识；《习近平新时代中国特色社会主义思想概论》旨在帮助大学生深入学习领会习近平新时代中国特色社会主义思想的核心要义、精神实质、丰富内涵、实践要求，使大学生通过系统学习、全面掌握和有效

---

①马克思恩格斯选集：第1卷［M］. 北京：人民出版社，1995：98.
②邓小平文选：第3卷［M］. 北京：人民出版社，1993：336.

运用这一马克思主义中国化时代化最新理论成果，树立正确的世界观、人生观和价值观，提高分析解决新时代中国特色社会主义建设过程中出现的现实问题的能力，确立新时代中国特色社会主义的共同理想和信念。

（三）确立理想信念的功能

"使命"原指奉命出使，后引申为肩负重大任务或责任。其中，人们所担负的重大历史任务和责任就是"历史使命"。可以说，在人类历史长河中，正因为每一代都为完成自己所担负的伟大历史使命而顽强奋斗，才描绘出一幅幅壮丽的历史画卷，奏出一曲曲动人的历史乐章，推动了历史进程和社会发展的车轮。

当代大学生是青年群体中的优秀分子，作为未来社会的建设者，更应该明确自己身上所肩负的伟大的历史使命。回顾中华民族的艰辛奋斗史，不难发现，那就是一部无数中华青年把自己的追求与国家和民族的命运紧密联系在一起的历史，正是包括青年在内的一代又一代有志之士前赴后继，抛头颅、洒热血，坚持不懈地奋斗，才使得中华民族在近代一百多年的历史中战胜了一个又一个困难，书写了无数的辉煌，走向了今天这样一个比任何时期都"更接近中华民族伟大复兴"的时代。从谭嗣同的"我自横刀朝天笑，去留肝胆两昆仑"到秋瑾的"一腔热血勤珍重，洒去犹能化碧涛"，从孙中山的"努力向学，尉为国用"到毛泽东的"自信人生二百年，会当水击三千里"……都充分体现了广大青年始终将自己不懈追求的美好梦想与振兴中华的历史进程紧密关联的历史担当。[①]

我们知道，当今的中国早已不是国名原意的"中央之国"了，中国的生存环境从来就没有乐观过，西方的既得利益者并不希望看到一个完整的、强大的中国威胁到他们的支配权。于是，在中国发展需要石油的时候有了伊拉克战争，油价飞涨；在中国建设需要钢铁的时候有了力拓案，铁价飞涨。而从中国的周边情况看，东有日本、韩国的海上包围，南有越南、印尼、菲律宾的南海之争，西有伊拉克和阿富汗的"反恐"和北约在中亚的渗透，北有北约在蒙古影响力的扩张，西南直接敌对的还有占领中国藏南、时刻以中国为假想敌的拥有十亿人口的印度。可见，中国的生存环境一直没有好过，敌对势力也从未放松过对中国的颠覆和演变。因此，在严峻的形势面前，充分发挥第一课堂的主阵地作用，用马克思主义、中国特色社会主义事业的共同理想来武装大学生的政治信仰，通过对当前中国所面临的国际国内复杂形势

---

①贾明建. 当代青年要把中国梦作为崇高追求 [J]. 理论探索，2014 (1).

的分析，引导青年大学在马克思主义与各种非马克思主义社会思潮的比较中更深刻地体会到马克思主义理论的科学性和魅力，解学生理论"之渴"，从而在内心深处坚定不移地信任马克思主义，树立共产主义的理想信念，明晰自己肩负的伟大的历史使命和现实责任，在共逐中国梦的生动实践中放飞青春梦想，在为人民利益的不懈奋斗中书写人生华章就成了当前摆在思想政治教育工作者面前的重要课题。

（四）培育社会主义核心价值观的功能

一个人要有理想信念，一个社会要有精神支柱，一个国家要有方向目标。从这个意义上看，倡导核心价值观之于个人，是对个体心灵世界的塑造和重建；之于民族，是集体精神世界的整合与提升；之于国家，则是文化自信和文明形象屹立于世。对于一个胸怀梦想的民族来说，要实现中国梦，首先需要通过倡导核心价值观来凝聚人心，聚合社会正能量，增强国家软实力。

当代大学生作为践行"中国梦"的重要动力和生力军，作为实现"中国梦"的可靠力量和主体力量，更应积极培育与践行社会主义核心价值观。因此，对于思想政治理论课教学而言，从学生解决思想认识问题的需求出发，通过对各种社会思潮（如民粹主义思潮、自由主义思潮、新"左派"思潮等）和社会问题（如民主问题、社会公平问题、经济私有化问题等）进行抽丝剥茧的分析，促使大学生廓清思想迷雾，去除价值混乱；通过对各种错误思潮的批判，坚持社会主义核心价值观的一元主导，把多种多样的思想文化和思想观念，用社会主义核心价值观规范、组织和统一起来，积极引导当代大学生正确处理好多元文化背景下本土文化与外来文化之间的关系，认真看待传统观念和现代观念之间的冲突、碰撞和摩擦，从而更好地引导大学生在学习和研究中积极促进各种思想文化的交流、交融和交锋，使各种思想文化共同发展，为实现"中国梦"这一美好价值理想和目标奠定文化基础。此外，通过发挥思想政治理论课的主渠道、主阵地作用，还能在积极引导青年学子将追寻"中国梦"的远大理想转化为具体价值诉求的基础上，把个人与集体和整个民族的利益更好地联结起来，从而有效地激发当代青年学子树立科学的人生观、世界观及价值观，促进他们积极投身改革开放事业。这不仅是社会主义核心价值体系建设的重要工程，也是构筑中华民族精神家园的客观要求。

第三节 "以史育人"与高校思想政治理论课的关系

"以史育人"生动鲜活地展现着党领导我国人民不断进行革命、推动历史前进的思想伟力和奋斗历程，蕴含着贯穿百余年的伟大建党精神，是对马克思主义基本原理和中国化时代化马克思主义理论直接的、具体的"感性呈现"。要使学生在思政课上感悟思想伟力，增强政治认同、思想认同、理论认同和情感认同，就必须结合党史、新中国史、改革开放史以及社会主义发展史的学习，以此为抽象、简约、深刻的理论提供丰富具体的感性支撑，促进学生对马克思主义理论尤其是习近平新时代中国特色社会主义思想的深入理解，激发学生在新时代的新征程中，将真理和理想的力量融入实现"强国梦"的新时代伟大实践中去。

一、"以史育人"是提升高校思政课理论品质的重要前提

以党史、新中国史、改革开放史、社会主义发展史为基础，增强思政课的感性支撑力，是进一步丰富课程教学内容，推动教学方式创新，提升思政课质量与效果的重要思路；也是进一步深入落实习近平总书记在思想政治理论课教师座谈会上的重要讲话精神，促进新时代高校思政课"理论性和实践性相统一""引导学生立鸿鹄志、做奋斗者"[①] 的必然要求。

（一）思政课的价值塑造需要历史自信

习近平总书记在党的二十大报告中强调要"坚定历史自信，增强历史主动"，并提出"用好红色资源""着力培养担当民族复兴大任的时代新人"。历史自信源自过去、关乎未来。习近平总书记多次强调要坚定历史自信，指出"在新的赶考之路上，我们能否继续交出优异答卷，关键在于有没有坚定的历史自信"。我们党立志于中华民族千秋伟业，必须培养一代又一代拥护中国共产党领导和我国社会主义制度、立志为中国特色社会主义事业奋斗终身的有用人才。高校作为培养社会主义事业建设者和接班人的主阵地，不仅要注重知识的传授，也要注重价值的引领，为推进社会主义现代化国家建设提供有力人才支撑。在高校中加强历史自信教育，引导广大青年坚定历史自信，既是顺应中国特色社会主义事业的时代需求，也是把青春播撒在民族复兴征程

---

①习近平谈治国理政：第3卷［M］. 北京：外文出版社，2020：331.

上的必然要求。而要引导广大青年学生坚定历史自信，关键在于强化青年学生的历史认知。因为没有正确的历史认知，历史自信就是无本之木、无源之水，历史认知是历史自信的重要基础。只有深刻认识和把握中国共产党历史自信的源泉和根基，用历史观照现实、远鉴未来，才能在新的征程上更加坚定、更加自觉地牢记初心使命、开创光明未来。思想政治理论课与一般的知识性课程不同，作为铸魂育人的关键课程，思政课的政治引领和价值塑造需要历史情怀和情感温度才能避免成为冷冰冰的说教。"四史"是中国共产党领导中国人民进行斗争、建设和改革的历史，是奋斗史、建设史和创新史，是在科学的马克思主义理论指导下的实践，体现了历史发展的规律和我国所处的时代方位。马克思指出："人们自己创造自己的历史，但是他们并不是随心所欲地创造，并不是在他们自己选定的条件下创造，而是在直接碰到的、既定的、从过去承继下来的条件下创造。"① 不了解党史、新中国史、改革开放史以及社会主义发展史，就无法深刻感受到党领导人民所经历的艰辛探索和取得的历史成就，就难以坚定历史自信，不具有历史自信就无法理解中国梦所承载的苦难与奋斗，就无法从中国当前发展中汲取现实动力。因此，对"四史"把握得越全面，对历史规律掌握得越科学，就越能以高度的历史自信坚定对中国特色社会主义的高度认同，历史自信是思政课价值塑造的前提、基础和根基。

习近平总书记在建党 100 周年时对青年提出要求："要以实现中华民族伟大复兴为己任，增强做中国人的志气、骨气、底气，不负时代，不负韶华，不负党和人民的殷切期望！"② 做中国人的志气、骨气、底气从何而来？这需要大学生学习"四史"，从党带领人民取得的伟大历史成就和宝贵历史经验中坚定历史自信。一百多年来，中国共产党带领中国人民经过不懈探索，创造性提出中国特色社会主义，创造了举世无双的经济快速发展和社会长期稳定的世界奇迹，为人类探索社会制度提供新的参考，为解决全人类共同面临的问题做出中国贡献。"四史"证明，没有中国共产党就没有新中国，只有坚持和发展中国特色社会主义才能实现中华民族伟大复兴。因此，要善于从党史、新中国史、改革开放史、社会主义发展史中，汲取"为党育人、为国育才"的底气、骨气和志气；尤其是要在党的十八大以来进入新时代的奋斗史中，树立"大历史观"，更好地揭示出中国特色社会主义的过去、现在和将来的内在逻辑，引导广大学生深刻认识到中国共产党为国家和民族做出的伟大贡献，

①马克思恩格斯选集：第 1 卷 ［M］. 北京：人民出版社，2012：669.
②习近平. 在庆祝中国共产党成立 100 周年大会上的讲话 ［N］. 人民日报，2021-07-02（2）.

深刻感悟中国共产党全心全意为人民服务的伟大事业，传承中国共产党在长期奋斗中铸就的伟大精神。同时，要深度挖掘本土红色历史资源，丰富思政课程素材，着重展现在党的领导下，全体中华儿女进行革命、建设和改革的光辉历程，充分诠释长征精神、王家坝精神、小岗精神等一系列伟大精神谱系，把"小故事"和"大道理"结合起来，善用红色资源讲深历史大课、讲透理论大课、讲活思政大课。从而提升广大青年学子对思政课的理论认同和情感认同，进一步促进大学生对习近平新时代中国特色社会主义思想的理解和深化，增强贯彻习近平新时代中国特色社会主义思想的自觉性。

（二）思政课的目标实现需要历史自觉

历史自觉强调在对历史发展规律深刻认识的基础上形成自我反思意识和历史责任感，并将其上升到个人的思想自觉和行动自觉。历史自觉的形成主要包括两个层面：一是对历史事件、历史人物所取得的成就和经历的曲折具有正确认知；二是对社会发展规律的必然性认识。"历史是现实的根源，任何一个国家的今天都来自昨天。只有了解一个国家从哪里来，才能弄懂这个国家今天怎么会是这样而不是那样，也才能搞清楚这个国家未来会往哪里去和不会往哪里去。"① 中国共产党的不懈奋斗史，从根本上改变了中国人民和中华民族的前途命运，实现了三大飞跃——"中国从几千年封建专制向人民民主的伟大飞跃""中华民族由不断衰落到根本扭转命运、持续走向繁荣富强的伟大飞跃""中国人民从站起来、富起来到强起来的伟大飞跃"。同时，这段马克思主义中国化时代化的探索史不仅形成了把马列主义基本原理同中国革命具体实践结合起来创立的毛泽东思想，同时也形成了以邓小平理论、"三个代表"重要思想、科学发展观、习近平新时代中国特色社会主义思想为核心内容的中国特色社会主义理论体系。习近平总书记给复旦大学《共产党宣言》展示馆党员志愿服务队全体队员回信时说："心有所信，方能行远"，"在学践悟中坚定理想信念，在奋发有为中践行初心使命"。只有当青年学子纵览并全面了解和正确看待中华民族上下 5000 多年的文明史、世界社会主义 500 多年的发展史、中国人民近代 180 多年来的斗争史、中国共产党 100 多年的奋斗史、中华人民共和国 70 多年的发展史和改革开放 40 多年的实践史，才能不断深化对于共产党执政规律、社会主义建设规律和人类社会发展规律的认识，进而深刻认识红色政权来之不易、新中国来之不易、中国特色社会主义来之不易，他们才会坚定对祖国、中国共产党和中国特色社会主义的认同感，才

---

① 习近平. 在布鲁日欧洲学院的演讲 [N]. 人民日报，2014-04-02.

会把爱党爱国爱社会主义的精神动力转化为建设祖国的实际行动。因此，激发大学生的使命担当首要的是唤醒大学生的历史自觉。

党史、新中国史、改革开放史、社会主义发展史学习教育是唤醒大学生历史自觉，促成思政课教学目标达成的重要基础。大学生通过回顾和感悟这段党领导人民为了民族复兴和人民幸福不屈不挠、勇往直前的奋斗征程，从历史的角度反思当下，深刻理解"中国特色社会主义不是从天上掉下来的"，它具有深厚的历史渊源，宽广的现实基础，是被改革开放40多年的伟大实践，新中国成立70多年的探索实践，近代以来180多年的艰辛实践历史地证明了的救国救民、强国富民之路，进而让大学生深刻理解"道路决定命运，找到一条正确的道路多么不容易"，深刻感悟百余年党史是一部中国共产党人为实现中华民族伟大复兴而奋斗的历史；新中国历史是一部社会主义中国自强不息屹立于世界东方的历史；改革开放史是一部中国人民坚持独立自主与对外合作实现自身强大的历史；社会主义发展史是人类作为一个命运共同体实现绝大多数人的独立解放、自由和幸福的历史。看清楚我们过去是怎么取得成功的，弄明白未来我们要如何才能继续成功，科学把握自身所处的历史方位与历史使命，以高度的历史自觉、浓烈的历史情怀增强融入时代潮流和推动历史发展的历史担当。同时在学习"四史"的过程中产生的历史自觉会成为激发学生成长、奋进新征程的内生动力。帮助大学生深刻认识到中国共产党从无到有、从小到大、从弱到强的伟大历程；中华民族从站起来、富起来到强起来的伟大飞跃；中国人民从温饱不足到全面小康的沧桑巨变；中国特色社会主义从创立、发展到完善的坎坷历程，以此增强大学生的民族自豪感与使命感，让大学生以强烈的历史主动精神和历史创造精神，以"咬定青山不放松"的意志，以"久久为功不停歇"的韧劲投入中国特色社会主义建设、中华民族伟大复兴事业中来，把党和国家的需要作为人生目标所向，踔厉奋发，笃行不怠，创造出不负历史、不负人民、不负时代的贡献。

（三）思政课的内容充盈需要历史支撑

马克思主义理论教育、党的创新理论教育以及社会主义核心价值观教育是高校思想政治理论课的重要内容，但这些理论化的教育内容要为大学生所理解和掌握，就需要其具有一定的抽象逻辑思维，否则很难转化为学生自身完善和发展的内在需要，影响学生在实际生活中的践行，限制思政课教学目标的达成。恩格斯认为"历史从哪里开始，思想进程也应当从哪里开始，而思想进程的进一步发展不过是历史进程在抽象的、理论上前后一贯的形式的反映。"①"四史"不仅创造了我们看到的发展成就，还形成了马克思主义中国化、时代化的理论成果，是马克思主义理论、党的创新理论和社会主义核心价值观的客观来源和重要基础，是思政课的有利增补。因此，"四史"融入思政课不仅是坚持逻辑和历史相统一的内在要求，也是丰富思政课教学内容的重要途径。

一方面"四史"增添了思政课的历史内涵，为思政课的内容充盈提供史鉴支撑。通过学习党史，重温我们党百余年来为探索民族复兴道路而历经的艰难险阻，传承共产党人开天辟地、敢为人先的首创精神；通过学习新中国史，回顾共产党为探索新政权而历经的暗礁险滩，学习共产党人"敢教日月换新天"的英雄气概和不断攻坚克难、无私无畏的品格；通过学习改革开放史，回首我们党及时肃清错误方针，提出以经济建设为中心的战略决策，弘扬共产党人开拓进取、革故鼎新的精神；通过学习社会主义发展史，汲取我们党在自身建设过程中积累的经验和教训，学习共产党人自我净化、自我完善、自我革新、自我提高的品格等。"四史"中蕴含了包括伟大成就、经验教训、革命精神、哲学智慧等丰富的育人资源，是思政课的重要教学资源。对"四史"中党的历史资源的梳理与重温，不仅可以使青年学生在一段波澜壮阔的革命史、奋斗史中汲取真理的营养，同时也可以使学生在对一系列历史事件与人物的学习与反思中，在警惕与示范学习中增强对中华民族的认同，培养学生的历史眼光，增强学生的历史担当。通过发挥"四史"学习教育中历史成就的激励作用、历史教训的警醒作用、革命精神的引导作用和哲学智慧的启迪作用，充分显现马克思主义理论和核心价值观的引领力，进一步增强思政课教学内容的可信度和说服力。

另一方面，鲜活、真实的"四史"为提高思政课的教学效能增添活力。"四史"产生了很多诸如家书、文字、影像资料、遗址、纪念馆等文献史料、影音史料和实物史料，这些"四史"资源真实地记录着我们党和人民经历过的巨大磨难和走过的光荣征程，充分体现了中国共产党的信仰与追求、情怀与担当，是马克思主义理论教育与核心价值观教育的生动素材。借助"四史"资源使思政课抽象的理论具象化，让大学生沉浸到历史当时的情境中，产生历史画面感，从而对近现代中国发展的历史脉络、中国特色社会主义制度是怎么来的、中国特色社会主义制度为什么好、中国特色社会主义制度如何行

---

①马克思恩格斯选集：第 2 卷 [M]. 北京：人民出版社，2012：14.

稳致远、历史和人民为什么选择了马克思主义和中国共产党等有更深刻的理解和认识，以进一步强化大学生对中国特色社会主义制度的历史认同、情感认同和价值认同，进一步坚定大学生对中国制度成就中国之治目标的信心。因此，"四史"教育具有的理论解释力、现实感召力、情境感染力远远超过单纯的理论灌输，没有"四史"教育的历史支撑，思政课将缺失生机和活力，思政课内容的充盈离不开历史支撑。

二、高校思政课是深化"以史育人"的重要载体

"四史"是学思践悟的教科书，"四史"知识的输出不是一次性的，要引导广大青年学子们不断对照自己的初心，在学习、坚守和实践中滋养自己的初心，在学思践悟中不断巩固和升华对未来的理想信念。高校思政课在长期发展和实践创新中，已形成较健全、规范、科学的教育教学体系，为此，借助高校思想政治理论课这个专业的平台，使之成为高校开展"四史"教育的有效载体途径，发挥其立德树人的主渠道作用无疑是十分必要的。思政课建设不是单一理论的重复灌输，而是与党的创新理论同步推进的理论引导，使党的创新理论进入学生头脑也需要全面而创新的理论材料。沿着高校思政课的理论轨迹，不仅能看到党为了人民而迈出敢为人先的步伐，看到党不断在发展道路上的尝试与实验，同时也能看到党为人类文明的繁衍生息而做出的决策与贡献。历史的讲解要让学生有章可循，避免重复，那么将其融入高校思想政治理论课便是一种最好的方式。

（一）思政课通过运用正确的党史观，引领青年知史爱党、知史爱国

党的历史是最生动、最有说服力的教科书，是弘扬社会主义核心价值观、开展革命传统教育和爱国主义教育的生动教材，也是党的建设的宝贵资源。高校思政课作为立德树人的主渠道、主阵地，要用好波澜壮阔的百余年党史这部历史巨著，通过挖掘好百余年党史中跌宕起伏、经天纬地的历程故事、催人奋进、可歌可泣的人物故事，信仰弥坚、矢志不渝的精神故事；通过系统梳理和深度阐释，找到与思政课教材的嫁接点、与时代精神的契合点、与学生成长的共识点；通过运用声光影像等多种技术手段创新叙事方式，在浸润式的"党史现场"中，帮助青年学子掌握历史事件和历史发展的基本脉络，感知中国共产党的苦难与辉煌，在接地气、青春化的讲述中，让历史事件、历史人物走进学生的世界，带来情感共鸣，教育引导广大青年学生树立正确的党史观，准确把握党的主题主线、主流本质，帮助青年学生了解历史的基本事实和发展脉络，学通弄懂马克思主义为什么具有强大的真理力量、中国

共产党为什么能够不断成功、中国特色社会主义为什么具有制度优势，引导学生建立对国家政治制度和社会制度的历史认同和政治认同。启迪学生学习运用历史唯物主义正确认识和科学评价党史上的重大事件、重要会议和重要人物，旗帜鲜明地反对历史虚无主义，形成正确历史观。激发学生坚守初心担当使命的思想自觉、政治自觉和行动自觉，在立足实际、面向未来中，深化对党的信赖，坚定对党的领导的信念，对中国特色社会主义的信心，从而听党话、感党恩、跟党走，做又红又专、让党放心的中国特色社会主义合格建设者和可靠接班人。

（二）思政课通过运用先进的科学理论，引导青年坚定马克思主义理想信念

马克思指出："理论只要说服人，就能掌握群众；而理论只要彻底，就能说服人。所谓彻底，就是抓住事物的根本。"马克思主义理论是伟大而科学的，在当代依然具有强大的生命力，它的科学性体现为在辩证唯物主义和历史唯物主义的视角下揭示了人类社会发展的规律，同时马克思主义也是不断发展的理论，在时代变迁中不断丰富，实现了自身的发展。党史、新中国史、改革开放史、社会主义发展史作为马克思主义理论创新的成果，正是对不同时代中国现实问题的回应。马克思主义为曾经苦苦求索的中国人指明了方向，中国共产党在其指导下应运而生，在历史激流中我们奋勇前行，战胜一个又一个困难，并且带领中华民族实现了伟大复兴。作为承担着政治引导、价值引领、理论塑造以及知识传授等多重功能的思政课，不仅是传播马克思主义理论尤其是党的创新理论的主渠道、主阵地，同时也是落实立德树人根本任务和培养堪当民族复兴大任时代新人的关键课程，因此要把握好"讲什么"的重要问题。

2019 年 3 月 18 日习近平总书记在学校思想政治理论课教师座谈会上指出，我们对思想政治工作高度重视，始终坚持马克思主义指导地位，大力推进中国特色社会主义学科体系建设，为思政课建设提供了根本保证。马克思主义是办好新时代思政课的根基，背离马克思主义，思政课就会失去灵魂、走偏方向。因此，坚持以马克思主义为指导，通过多种方式加强马克思主义史学理论教育，原原本本学习马克思主义经典著作和马克思主义中国化时代化最新理论成果，增强青年对历史与现实问题的解释力与说服力，为他们掌握这一科学的历史观提供坚实基础，正是思政课落实立德树人根本任务的内在规定性和必然选择。

在思政课的教学中，要教育引导学生从党的光辉历史中学习领会马克思主义是如何深刻改变中国、改变世界的，感悟马克思主义的真理力量和实践力量，深化对中国化时代化马克思主义既一脉相承，又与时俱进的理论品质的认识，特别是要结合党的十八大以来党和国家事业取得历史性成就、发生历史性变革的进程，深刻认识新时代党和国家的原创性思想、变革性实践、突破性进展、标志性成果，提高辨别历史是非和政治是非的能力，提高政治敏锐性和理论敏锐性，深刻认识"两个确立"的重大意义，增强"四个意识"、坚定"四个自信"、做到"两个维护"。要通过党史、新中国史、改革开放史、社会主义发展史的宣传教育、教学，引导学生深刻认识红色政权来之不易、新中国来之不易、中国特色社会主义来之不易，不断坚定"四个自信"，不断增强历史定力，增强做中国人的志气、骨气、底气，深刻认识中国特色社会主义最本质的特征是中国共产党领导，中国特色社会主义制度的最大优势是中国共产党领导，不断增强拥护党的领导和坚持马克思主义指导的自觉性。要引导学生树立正确的历史观、党史观，坚持以唯物史观为指导来学习、研究历史，回答好"从哪里来、往哪里去"这个基本命题。要引导学生从"四史"中深刻认识中国共产党是什么、要干什么这个根本问题，从而坚定不移地听党话、跟党走。唯其如此，才能教育引导学生正确认识世界和中国发展大势，努力提高学生思想水平，以思想水平的提高，带动政治觉悟的提高、道德品质的提高和文化素养的提高，让高校成为造就德才兼备、全面发展的人才的基地。

（三）思政课通过运用青年学生喜闻乐见的方式方法，提升以史育人实效

马克思指出："全部社会生活在本质上是实践的。但凡把理论引向神秘主义的神秘东西，都能在人的实践中以及对这个实践的理解中得到合理的解决。"思政课不是书斋里的学问，而是塑造灵魂、塑造生命、塑造新人的关键课程，不能没有生命、干巴巴的，必须从现实社会中获取营养，不仅应该在课堂上讲，也应该在社会生活中讲。2021年11月，教育部印发的《高等学校思想政治理论课建设标准（2021年本）》中明确指出，"社会大课堂"要"突出实践教学，将生动鲜活的实践引入课堂教学，将课堂设在生产劳动和社会实践一线，全面提升育人效果"。2022年7月，教育部等十部委联合印发了《全面推进"大思政课"建设的工作方案》，就"大思政课"如何"善用'社会大课堂'"进一步做出明确部署，强调指出，要坚持开门办思政课，充分调动全社会力量和资源，建设"大课堂"、搭建"大平台"、建好"大师资"等，为全面推进"大思政课"建设指明了方向，提供了行动指引。作为崭新的课程形态，"大思政课"打开了思想政治教育的新视域，提出了新时代思政课建设的新命题。

一是通过建设"大课堂",拓展"以史育人"的阵地资源。建设大课堂就是将"思政小课堂"与"社会大课堂"有机结合,将思政课课堂理论与社会生活实践相互统一。"思政小课堂"是立德树人的主阵地和主渠道,"社会大课堂"是铸魂育人的大熔炉和大学校,"思政小课堂"重在"知",帮助学生树立正确的世界观、人生观和价值观,解决好真学真懂、真信真用的问题;"社会大课堂"重在"行",运用生动鲜活的实践素材,让学生走出课堂、走出校园,融入社会生活之中,在丰富多彩的实践教学、现场教学中立德树人、铸魂育人,在田野里"消化"书本,在实践中检验真理,从而建构个人成长发展的价值体系,体悟自身在民族复兴、国家富强中应尽的责任与义务。

"思政小课堂"作为立德树人的主阵地和主渠道,一方面,应注重以史明理。"历史是现实的根源。"知所从来,方知所去。要充分利用"四史"资源优势,依托典型事例、历史人物、感人故事等,教育引导学生回顾党和国家、民族的发展足迹,倾听历史回响,把握时代方位,做到明理、增信、崇德、力行。另一方面,应注重以事载理。善于运用脱贫攻坚、乡村振兴等典型案例,彰显中国特色社会主义制度的显著优势。准确把握"两个大局",立足新时代新征程,与"十四五"规划结合起来,与"第二个百年奋斗目标"结合起来,胸怀波澜壮阔的发展蓝图,在回望历史、观照现实、开创未来中培根铸魂、启智润心,引领学生站得高、看得远、想得深,观大势、明大局、担大任,争做新时代栋梁之材。此外,还应注重以理服人。"思政课的本质是讲道理",为了能做到与真理同行,讲出大学问,阐释大道理,真正把道理、原理、真理讲深讲透讲活,思政课教学扎根深厚的理论逻辑、历史逻辑、现实逻辑,以透彻的学理分析解析时代,从历史长河、时代大潮、全球风云中研析机理、探究规律,从而回应和解答学生思想困惑,帮助学生强化"四个正确认识",坚定"四个自信",深刻理解"两个确立"的决定性意义,做到"两个维护"。紧紧围绕立德树人根本任务,打通教育场域,串联教育内容,协调教育力量,从而让思政课与时代同行、与现实同向、与实践同频,真正实现铸魂育人、涵德化人的作用。

"社会大课堂"是铸魂育人的大熔炉和大学校,要善用社会大课堂。要充分利用学生暑期返乡社会实践、"三下乡"、理论宣讲、志愿服务、挑战杯大赛、支教活动、主题党日或团日等活动,把思政课开在田间地头,开在志愿服务、社会调研的现场,开在博物馆、纪念馆等"大思政课"实践教学基地,在实践育人过程中引导学生将课程学习从有限的课堂向无限的社会拓展,形成全员全过程全方位的育人体系和育人机制,通过"社会大课堂",挖掘新时代中国特色社会主义最生动、最鲜活的实践素材，让大学生在社会实践锻炼中厚植爱国情怀、积累人生智慧、增长本领才干。

二是通过搭建"大平台"，丰富"以史育人"的育人元素。当今的中国，互联网已成为人们生活中离不开的工具，亿万网民在这一平台获得信息、交流信息，对人们的求知途径、思维方式、价值观念产生重要影响，青年学生更是互联网重要的使用群体。高校思政教育工作要跟上时代发展步伐，推动思想政治工作传统优势与信息技术深度融合，因势利导，用青年学生喜闻乐见的形式，通过拓展"青年红色筑梦之旅""大学生讲思政课"等活动，讲好"大道理"，提高思想政治工作的互动性、生动性和实效性。同时，要用好用活红色资源，用史实说话，讲好中华民族的故事、中国共产党的故事、中华人民共和国的故事、中国特色社会主义的故事、改革开放的故事，用青年学生乐于接受的方式和话语积极传播马克思主义和主流价值观念，提供向上向善的、符合青年人口味的高质量历史文化产品，使广大青年树立正确的历史观、民族观、国家观和文化观。

三是通过建好"大师资"，筑牢"以史育人"的发展根基。"大师资"是"大思政课"建设的重要保障。办好思想政治理论课关键在教师，关键在发挥教师的积极性、主动性、创造性。要通过内部挖潜外部引援，打造专兼结合的"大思政课"师资队伍。既要建设一支有力的思政课教师队伍，加强专业课课程思政能力，发挥专业课教师的课程思政功能，也要积极吸纳党政领导、科学家、各行业先进模范、英雄人物、大国工匠等加入思政课兼职教师队伍，通过他们的自身经历和真情实感去感染和号召当代大学生将爱国情、强国志、报国行统一起来，有效增强思政课教学的感染力和说服力。让学生在投身社会实践中，涵养奉献祖国、服务人民、勇担使命的大情怀。

总之，高校思政课在具体实施的过程中，通过运用青年学生喜闻乐见的方式方法，即实施课堂互动教学，让学生由"旁观者"变成"参与者"；立足现场情境教学，让学生由"想象者"变成"体验者"；依托社会实践教学，让学生由"执行者"变成"策划者"等，在探索思政课程理论性与实践性相统一的教学改革中，不断推动思政理论更加入脑入心、案例更加生动鲜活、实践更加贴近实际、体验更加真实完整，对于帮助学生更好地实现学用结合，有效提升思考力、领悟力和执行力，在加强与人民群众的血肉联系中练就"我将无我，不负人民"的赤子之心，极大地推动"以史育人"成效的发挥等方面均具有十分重要的作用。

第二章　高校思政课"以史育人"教学模式的生成逻辑

党的十八大以来，以习近平同志为核心的党中央高度重视党史、新中国史、改革开放史和社会主义发展史对青年大学生的凝心铸魂作用，强调要给学生讲清楚被实践证明了的历史逻辑和现实逻辑，增强学生的中国特色社会主义道路自信、理论自信、制度自信、文化自信，坚定理想信念，使青年学生立志肩负起民族复兴的时代重任。深刻挖掘高校思政课"以史育人"教学模式形成的历史逻辑、理论逻辑与现实逻辑，理直气壮地通过"四史"教育讲好中国共产党的故事、中华人民共和国的故事、中国特色社会主义的故事、改革开放的故事，通过理论教育、价值引导和观念塑造，引导学生正确看待、辩证认识、理性分析现实问题，不仅有助于增强思想政治教育的思想性、理论性和亲和力、针对性，同时对于更好地完成高校立德树人和培养时代新人的核心任务等都具有十分重要的意义。

第一节　高校思政课"以史育人"教学模式的历史逻辑

新时代高校大学生"四史"教育应当从中国古代历史教育思想的思想渊源、马克思主义经典著作中关于历史教育的理论启迪、中国共产党关于历史学习和历史教育等三方面寻找其思想渊源和理论基础。

一、中国古代先贤关于历史教育的相关论述

古人云："欲知大道，必先为史；欲灭其国，先毁其史。"中华民族自古以来就有积极学习和借鉴历史的优良传统，中国古代先贤们历来都重视对历史的总结和借鉴。"前事不忘，后事之师""观今宜鉴古，无古不成今"……这些词句都是中国古代先贤重视历史和借鉴历史的生动见证。中华民族是一个有着5000多年悠久历史的民族，是一个重视学习和研究历史的民族。高度重视历史，积极总结历史，善于借鉴历史，是5000多年的中华文明得以延续和发展的重要条件。

（一）古代历史教育的兴盛，与统治者大力提倡和重视有关

历史之中蕴含着智慧，充满着力量。历代统治者为谋安邦兴国、长治久安之策，总把历史作为资治的龟镜、治乱的药石而加以重视。春秋著名政治家管仲就认为："疑今者，察之古，不知来者，视之往。"历代统治者对"史"的重视旨在于发挥其"借鉴"的功能，汲取历史的经验教训，以防重蹈历史覆辙。如周公由于亲身经历了殷周时期的社会动荡与巨变，对殷商败北的缘由与经验教训有着深刻的体悟与认识，因此在他当权时期，时常借助历史教训对统治阶级队伍进行历史教育，并由此提出了"夏鉴""殷鉴"等历史鉴戒概念。汉朝开国之初，汉高祖刘邦在深入分析和深刻总结秦朝灭亡的原因及其教训的基础之上，提出了与民生息的治国之策，促进了汉朝的长久稳定发展。唐朝初期，唐高祖李渊、唐太宗李世民都将总结历史、学习历史、借鉴历史作为治国理政的重要抓手。如唐太宗李世民就提出，"朕睹前代史书，彰善瘅恶，足为将来之戒"。这就是批判秦始皇、隋炀帝等人的历史观，秦始皇通过焚书坑儒的手段来试图断绝历史的连续性，从而实现驯化世人的目的，而隋炀帝虽然对文学和儒家较为关注，但对于历史持忽视的态度，因此李世民明确表示要学习历史就是为了正视自己，指导现实。尤其在对隋朝历史的学习与借鉴方面，一方面，积极借鉴成功的经验，并在实践中不断完善。如唐朝在继承隋朝科举制的基础之上，又不断地完善和创新，并首创了殿试，为唐朝的人才培养和政治统治奠定了良好基础。另一方面，善于反思、总结失败的经验与教训。比如，唐高祖李渊在反思隋炀帝暴政虐民的失败统治之后，积极倡导以民为本的民本思想，注重安定民心、体察民情。唐太宗李世民在评价唐朝名臣魏征时有名言曰："以铜为镜，可以正衣冠；以古为镜，可以知兴替；以人为镜，可以明得失。"这深刻表明了唐高祖李渊和唐太宗李世民善于学习历史、积极借鉴历史的优良品质和光辉典范。可以说，正是因为始终秉持对历史的敬重、正是因为始终坚持学习历史、借鉴历史，唐朝才能开启"贞观之治"的伟大盛世，从而才能成为中华民族历史上的盛世王朝。

北宋著名史学家司马光，尽十九年之力，总结了自战国以来历朝当权者的治国经验，精心编撰了编年体史书《资治通鉴》。以政治史为主，深入考察历史上各个朝代的治乱兴衰，并探讨其原因。司马光著书的目的在于"专取关国家盛衰，系生民休戚，善可为法，恶可为戒者"，以使当权者能从该书中"鉴前代之兴衰，考当今之得之，嘉善矜恶，取是舍非"。他还告诫君主："史者今之所以知古，后之所以知先，是故人主不可以不观史。"宋神宗阅之，欣然题名"鉴于往事，有资于治道"。《资治通鉴》由此成为宋代及后代学校历

史教育的重要内容，对我国古代历史教育产生了极大影响。

在《进表书》一文中，司马光曾表明了著书之心迹："臣之精力，尽于此书。伏望陛下宽其妄作之诛，察其愿忠之意，以清闲之宴，时赐省览，鉴前世之兴衰，考当今之得失，嘉善矜恶，取是舍非，足以懋稽古之威德，跻无前之至治，俾四海群生，咸蒙其福，则臣虽委骨九泉，志愿永毕矣。"元代史学家胡三省在《新注〈资治通鉴〉序》中对《资治通鉴》推崇备至："为人君而不知《通鉴》，则欲治而不知自治之源，恶乱而不知防乱之术；为人臣而不知《通鉴》，则上无以事君，下无以治民；为人子而不知《通鉴》，则谋身必至于辱先，做事不足以垂后。乃如用并行师，创法立制，而不知迹古人之所以得，鉴古人之所以失，则求胜而败，图利而害，此必然者也。"他的这个观点其实已经将《资治通鉴》推崇到了一个极高的地位，上至君王治理国家，下到个人修养和成就都需要借鉴到《资治通鉴》中的历史史实，从这也可以看出历史教育对于国家统治者的深刻影响。

辽、金、元等少数民族政权入主中原后，为维护其统治，借鉴汉族政权的各种典章制度，其中也包括教育制度。统治者十分重视历史教育，金海陵王就认为可从"三史"中命题试士，大臣徒单镒也建议"取士兼问经史故实"。金国子监还专门刊印《晋书》《宋书》《齐书》《梁书》《陈书》《北齐书》《周书》、新旧《唐书》、新旧《五代史》，发给各类学校，列为学生学习的内容。元朝在京师设立国子学，用蒙文编译《通鉴节要》《贞观政要》等史籍，供蒙古官僚子弟学习。

明清两朝对历史教育也很关心和重视，明洪武年间，国家曾下令凡年十五以下的儿童皆入学校，三十五家设一社学，就近组织儿童学习，其教授的内容包括《百家姓》《千字文》及经史历算等。明代的学校还将《资治通鉴》等史书列入教材，要求学生阅读。清代统治者也规定将《资治通鉴》作为学校学生的教科书。康熙帝在位时，曾下诏将自己"钦定"的《通鉴纲目》和《古文渊鉴》列为在校学生必读之书，并颁行各省遵照执行。

（二）古代历史教育的兴盛，与我国古代史学研究繁荣鼎盛分不开

古代历史教育的兴盛，与统治者大力提倡和重视有关，也与我国古代史学研究繁荣鼎盛分不开。春秋末期，孔子为扩大教育对象，提出了"有教无类"的办学主张，打破了"学在官府"和史官垄断文化教育的局面。他整理修订古代典籍《诗》《书》《礼》《易》《乐》《春秋》，并作为教科书供学生学习。孔子不仅把历史作为一门知识向学生传授，而且还重视其教育意义，将其与修身养性，齐家、治国、平天下联系起来。《易经》中就有"君子多识前

言往行以畜其德"的说法，其修订《春秋》的宗旨，乃为"正名分，使乱臣贼子惧"。孔子之所以十分重视历史教育，并列入课程内容，就是以此作为手段来培养治国的人才，这样历史教育开始突破了狭隘的范围。

战国时期，百家争鸣，学术氛围相当浓厚，为培养"士"，各地建立了大量学校，著名的有齐国的"稷下之学"。诸子百家纷纷从不同的立场，以不同的观点著书立说，宣扬其主张。为扩大影响，他们周游列国，游说各国君主，为证实自己的观点，往往引经据典，以历史事实作为有力依据。如孟子为宣传自己的"仁政"主张，对武王伐纣之举极为赞赏，他批驳了武王弑君的传统说法，认为商纣行暴政，荼毒天下，故"残贼之人谓之一夫，闻诛一夫纣矣，未闻弑君也"。另外，荀子、韩非子、墨子、庄子等人所撰写的文章，也常引用历史知识论证自己的观点。在诸子百家的影响下，历史教育在学校教育中的影响越来越大，历史知识也成为学生将来从政的必备知识，历史教育得到了更大发展。

汉代，历史教育相当普及，这与史学研究的繁荣分不开。司马迁受其家庭熏陶，十几岁就潜心研读史籍，读完了《世本》《左传》《国语》《战国策》等，他博览众史，打下了扎实的史学研究基础，才写出了"究天人之际，通古今之变，成一家之言"的"无韵之离骚"——《史记》，成为"史家之绝唱"。班固也是在幼年期间，涉猎大量史书，为以后修《汉书》奠定了基础。汉代太学的教学内容以"五经"为主，学生兼学《左传》《公羊传》《谷梁传》，这种以经为主的学习内容，影响到历史教育的质量，许多学者就在读经的基础上转而治史，如东汉史学家荀悦，就自幼好学，善解《春秋》，并由通经转为治史，完成了编年体《汉纪》三十篇。

唐代为我国封建社会鼎盛时期，教育事业发达，从中央到地方设有各类学校广泛招收生员，并招收各国的留学生。按课程安排，在校学生都要学习《左传》和《国语》等史籍。另外唐代科举成为读书人入官为仕的"敲门砖"，科举考试的内容决定了学生的学习内容。唐代开科取士将"三传"（《左传》《公羊传》《谷梁传》）及史科等知识列入考试范围，在考策论时，主考官常以历史典故作为题目，如"三杰佐汉孰优"之类。若缺乏相应的历史知识，是难以应对科举考试的。由此，学校开始在教学内容上尽量适应科举考试的要求，而历史知识作为学生入仕的必备知识而受到应有的重视，历史教育普及超过前代。

宋代学校对历史教育也很重视，如大学者朱熹主讲于各地的书院，他就要求学生潜心史学研究，做到"制度无不考，古今无不知"。朱熹本人就著有

《通鉴纲目》并列为学生必读之书。宋代科举考试也注意考历史知识，"每至命题考试，主典籍而参以正史"。元代初年，元世祖忽必烈就下令设蒙古国子学和回回国子学，以培养贵族子弟，其中历史知识被列为重要的讲授内容。元世祖曾下令用蒙古文字翻译汉文经典和《资治通鉴》等，并用蒙古文字编译一本《通鉴节要》，作为蒙古国子学和回回国子学的历史教科书。明清两代，历史教育在学校教育中仍占重要地位，二十一史、《通鉴》等史籍是学生必读教材。清初学者陆世仪认为，学生十五岁以前主要读经，十五岁至二十五岁，除读经书理学之外，还要读历史和典章律令、经济类书等。清代史学家王鸣盛特别推荐《通鉴》，并告诫其弟子曰："此天地间不可无之书，亦学者必不可不读之书也。"

历史教育随着学校教育的发展与完善，随着史学研究的拓展与繁荣，特别是隋唐以来受到科举取士的影响，越来越成为学生学习的重要内容。而从中国古代历史教育的教授方式来看，也具有多种形式和载体，从历史教育机构来看有官立的中央各类学校、地方各级学校、私学、书院、家教、蒙学等，涉及幼儿教育、初等教育、中等教育和高等教育，其面向的学生群体也分布于各个阶层，充分体现了历史教育方式所具有的普及性、大众性和广泛性。

透视中国历史发展的全过程，可以清晰地看到，历朝历代的统治者及先贤们为了"察古知今""鉴往知来"以谋治世之道，都注重借鉴历史、学习历史；注重用历史来启迪智慧、汲取力量；不仅注重学习和借鉴本国历史，而且也注重学习和借鉴他国历史。一个忘记历史的民族是注定不会长久发展的，一个积极学习和借鉴历史的民族是注定会走向繁荣富强的。正是因为有这种总结历史、学习历史和借鉴历史的优良传统，古老的中华文明才能历经风霜而不衰、饱经沧桑而不逝，伟大的中华民族才能永久地屹立于世界民族之林。习近平是中华优秀传统文化的继承者和发扬者，积极继承和发扬古代先贤重视历史、总结历史、借鉴历史的优良传统并将其运用到治国理政的伟大实践中，不断提升治国理政的能力和水平。古代先贤重视与借鉴历史的优良传统不仅促进了我国古代史学研究的繁荣，促进了我国古代学校历史教育的发展，同时也为"四史"学习教育提供了深厚的文化土壤。

二、马克思恩格斯经典著作关于历史教育的相关论述

就"历史教育"的概念提出与思想溯源来看，马克思恩格斯尽管并没有直接提出"历史教育"这一概念，但他们对历史的教育作用也高度重视，对"历史教育"的必要性、基本原则以及核心内容等方面进行了卓有成效的探

讨。作为开展历史教育的必要前提，只有首先树立科学的历史观，才能准确地把握住历史教育的核心与重点。在马克思创立唯物主义历史观之前，人们对社会历史的认识，总是从主观出发而不是从客观出发，总是从神的意志、卓越人物的思想或某种隐秘的理性，即从某种精神因素出发去解释历史事件，说明历史的发展。这样做的结果，不是曲解人类社会发展的历史，就是完全撇开人类社会发展的历史。马克思、恩格斯在19世纪40年代所创立的唯物主义历史观改变了这一状况，以"关于现实的人及其历史发展的科学"的方式奠定了历史观的唯物主义基础，使历史观走向科学。新时代高校大学生"四史"教育正是马克思主义指导下的以唯物史观为奠基的历史教育的具体实践，因此马克思主义经典著作中针对无产阶级历史教育的相关论述对于本研究而言有着极为重要的作用。

（一）以历史唯物主义作为历史教育的根本遵循

历史唯物主义概念首次出现是在恩格斯1890年8月5日致康拉德·施米特的信中。信中，恩格斯批评保尔·巴特没有真正理解马克思主义的唯物主义，他认为保尔·巴特只片面地理解了物质生产方式对社会生活、经济生活及精神生活的决定作用，却没有认识到思想意识同时对物质生产方式具有一定的影响作用，能推动或阻碍物质生产方式的发展。"但是我们的历史观首先是进行研究工作的指南，并不是按照黑格尔学派的方式构造体系的杠杆。"[1]恩格斯提出，我们要研究和重视历史，因为无限广阔的历史长河是作为整体过程展开的，社会演进的不同形态是历史长河中的一部分，二者之间是整体与部分的关系，是相互联系、不可分离的。每一段历史时期都有着与之相匹配的生产方式，为社会发展的运行提供物质基础、推动社会历史进程。因此，"必须重新研究全部历史，必须详细研究各种社会形态的存在条件，然后设法从这些条件中找出相应的政治、私法、美学、哲学、宗教等的观点"[2]。列宁更是给予了历史唯物主义最高程度的评价，"马克思的历史唯物主义是科学思想中的最大成果"[3]。"唯物主义历史观是唯一的科学的历史观。在我们还没有看见另一种科学地解释某种社会形态的活动和发展的尝试以前，它始终是社会科学的同义词。"[4]

历史唯物主义是马克思和恩格斯在19世纪中期创立的。它是19世纪资

①马克思恩格斯选集：第4卷 [M]. 北京：人民出版社，2012：599.
②马克思恩格斯选集：第4卷 [M]. 北京：人民出版社，2012：599
③列宁专题文选·论马克思主义 [M]. 北京：人民出版社，2009：68.
④列宁专题文选·论辩证唯物主义和历史唯物主义 [M]. 北京：人民出版社，2009：163.

本主义大工业及与之相应的社会经济关系和阶级关系等特定社会历史的产物，是人类认识发展的必然结果。毛泽东指出，人们能够对于社会历史的发展做全面的、历史的了解，把对于社会的认识变成了科学，这只是到了伴随巨大生产力——大工业而出现近代无产阶级的时候，这就是马克思主义的科学。早在《1844年经济学哲学手稿》《神圣家族》《关于费尔巴哈的提纲》等著作中，马克思和恩格斯在批判唯心史观的同时，结合亲身参加的无产阶级的革命实践，在总结实践经验，继承人类思想优秀成果的基础之上，把唯物主义贯彻到社会历史领域，逐步创立了历史唯物主义。

1845年冬至1846年夏，马克思和恩格斯合著了《德意志意识形态》。在该书中他们系统阐述了历史唯物主义基本原理，强调"全部人类历史的第一个前提无疑是有生命的个人的存在"[①]，回答了"唯物主义历史观的前提是什么"的问题。指出这种历史观与唯心主义历史观不同，它不是从观念出发来解释实践，而是从物质实践出发来解释各种观念。"道德、宗教、形而上学和其他意识形态，以及与它们相适应的意识形态便不再保留独立性的外观了。它们没有历史，没有发展，而发展着自己的物质生产和物质交往的人们，在改变自己的这个现实的同时也改变着自己的思维和思维的产物。不是意识决定生活，而是生活决定意识。"[②] 1859年马克思在《〈政治经济学批判〉序言》中对历史唯物主义的基本观点做了精辟的概括，强调指出，"人们在自己生活的社会生产中发生一定的、必然的、不以他们的意志为转移的关系，即同他们的物质生产力的一定发展阶段相适合的生产关系……不是人们的意识决定人们的存在，相反，是人们的社会存在决定人们的意识……因此，人类社会的史前时期就以这种社会形态而告终。"[③] 这一论述其实已经阐明了唯物史观的基本范畴（即生产力与生产关系、经济基础与上层建筑、生产方式、社会存在和社会意识)，关于这一基本范畴的论断直接回答了历史观的基本问题，即社会存在和社会意识的关系问题，指出社会存在决定社会意识，社会意识是社会存在的反映，又能动地反作用于社会存在。

历史唯物主义阐明了：物质生活资料的生产活动是人类社会赖以生存的前提；人类社会的发展是一个自然历史过程，社会运动是特殊的物质运动状态，有其独特的客观规律；生产力与生产关系、经济基础与上层建筑构成了社会有机系统，生产力与生产关系、经济基础与上层建筑之间是辩证统一的

---

①马克思恩格斯选集：第1卷 [M]. 北京：人民出版社，2012：146.
②马克思恩格斯选集：第1卷 [M]. 北京：人民出版社，2012：152.
③马克思恩格斯选集：第2卷 [M]. 北京：人民出版社，2012：2—3.

关系，物质资料的生产方式是社会发展的决定力量，社会基本矛盾即生产力与生产关系、经济基础与上层建筑之间的矛盾，是社会发展的内在动力；社会基本矛盾在阶级社会中表现为阶级矛盾和阶级斗争，阶级斗争是阶级社会发展的直接动力，"（从原始土地公有制解体以来）全部历史都是阶级斗争的历史，即社会发展各个阶段上被剥削阶级和剥削阶级之间、被统治阶级和统治阶级之间斗争的历史"；① 历史是人们自己创造的，人民群众是历史的创造者，每个人都对形成历史的合力有所贡献，杰出人物在历史上起着重要作用。历史唯物主义的创立是对人类社会历史本体理论化、系统化的科学呈现，它的创立标志着人们认识和改造人类社会的方法发生了根本的转变，科学的历史理论和方法真正形成。此后，马克思在《资本论》以及恩格斯在《反杜林论》《家庭、私有制和国家的起源》《路德维希·费尔巴哈和德国古典哲学的终结》等著作中进一步阐述了历史唯物主义的内容。19世纪八九十年代，针对把唯物史观歪曲为"经济唯物主义"等错误观点，恩格斯在一系列书信中进一步阐述了社会历史辩证运动的规律，丰富和发展了历史唯物主义。

（二）历史教育要体现鲜明的人民性、群众性和阶级性

"过去的一切历史观不是完全忽视了历史的这一现实基础，就是把它仅仅看成与历史过程没有任何联系的附带因素。根据这种观点，历史总是遵照在它之外的某种尺度来编写的；现实的生活生产被描述成某种史前的东西，而历史的东西则被说成是某种脱离日常生活的东西，某种处于世界之外和超乎世界之上的东西。这样就把人对自然界的关系从历史中排除出去了，因而造成了自然界和历史之间的对立。因此这种观点只能在历史上看到元首和国家的丰功伟绩，看到宗教的、一般理论的斗争，而且在每次描述某一历史时代的时候，它都不得不赞同这一时代的幻想。"② 这里主要批判唯物史观诞生之前历史认识停留在历史表面，没有看到历史发展背后的物质动因和人民群众在历史发展中的决定作用的错误观点。马克思、恩格斯是在深入人类历史活动、把握历史运动本质、揭示历史发展规律基础上提出这一重要论断的。马克思和恩格斯将"历史主动性"看作工人阶级的特点，鼓励无产阶级要激活和发挥自身作为历史主体的能动性，通过夺取政权而夺取全部资本，进而开创自己解放自己的历史道路。此外，他们还强调："人们创造自己的历史，但是他们并不是随心所欲地创造，并不是在他们自己选定的条件下创造，而是

---

① 马克思恩格斯选集：第1卷［M］. 北京：人民出版社，2012：380.
② 黎澍. 马克思恩格斯列宁斯大林论历史科学（征求意见本）［M］. 北京：人民出版社，1975：41.

在直接碰到的、既定的、从过去承继下来的条件下创造。""人们创造自己的历史"明确强调了历史的本质是人类社会实践的产物;"直接碰到的"和"既定的、从过去承继下来的条件"意在说明人的实践需要尊重规律,承继历史,回应现实。因此,人们在实践过程中要立足现实,尊重社会历史发展客观规律,这是掌握历史主动的基本要求。列宁认为"马克思最重视的是群众的历史主动性",① 列宁将历史主动性作为精神基石和行动原则,非常希望俄国社会民主党人学会评估、发现和激发这种历史主动性。在列宁看来,进行历史教育的直接目的便是促使人民群众拥有历史主动性,只有如此,"无产阶级这个唯一彻底革命的阶级,起来领导群众了,并且第一次唤起了千百万农民进行公开的革命斗争"②。

无产阶级的历史教育体现鲜明的人民性、群众性和阶级性,这也是由无产阶级的历史观从根本上决定的。这一观点的产生在于马克思主义者看到了劳动人民既是社会物质财富,也是精神财富的创造者,这里的劳动人民指的就是人民群众和无产阶级。在诸多历史学家眼中劳动人民往往是与教养、艺术脱节甚至说毫无关系的一个阶级,然而在马克思主义者看来,"无产阶级用事实表明,它是而且只有它才是现代文明的支柱,它的劳动创造了财富和豪华,它的劳动是我们整个'文化'的基石"③。马克思明确了人在社会生产劳动中的主体地位,并鲜明指出人在复杂社会生产过程中的"创造性"本质。人的"创造性"是推进经济发展、社会财富增加的源泉。马克思主义认为,人类社会要存在和发展,解决自身的吃穿住行等问题,关键要推进物质资料的生产,充分发挥人民群众的主体性和创造性,不断提升社会生产力水平。马克思和恩格斯对未来社会的一个设想是"生产将以所有的人富裕为目的",只有作为"自由人的联合体"的共产主义,才能"不仅可能保证一切社会成员有富足的和一天比一天充裕的物质生活,而且还可能保证他们的体力和智力获得充分的自由的发展和运用"。人民群众是社会物质财富生产活动的主体,创造了人们衣食住行等必需的生活资料以及从事政治、科学、文化、体育等活动必需的物质前提;同时,人民群众也是社会精神财富的创造主体,通过共同奋斗使全体社会成员成为自身的主人,不断迈向自由而全面的发展。恩格斯在1881年《必要的和多余的社会阶级》中直接指出劳动阶级的重要性和在历史全进程中的影响力,"自从阶级产生以来,从来没有过一个时期社会

---

①列宁选集:第1卷[M].北京:人民出版社,2012:705
②列宁选集:第2卷[M].北京:人民出版社,2012:289.
③列宁全集:第9卷[M].北京:人民出版社,2017:204.

可以没有劳动阶级"。① 人民群众在创造物质财富和精神财富的同时，也创造并改造着社会生产关系，任何社会变革都离不开人民群众的积极参与，离不开人民群众积极性、主动性的发挥。唯有人民群众才是历史的真正创造者，才是推动社会变革和社会改革发展的根本动力。

无产阶级的历史教育体现鲜明的人民性、群众性和阶级性的另一根据在于马克思主义者强调人民群众在阶级斗争的决定作用，重视对人民群众的历史教育。阶级斗争作为推动历史发展的直接动力，人民群众在其中发挥着决定性作用，历史教育必然要进行事件剖析、经验总结和未来指导，要引导人民群众和无产阶级进行阶级斗争，推动历史进程的持续发展和人类社会的不断进步。马克思曾经说过："人民历来就是作家'够资格'和'不够资格'的唯一判断者。"在这里，马克思讲的作家，是指一切社会工作者，他充分肯定了人民群众在推动社会向前发展中的地位和作用。在《神圣家族》中，马克思、恩格斯也明确指出："历史活动是群众的事业，随着历史活动的深入，必将是群众队伍的扩大。"在这里，马克思、恩格斯强调人民群众是历史的创造者，是推动社会发展的决定力量。列宁在《社会民主党在俄国革命中的土地纲领》中说："没有千百万觉悟群众的革命行动，没有群众汹涌澎湃的英勇气概，没有马克思在谈到巴黎工人在公社时期的表现时所说的那种'冲天'的决心和本领，是不可能消灭专制制度的。"② 在 1905 年的《专制制度和无产阶级》中，列宁指出："工人阶级抱有最伟大的、具有世界历史意义的目的：把人类从各种各样的压迫和人剥削人的制度下解放出来。为了实现这一目的，数十年来它一直在全世界范围内进行顽强的努力、不断地扩大自己的斗争，组织成百万人的政党，不为个别的失败和暂时的失利而灰心。"③ 在这里，列宁充分肯定人民群众在革命行动中的英勇气概和伟大作用。1921 年 12 月，列宁曾进一步讲："对于一个人数不多的共产党来说，对于一个作为工人阶级的先锋队来领导一个大国在暂时没有得到较先进国家的直接援助的情况下向社会主义过渡的共产党来说，最严重最可怕的危险之一，就是脱离群众，就是先锋队往前跑得太远，没有'保持排面整齐'，没有同全体劳动大军即同大多数工农群众保持牢固的联系。"在这里，列宁告诫当时力量还很弱小的苏联共产党一定要防止脱离群众现象的发生。除此以外，马克思、恩格斯、列宁还从很多方面揭示了人民群众创造历史的原始地位和作用，强调人民群众是真

①马克思恩格斯全集：第 25 卷 [M]. 北京：人民出版社，2001：534.
②列宁全集：第 17 卷 [M]. 北京：人民出版社，2017：151.
③列宁全集：第 9 卷 [M]. 北京：人民出版社，2017：111.

正的英雄，是历史的真正创造者，是实现社会变革的决定力量。为此无产阶级的历史教育只有面向人民群众、劳动人民、工人阶级，才能够在真正意义上实现其作为教育的社会价值。在列宁看来，"一个国家的力量在于群众的觉悟。只有当群众知道一切，能判断一切，并自觉地从事一切的时候，国家才有力量"①。因此历史教育必然具备鲜明的人民性、群众性和阶级性，也正如斯大林所强调的"历史科学要想成为真正的科学……首先应当研究物质资料生产者的历史，劳动群众的历史，各国人民的历史"②。

（三）以阶级分析法、辩证法和具体问题具体分析作为历史教育的基本方法

在 1890 年 6 月 5 日的《恩格斯致保尔·恩斯特》信中，恩格斯面对恩斯特进行唯物主义方法处理问题的尝试做出了以下回应："如果不把唯物主义方法当做研究历史的指南，而把它当作现成的公式，按照它来剪裁各种历史事实，那它就会转变为自己的对立物。"③ 如此看来，马克思主义者认为历史唯物主义是开展历史教育的指南，那么在开展历史教育和历史研究中所用具体方法又是什么？马克思主义者认为至少应当做到以下三个方面：

1. 阶级分析的方法是研究历史的基本方法

阶级分析方法是研究阶级社会历史、认识阶级社会的根本方法，它要求全面分析阶级状况、分析各阶级的经济地位、政治立场和意识形态，从而对整个阶级关系和阶级力量对比加以全面的、动态的把握。马克思和恩格斯在《共产党宣言》中，运用阶级分析方法，阐明了资本主义社会的基本矛盾和阶级对抗性质，提出了无产阶级革命的必然性及其政党的历史使命。列宁指出，马克思主义提供了一条指导性的线索，使我们能在这种看起来扑朔迷离、一团混乱的状态中发现规律性。这条线索就是阶级斗争的理论。"某一社会中一些成员的意向同另一些成员的意向相抵触；社会生活充满着矛盾，我们在历史上看到各民族之间，各社会之间，以及各民族、各社会内部的斗争……这条线索就是阶级斗争的理论。"④ 也就是说，一旦离开了阶级斗争的理论和方法，人们所看到的仍然是呈现为一团混乱的历史，唯有从阶级观点和阶级分析方法入手，才可以从根本上、从社会历史的深层把握住历史的本质和规律。在我国无产阶级的革命运动还处在幼年阶段，许多人对于阶级分析这个马克思主义的基本方法还很朦胧的时候，毛泽东就发表了著名的《中国社会各阶

①列宁选集：第 3 卷［M］. 北京：北京出版社，2012：347.
②斯大林. 列宁主义问题［M］. 北京：外文出版社，1973：647.
③马克思恩格斯选集：第 4 卷［M］. 北京：人民出版社，2012：595.
④列宁选集：第 2 卷［M］. 北京：北京出版社，2012：42

级的分析》，其中明确地指出："谁是我们的敌人？谁是我们的朋友？这个问题是革命的首要问题。中国过去一切革命斗争成效甚少，其基本原因就是因为不能团结真正的朋友，以攻击真正的敌人。"但如何分辨敌人和朋友呢？毛泽东就是从阶级分析着手。"我们要分辨真正的敌友，不可不将中国社会各阶级的经济地位及其对于革命的态度，作一个大概的分析。"毛泽东就在这篇文章中对中国各个阶级进行了扼要的分析之后，得出结论："综上所述，可知一切勾结帝国主义的军阀、官僚、买办阶级、大地主阶级以及附属于他们的一部分反动知识界，是我们的敌人。工业无产阶级是我们革命的领导力量。一切半无产阶级、小资产阶级，是我们最接近的朋友。那动摇不定的中产阶级（民族资产阶级），其右翼可能是我们的敌人，其左翼可能是我们的朋友——但我们要时常提防他们，不要让他们扰乱了我们的阵线。"毛泽东就是根据这种阶级分析制定了新民主主义革命的总路线，这就是我们熟知的以无产阶级为领导的人民大众的反对帝国主义、封建主义和官僚资本主义的总路线。我国新民主主义革命的胜利正是在这条总路线的指导下取得的。由此可以发现，阶级分析的基本方法使用直接影响历史教育关于历史人物、历史事件的剖析视角、侧重方向和基本论断。因此，在评价历史人物或历史事件的过程中，"应当是群众和各个阶级的整个运动，而不能个别人和小集团的情绪"[1]。即应把所有人物的所有活动或历史事件集中起来，进行全面的综合分析和评价。绝对不能只根据某一人物的某一件事，进行片面的或局部的分析和断定。

2. 辩证法是历史教育的重要方法

"马克思的整个世界观不是教义，而是方法。它提供的不是现成的教条，而是进一步研究的出发点和供这种研究使用的方法。"这是关于马克思的"方法"关注最多、流传最广的一句话。在马克思方法论的理论宝库中，辩证法的位置是无法撼动的。在马克思的皇皇巨著中，《资本论》一书不仅忠实地记录和翔实地展现了马克思辩证法的基本内涵、理论性质和工作目标，同时也充分彰显了马克思立足现实的生产方式而批判旧世界、发现新世界的理论抱负。"辩证法，在其合理形态上，引起资产阶级及其空论主义的代言人的恼怒和恐怖，因为辩证法在对现存事物的肯定的理解中同时包含对现存事物的否定的理解，即对现存事物的必然灭亡的理解；辩证法对每一种既成的形式都是从不断的运动中，因而也是从它的暂时性方面去理解；辩证法不崇拜任何

---

①列宁全集：第22卷［M］．北京：人民出版社，2017：93.

第二章 高校思政课「以史育人」教学模式的生成逻辑

095

东西，按其本质来说，它是批判的和革命的。"① 简短的一段话，马克思就已言简意赅地对他所采用的基本方法——辩证法——进行了界定和说明。可以说，辩证法不仅是马克思借以认识世界和改造世界的原则与范式，还是马克思分析和阐述历史进程的方法与框架，更是马克思批判现实和展望未来的工具与手段。列宁就曾强调指出，"用唯物辩证法从根本上来改造全部政治经济学，把唯物辩证法应用于历史，自然科学，哲学以及工人阶级的政策和策略——这就是马克思和恩格斯最为注意的事情，这就是他们做了最重要最新颖的贡献的地方，这就是他们在革命思想史上英明地迈进的一步。"正是因为辩证法其独特的分析视角，具体而言就是"从它们的联系、它们的联结、它们的运动、它们的产生和消逝方面去考察"，② 才能实现"唯物主义历史观及其在现代的无产阶级和资产阶级之间的阶级斗争上的特别应用"。③ 与阶级分析的基本方法不同是，辩证法的应用对于历史教育而言，它试图以一种全面的联系的观点、以分析与综合的辩证结合为手段，运用发展观来考察现实世界，在普遍联系的视角下梳理复杂的社会关系、探究其深层根基并展望其发展趋向，以此来突破个体对于复杂的历史活动所带有的狭隘性和片面性。"把社会看作处在不断发展中的活的机体（而不是机械地结合起来，因而可以把各种社会要素随便配搭起来的一种什么东西），要研究这个机体，就必须客观地分析组成该社会形态的生产关系，研究该社会形态的活动规律和发展规律。"④ 列宁这里对马克思、恩格斯辩证方法的科学说明，正是唯物辩证法系统思想的生动体现。

3. 坚持具体问题具体分析的方法

具体问题具体分析是指在矛盾普遍性原理的指导下，具体分析矛盾的特殊性，并找出解决矛盾的正确方法。这一方法是要求人们在做事、想问题时，要根据不同情况采取不同措施，不能一概而论。具体问题具体分析是马克思主义活的灵魂，马克思主义哲学的一条基本原则。列宁在 1920 年 6 月撰写的《共产主义》一文中曾对这一具体的历史研究方法给予了高度评价，"马克思主义的最本质的东西，马克思主义的活的灵魂：具体地分析具体的情况"。也就是说，马克思主义者在分析某一社会现象时必然要将这一社会现象置于某一具体的历史范围之内，"发展不断地进行着，单个人的历史绝不能脱离他以

①马克思恩格斯选集：第 3 卷 [M]. 北京：人民出版社，2012：94.
②马克思恩格斯选集：第 3 卷 [M]. 北京：人民出版社，2012：397.
③马克思恩格斯选集：第 3 卷 [M]. 北京：人民出版社，2012：746—747.
④列宁选集：第 1 卷 [M]. 北京：北京出版社，2012：32.

前的或同时代的个人的历史，而是由这种历史决定的"①。社会对于个人而言，绝不是一个可有可无的抽象实体；相反，一个人"生活在什么样的社会中，就决定了他是什么样的个体"；个人只有在共同体中，才能获得全面发展其才能的手段，才能有个人的自由；个人总是以共同体的合作方式与自然、与他人、与社会发生关系，并在此基础上满足个人的生存和发展需要。马克思就在其《剩余价值理论》中曾明确指出"一定的历史""特殊的历史"的重要作用，"要研究精神生产和物质生产之间的联系，首先必须把这种物质生产本身不是当作一般范畴来考察，而是从一定的历史的形式来考察。"② 这对于历史教育而言，如果脱离了具体的历史环境来讨论某一历史事件，这其实从根本上就是否定了辩证唯物主义的基本要求，也就是谈不上以马克思主义作为指导理论的历史教育。因为单个独立的历史事件往往并不能正确反映历史事实，更不能正确反映历史规律。如果只是强调个别历史事件的真实性，往往就会导致事件的片面化、碎片化，从而脱离客观实际，因而也就不能正确地认识和把握历史事实。因此，我们在对历史事件的认识过程中，要以客观事实为依据，既要尊重每一个历史事件，又要从这些历史事件中找出决定历史发展进程并带有规律性的历史事实，只有这样才能正确把握历史事件与历史事实之间的辩证关系，使历史事实、历史规律、历史发展的进程客观地、真实地展现在人们面前。

三、中国共产党重视历史教育的优良传统

"历史是最好的老师，也是最好的教科书。"中国共产党历来善于从历史中特别是党史等近现代史中汲取智慧和力量。中国共产党自成立至今，无论革命、建设年代还是改革时期，一贯重视对党史、革命史、近现代史等近代以来历史的研究和教育工作，这是我们党的优良传统。中国共产党提出加强"四史"教育，既是对自身重史传统的继承和发扬，也是站在中华民族伟大复兴和中国特色社会主义事业发展的历史高度所做出的重要决定。

（一）中国共产党主要领导人关于历史教育的重要论述

中国共产党作为马克思主义政党，继承和弘扬了马克思主义经典作家重视历史的理论品质。在革命、建设和改革的各个时期，中国共产党人都始终坚持把加强中共党史、中国近现代史等历史的学习作为治国理政的重要组成

---

① 马克思恩格斯全集：第 3 卷［M］. 北京：人民出版社，1960：515.
② 马克思恩格斯全集：第 33 卷［M］. 北京：人民出版社，2004：346.

部分，形成了重视历史、学习历史、积极运用历史的优良传统。

一个民族如果忘记了自己的历史，就不可能深刻地了解现在和正确地走向未来。毛泽东是中国共产党的创始人之一，也是中国共产党第一代领导集体的核心。读史学史不仅贯穿毛泽东同志的一生，而且他多次号召在全党范围开展历史学习、党史教育。毛泽东同志指出，"今天的中国是历史的中国的一个发展"，研究学习过去中国的历史才能认识今天中国的现实，他要求全党借鉴李自成等农民战争领袖的经验教训，避免重蹈覆辙。毛泽东同志认为，"指导一个伟大的革命运动的政党，如果没有革命理论，没有历史知识，没有对于实际运动的深刻的了解，要取得胜利是不可能的"。"学习我们的历史遗产，用马克思主义的方法给以批判的总结，是我们学习的另一任务。"① 除了重视历史学习之外，毛泽东更加注重对革命斗争的历史经验进行总结，以更好地指导中国革命的发展。1936 年，他运用历史分析方法深刻阐明了中国革命战争的战略问题，指出："历史告诉我们，正确的政治的和军事的路线，不是自然平安地产生和发展起来的，而是从斗争中产生和发展起来的。"② 1939 年 10 月，毛泽东发表了《〈共产党人〉发刊词》一文，他指出："我们党的历史，可以说就是武装斗争的历史""十八年的经验，已使我们懂得：统一战线、武装斗争、党的建设，是中国共产党在中国革命中战胜敌人的三个法宝，三个主要的法宝"③。这是革命领导人首次用革命胜利的"三大法宝"来系统地概括和总结中国 18 年革命斗争的历史经验，为后续建设和改革事业的发展提供了积极指导。1941 年 5 月 19 日，毛泽东在《改造我们的学习》一文中谈到历史问题，提出系统研究中国近代史，要"克服无组织的状态""聚集人材，分工合作"。④ 1942 年 3 月 30 日，毛泽东在中央学习组作《如何研究中共党史》的报告，强调："如果不把党的历史搞清楚，不把党在历史上所走的路搞清楚，便不能把事情办得更好。这当然不是说要把历史上每一件事统统搞清楚了才可以办事，而是要把党的路线政策的历史发展搞清楚。这对研究今天的路线政策，加强党内教育，推进各方面的工作，都是必要的。我们要研究哪些是过去的成功和胜利，哪些是失败，前车之覆，后车之鉴。"⑤ 这篇报

①毛泽东选集：第 2 卷 [M]. 北京：人民出版社，1991：531－534.

②毛泽东选集：第 1 卷 [M]. 北京：人民出版社，1991：184－186.

③毛泽东选集：第 2 卷 [M]. 北京：人民出版社，1991：603－606.

④毛泽东. 改造我们的学习 [M]. //毛泽东. 毛泽东选集：第 3 卷. 北京：人民出版社，1991：802.

⑤毛泽东. 如何研究中共党史 [M] //毛泽东. 毛泽东文集：第 2 卷. 北京：人民出版社，1993：399.

告对党史的研究对象、研究内容、研究方法、历史分期等问题进行了系统阐释，为党史学习和研究提供了理论指导。在加强历史学习，总结历史经验的同时，毛泽东还多次带头主持并编写历史学习资料，为中国共产党加强历史提供了丰富素材。这方面的著作主要有《六大以来》《六大以前》《两条路线》三本重要的党史文献，包括党的决议、会议纪要等总计 400 多万字。毛泽东运用唯物史观研究党史，所作的《中国革命和中国共产党》《新民主主义论》等系列著作成为经典名作。1945 年 4 月 20 日，中共六届七中全会通过了《关于若干历史问题的决议》，这份决议全面分析和总结了中国共产党成立以来尤其是六届六中全会以来的一系列重大是非问题，是中国共产党在革命和建设时期学习党史的根本遵循。

党的十一届三中全会以来，我国迎来了改革开放和社会主义现代化建设的新时期。在新时期如何更好地加强历史学习、如何更好地总结和概括历史、如何将历史学习的新成效与社会主义现代化建设相结合？面对这些历史学习的新情况与新问题，以邓小平、江泽民、胡锦涛等为代表的中国共产党人进行了艰辛探索和伟大实践。

邓小平同志说："每个党、每个国家都有自己的历史，只有采取客观的实事求是的态度来分析和总结，才有好处。"[1] 他提出："评价人物和历史，都要提倡全面的科学的观点，防止片面性和感情用事。"[2] 他先后做过 17 次重要谈话，亲自领导和主持起草《关于建国以来党的若干历史问题的决议》，1981 年 6 月党的十一届六中全会通过该决议。决议全面科学地分析新中国成立以来党的历史，彻底否定"文化大革命"，总结党的历史经验教训，科学评价毛泽东同志、毛泽东思想的历史地位，坚持毛泽东思想的指导作用，并确立中国特色社会主义现代化建设的正确道路，为党和国家发展确定了正确方向。这标志着我们党完成了指导思想上的拨乱反正，走上了改革开放和现代化建设新道路。1982 年 9 月，邓小平致党的十二大开幕词指出："把马克思主义的普遍真理同我国的具体实际结合起来，走自己的道路，建设有中国特色的社会主义，这就是我们总结长期历史经验得出的基本结论。"[3] 邓小平同志特别重视历史教育功能，把历史和历史教育看作是"中国发展的一个精神动力"。强调

---

[1]邓小平. 总结历史是为了开辟未来［M］//邓小平. 邓小平文选：第 3 卷. 北京：人民出版社，1993：272.

[2]邓小平. 目前的形势和任务［M］//邓小平. 邓小平文选：第 2 卷. 北京：人民出版社，1994：244.

[3]邓小平. 中国共产党第十二次全国代表大会开幕词［M］//邓小平. 邓小平文选：第 3 卷. 北京：人民出版社，1993：3.

指出:"要学点历史。青年人不知道我们的历史,特别是中国革命史、中国共产党的历史。"学习中国的历史、中国革命史有助于了解新中国是怎么成长起来的,有助于了解中国人民的光荣革命传统,激发爱国主义热情,增强民族自尊心和自信心。他号召"要用历史教育青年,教育人民"。强调历史教育的意义在于发扬民族精神、廉洁奉公的精神、爱国主义精神,发扬奋发图强的拼搏精神,自力更生、艰苦创业的精神,坚持共产主义思想和道德;通过总结历史经验,把握历史发展规律,"总结过去是为了引导大家团结一致向前看"。

20世纪80年代末,面对国内思想意识领域出现的变化,江泽民同志对努力学习中国历史,特别是中国近现代历史和党的历史都做出了深刻论述。强调指出,我们中华民族以历史悠久著称于世,我们党在领导革命、建设和改革的过程中,一贯重视对历史经验的借鉴和运用,"要努力学习中国历史特别是中国近现代历史和党的历史,并通过这种学习努力掌握和发扬中华民族的优良传统和党的优良传统"[1]。他指出"我们共产党人是历史唯物主义者""党的历史上许多光荣传统,就是我们党的极为重要的政治优势。在这方面,我们可以从中吸取大量的历史经验和精神力量""让它发挥社会教育功能"。[2] 同时,他还提出"我们党领导人民进行革命、建设和改革的历史,是一部蕴含和体现马列主义、毛泽东思想和邓小平理论的活生生的教科书",因此要"重视党史工作,充分发挥党史资政育人的作用"。[3] 此外,江泽民还多次总结党的历史、新中国的历史、改革开放的历史、马克思主义发展史、中国青年运动史,以及"两弹一星"精神、长征精神、五四光荣传统等,从中总结历史经验,指明发展方向,获得前行的动力。比如,在庆祝中国共产党成立七十周年大会上,他指出:"七十年来的历史证明,只有在中国共产党领导下,走社会主义道路,国家才能强盛,民族才能振兴,人民才能富裕。"[4] 在中国共产党第十五次全国代表大会上他又重申了这一观点,指出:"百余年巨变得出的结论是:只有中国共产党才能领导中国人民取得民族独立、人民解放和社会主义的胜利,才能开创建设有中国特色社会主义的道路,实现民族振兴、

---

① 江泽民. 领导干部要切实加强学习 [M] // 江泽民. 论党的建设. 北京:中央文献出版社,2001:93.

② 江泽民. 在上海党史工作会议上的讲话 [J]. 中共党史研究,1989 (5):3.

③ 江泽民总书记致中共中央党研究室的信 [J]. 党史博采,1999 (1):1.

④ 中共中央党史和文献研究室. 十三大以来重要文献选编:下 [M]. 北京:中央文献出版社,2011:171.

国家富强和人民幸福。"① 针对党员干部，他提出明确要求："今天的中国是历史的中国的发展，作为当代中国的领导干部，如果不了解中国的历史，特别是中国的近代史、现代史和我们党的历史，就不可能认识和把握中国社会发展的客观规律，继承和发扬我们党在长期斗争中形成的光荣传统，也就不能胜任领导建设有中国特色社会主义的职责。"他指出："党的历史上许多光荣传统，就是我们党的极为重要的政治优势。在这方面，我们可以从中吸取大量的历史经验和精神力量。我们可以利用党的优良传统，教育我们的党员和干部，坚定共产主义理想和信念，坚定为人民服务的宗旨，坚定共产党人的价值观。"② 针对青年群体，他多次强调指出，"要坚持进行爱国主义、集体主义、社会主义思想和共产主义理想的教育，进行中国近代史、现代史教育和国情教育，增强民族自尊、自信、自强的精神"。民族精神和时代精神是中华民族自强不息、劈波斩浪、开拓前进的不竭动力。中国革命史和中共党史是一部活生生的马克思主义理论教科书，历史教育要充分发挥其理论教育功能，以加强全党思想建设，提高全党全社会的政治理论水平，提出"希望各级党委重视党史工作，充分发挥党史资政育人的作用"。

进入 21 世纪，面对改革发展的艰巨任务和深刻变化的国际环境，胡锦涛进一步指出，"正确地对待历史，善于总结经验"是"一个郑重的马克思主义政党成熟的重要标志"，在庆祝中国共产党成立九十周年大会上，他深刻总结了中国共产党 90 年的光辉成绩和历史经验，强调指出："事实充分证明，在近代以来中国社会发展进步的壮阔进程中，历史和人民选择了中国共产党，选择了马克思主义，选择了社会主义道路，选择了改革开放。"③ 他要求广大中青年干部进一步学习党的知识和党的历史，深入了解党的优良传统和作风。强调指出："要通过开展各种纪念教育活动，促进广大中青年干部进一步学习党的知识和党的历史，深入了解党的优良传统和作风，不断增强党的意识，更加坚定自觉地为党的事业而奋斗。"④ 2003 年 11 月 24 日，他在中共十六届中央政治局第九次集体学习时的讲话中强调要继续重视对历史经验的借鉴和运用，更加重视学习历史知识，用中国历史特别是中国革命史来教育党员干部和人民。通过学习中国历史、世界历史，培养深远的历史眼光、宽广的世界眼光，善于从中外历史的经验和教训中认识把握历史发展进步规律与时代

① 江泽民文选：第二卷 [M]. 北京：人民出版社，2006：3.
② 江泽民. 在上海党史工作会议上的讲话 [J]. 中共党史研究，1989 (5)：1—4.
③ 胡锦涛文选：第 3 卷 [J]. 北京：人民出版社，2016：524.
④ 习近平. 在党史学习教育动员大会上的讲话 [J]. 求是，2021 (7)：6.

发展大势，增强历史主动性。2006 年他强调要把学习中国革命史"与推进马克思主义的中国化紧密结合起来""与加强理想信念教育紧密结合起来""与弘扬民族精神和时代精神紧密结合起来""与加强党的先进性建设紧密结合起来"。[①] 强调指出，"只有铭记历史，特别是铭记我们党领导人民创造的中国革命史，才能深刻了解过去、全面把握现在、正确创造未来"[②]。

党的十八大以来，在继承毛泽东、邓小平等老一辈共产党人历史学习思想的基础上，习近平总书记直面新时代"两个大局"，针对历史学习内容，在加强党史学习的基础上，就加强和统筹"四史"学习研究发表了一系列重要讲话，形成了关于整体推进"四史"学习的新论述，立意高远、内涵深刻，为新时代加强以党史为重点的"四史"学习提供了行动指南。

2012 年 11 月 15 日，习近平总书记在十八届中央政治局常委同中外记者见面时的简短讲话中，就高度凝练地从历史的角度概括"我们肩上的重大责任"。[③] 11 月 29 日，习近平总书记在参观复兴之路展览时，又从"近代以后""改革开放以来"的历史总结中，第一次正式提出"实现中华民族伟大复兴是中华民族近代以来最伟大的梦想"。[④] 2013 年 3 月 17 日，习近平总书记在十二届全国人大一次会议上的讲话中，颇具历史思维地指出中国特色社会主义"这条道路来之不易，它是在改革开放 30 多年的伟大实践中走出来的，是在中华人民共和国成立 60 多年的持续探索中走出来的，是在对近代以来 170 多年中华民族发展历程的深刻总结中走出来的，是在对中华民族 5000 多年悠久文明的传承中走出来的，具有深厚的历史渊源和广泛的现实基础"，从而阐述了走中国特色社会主义道路的历史必然性。[⑤] 2013 年 6 月 25 日，习近平总书记在主持十八届中央政治局第七次集体学习时，强调"要在对历史的深入思考中更好走向未来，交出发展中国特色社会主义合格答卷"，明确把学习党史、新中国史提高到"坚持和发展中国特色社会主义、把党和国家各项事业继续推向前进的必修课"的战略层面，指出"这门功课不仅必修，而且必须修好"。2015 年 8 月 23 日，习近平总书记在致第二十二届国际历史科学大会

①胡锦涛. 在十六届中央政治局第三十三次集体学习时的讲话 [N]. 人民日报，2006-07-26.

②胡锦涛. 在十六届中央政治局第三十三次集体学习时的讲话 [N]. 人民日报，2006-07-26.

③习近平. 人民对美好生活的向往，就是我们的奋斗目标 [A]. 习近平谈治国理政：第一卷 [C]. 北京：外文出版社，2014：164.

④习近平. 实现中华民族伟大复兴是中华民族近代以来最伟大的梦想 [A]. 习近平谈治国理政：第一卷 [C]. 北京：外文出版社，2014：35.

⑤习近平. 在第十二届全国人民代表大会第一次会上的讲话 [A]. 习近平谈治国理政：第一卷 [C]. 北京：外文出版社，2014：39—40.

的贺信中指出，"中国有着5000多年连续发展的文明史，观察历史的中国是观察当代的中国的一个重要角度。不了解中国历史和文化，尤其是不了解近代以来的中国历史和文化，就很难全面把握当代中国的社会状况，很难全面把握当代中国人民的抱负和梦想，很难全面把握中国人民选择的发展道路"。① 2016年7月1日，习近平总书记在庆祝建党95周年大会上的讲话中指出，"一切向前走，都不能忘记走过的路；走得再远、走到再光辉的未来，也不能忘记走过的过去，不能忘记为什么出发"，中国共产党人要牢记党的初心和使命，善于"总结历史经验、把握历史规律，增强开拓前进的勇气和力量"。② 2016年12月4日，《中共中央、国务院关于加强和改进新形势下高校思想政治工作的意见》中明确指出，高校要"深化中国共产党史、中华人民共和国史、改革开放史和社会主义发展史学习教育"。③ 此后，习近平总书记多次强调要加强"四史"教育，并且逐步明确了"党史、新中国史、改革开放史和社会主义发展史"的规范化表述，为开展"四史"教育奠定了基础。2017年9月29日，习近平总书记在主持十八届中央政治局第四十三次集体学习时，从"世界社会主义500年的大视野"指明"我们处在马克思主义所指明的历史时代"，我们必须"对马克思主义保持坚定信心、对社会主义保持必胜信念"。④ 这种高度的历史眼光和历史思维给人留下深刻印象，同时这也是习近平总书记从历史的视野阐述中国特色社会主义事业发展和中华民族伟大复兴中国梦的典型体现。2019年9月，习近平总书记在河南考察时指出，"要讲好党的故事、革命的故事、根据地的故事、英雄和烈士的故事"，确保红色江山永不变色。2020年9月22日，习近平总书记在教育文化卫生体育领域专家代表座谈会上要求加强"四史"教育，加强爱国主义、集体主义、社会主义教育，引导人们坚定"四个自信"。2021年2月，习近平总书记在党史学习教育动员大会上提出"学史明理、学史增信、学史崇德、学史力行"的新论断。2021年7月，习近平总书记在庆祝中国共产党成立100周年大会上的讲话中9次提到"以史为鉴、开创未来"。

习近平总书记在多个场合强调指出，"以史为鉴，才能避免重蹈覆辙。对

①习近平致第二十二届国际历史科学大会的贺信 [N]. 人民日报，2015-08-24 (1).

②习近平. 不忘初心，继续前进 [A]. 习近平谈治国理政：第二卷 [C]. 北京：外文出版社，2017：32.

③中共中央党史和文献研究室. 十八大以来重要文献选编：下 [M]. 北京：中央文献出版社，2018：482.

④习近平. 继续推进马克思主义中国化时代化大众化 [A]. 习近平谈治国理政：第二卷 [C]. 北京：外文出版社，2017：66.

历史，我们要心怀敬畏、心怀良知""几千年来人类积累的一切理性知识和实践知识依然是人类创造性前进的重要基础""我们要不畏浮云遮望眼，善于拨云见日，把握历史规律，认清世界大势"。同时，强调指出，要坚持唯物史观、大历史观和树立正确党史观；强调要把党的历史与中华民族 5000 多年文明史、世界社会主义 500 多年发展史、中华民族近代以来 180 多年的历史整体结合起来进行考察，运用大历史观揭示历史规律和把握历史大势；强调把学习党史与新中国史、改革开放史、社会主义发展史有机结合，运用大历史观来总结历史经验，不断深化对共产党执政规律、社会主义建设规律、人类社会发展规律的把握认识。以上这一系列重要论述，重要观点、重要论断都成为历史学习教育的根本指南，更加有力地推动了历史学习、历史研究、历史教育的发展。

（二）建党以来中国共产党的历史教育实践

中国共产党历来就善于从历史特别是党史等近现代社会历史中汲取智慧力量，以史为鉴。这既是中国共产党加强自身建设、领导革命建设改革的重要精神资源和力量来源，也是党长期以来的优良传统。

1. 筚路蓝缕——新民主主义革命时期的历史教育实践

新民主主义革命早期，处于幼年的中国共产党对历史研究与教育尚处在自发的状态。这一时期流传下来的党史和革命史专题文本多为党的早期领导人的报告或讲稿等。但即便如此，党的早期领导人对党史和中国革命史之于中国革命的"绝大关系"，仍然有着非常清醒而深刻的认识。《中国共产党第一个决议》明确提出要用工人运动史、马克思主义唯物史观、马克思主义发展史教育引导工人阶级，这标志着中国共产党"以史育人"工作的正式开始。1921 年 8 月，在上海成立的中国劳动组合书记部用资本主义发展史、工人阶级受压迫的历史教育警醒广大工人阶级。在共产党员邓中夏、瞿秋白等人的悉心筹划下，上海大学社会学系开设"社会进化史""社会运动史""社会思想史"等课程，李大钊、瞿秋白等理论家在此执教，传播马克思主义。广州农民运动讲习所开设的必修课程包括"帝国主义侵略简史""中国民族革命史""各国革命史"。蔡和森的《中国共产党史的发展（提纲）——中国共产党的发展及其使命》被公认为第一部党史专著，这是他于 1926 年上半年在莫斯科中山大学所作的报告，他在报告中作了如下说明："党史"这个题目比"政治经济和国民运动"更重要，因为对于"究竟我党现在已到了一个什么阶段、发展到什么一个程度呢？以及发展的道路是怎样呢？"这些至关重要的问题，"不是绝对空想所能答复的，而是必须以历史的方法答复的，故我先报告党的历史"。[①] 延安时期，中国共产党开始系统地组织党史、革命史和中国近代史研究和教育，不仅党史、革命史等成为干部教育的重要内容，而且成立专门的机构和专事此项工作的人员。1945 年 4 月，党的六届七中全会通过了党史上的第一份历史决议——《关于若干历史问题的决议》，全面总结了中国共产党成立至抗日战争全面爆发的历史，对加强党的历史和革命史教育、加强党内思想统一起到了重要的规范和指导作用。

关于中国近代史的研究，很多是在毛泽东的直接号召下开展的。1939 年 1 月 17 日，毛泽东在与何干之的通信中明确地肯定了研究中国史的重要性，认为何干之打算研究民族史，"是很好的"，而且明确表示了"将来拟研究近代史"的想法。[②] 1941 年 5 月 19 日，毛泽东在谈论全党学习任务时指出，"不论是百余年的和古代的中国史，在许多党员的心目中还是漆黑一团""特别重要的是中国共产党的历史和鸦片战争以来的中国百余年史，真正懂得的很少"，所以"对于百余年的中国史，应聚集人材，分工合作地去做，克服无组织的状态"。[③] 之后，范文澜主持编写的《中国近代史》第一分册于 1946 年在延安出版。

党史和革命史教育也是这一时期干部教育的重要内容。中国共产党所创办的陕北公学、抗日军政大学（以下简称"抗大"）、马列学院等学校，都将党史或革命史列为重点课程。抗大历史教育的主要课程有"联共（布）党史""中国问题""世界革命运动史""中国现代革命史""党的建设"等。抗大思政课的历史教育，无论教材编写还是讲授人员，都充分体现出党的高度重视。如《中国问题》由张闻天主持编写，主要从中国革命运动史角度讲中国革命基本问题和抗日民族统一战线救国政策。有些历史课程由领导人亲自讲授，如抗大第二期，张闻天讲授"中国革命问题"，朱德讲授"党的建设问题"，董必武讲授"中国现代革命史"，等等。陕北公学也开设了一系列思想政治理论课，历史教育是其中的核心内容之一。陕北公学高级班开设了"中国革命运动史"（授课内容为中国革命运动历史背景、特点和方式）、"马列主义""辩证唯物主义""政治经济学""中国问题"等课程。后期，陕北公学还开设了"党的建设""中国古代史""社会发展史""世界革命史"等课程。在陕北公学，曾有毛泽东、周恩来、朱德等领导同志来校上课或演讲，足见党对思政教育工作的高度重视。陕北公学创新育人模式，强调理论联系实际，根据

---

①中央档案馆. 中共党史报告选编［M］. 北京：中共中央党校出版社，1982：1—2.

②毛泽东书信选集［M］. 北京：中央文献出版社，2003：123.

③毛泽东选集：第 3 卷［M］. 北京：人民出版社，1991：795.

抗战的实际情况和需要，开设了关注历史与现实的抗日民族统一战线、游击战争等课程。在校园文化中，学校剧团挖掘历史素材，排演优秀剧目，使学生成长为具有共产主义理想的革命战士。

在延安，除了抗大、陕北公学外，还有中央党校、马列学院、毛泽东青年干部学院、行政学院、军事学院、民族学院、延安大学、师范学院等学校。各学校具体课程虽有不同，但"中国革命史"是必修科目。在职干部中，担任主要负责工作的老干部，以学习联共（布）党史及马列著作为主；文化水平较高而党龄较短的新干部，以学习党的建设、中国革命史、统一战线为主。延安高校在人才培养上的贡献是巨大的、历史教育的成效是显著的，如抗大从1936—1945年共培养了10多万名革命干部（包括抗大各分校）。陕北公学从1937年成立到1939年，共培养了1万多名干部，为中国革命做出了重大的历史性贡献。马列学院从成立到1941年改组，"共开办三年，招生五届，全部学员先后有八九百人之多""为我们党锤炼了数百名无产阶级革命战士"，同时还培养了许多"青年知识分子"和"工农干部"。[1] 1941年改组后的马列研究院和中央研究院，以及解放战争时期成立的华北大学（中国人民大学的前身），均设有历史研究室。

由此可见，在战争年代应运而生的中国共产党，非但没有因为战乱而放松对自身历史和中国革命运动史等的重视，而且始终将其作为认识中国革命基本问题、制定革命路线、开创革命新局面的历史依据和重要前提，同时还将其纳入干部教育体系之中，一直延续至今。

2. 雄关漫道——社会主义革命与建设时期的历史教育实践

新民主主义革命的胜利和新中国的成立，为中国共产党在全国范围内统筹学术和教育资源、全面开展近代以来历史研究和教育工作提供了必要条件。相应地，中国共产党的历史研究和教育工作也进入了一个新的阶段。

中华人民共和国成立后，党对中国历史的研究有增无减，在学术组织、研究人员、学术活动、史料整理等方面给予了大力支持，并正式开始系统研究"中国百余年史"。1950年5月，中国科学院近代史研究所成立，这是新中国成立的第一个国家级史学研究机构。在史学研究领域，新中国首先不是建立历史研究所，而是近代史研究所，党对中国近代史的重视由此可见一斑。近代史研究所成立后开始延揽各方人才，至1958年，所内研究人员增加到58人，"大跃进"后，不算翻译和辅助业务人员在内的专门研究人员已达89人

---

①吴介民. 延安马列学院回忆录［M］. 北京：中国社会科学出版社，1991：1.

之多，到 1964 年更是达到 100 人，近代史研究力量得到空前的加强。另外，为加强近代史研究后备人才的培养和储备，中科院在招生的名额上明显向近代史研究所倾斜，这为繁荣近代史研究注入了新的活力。党对中国近现代史研究的重视由此可见一斑。

同时，历史教育也仍然很受重视。1951 年 3 月，《中共中央关于加强理论教育的决定的通知》规定，在实施党内理论教育时，根据党员"理解能力的发展程度"，针对理论常识的学习，"应当着重利用历史的叙述来讲授马克思列宁主义、毛泽东思想的主要内容，帮助学习者从科学的即历史的观点来认识现实"。[①] 为适应培养千百万革命事业的接班人的需要，1953 年 6 月，教育部门发出通知，规定在高等学校和中等专业学校普遍开设以中国革命史等为内容的马克思主义思想政治教育课程。中学普遍开设中外古代到近现代的历史课程，历史教育是各级党校的主要教学内容，在综合大学和师范院校一般均设立历史专业，对于弘扬爱国主义、集体主义精神具有积极作用。到了1956 年，教育部规定大学二年级开设"中国革命史"。"中国革命史"是以"五四运动"以来中国人民反抗外来侵略者和本国反动势力的理论、实践和过程为授课内容，讲授毛泽东思想的基本理论知识。学生了解了中国革命的基本问题，提高了思想觉悟和政治水平，为投身祖国建设奠定了思想基础。1957 年底，高校政治课的教育变成"社会主义教育"。1958 年，"社会主义教育"改为"马列主义基础"。1959 年，高校政治理论课有四门，即"社会主义""政治经济学""哲学"和"中共党史"，"中共党史"成为其历史教育的主要内容。1961 年，教育部针对高校学生缺乏马列主义系统性教育的情况，提出了开展政治理论教育的要求，所有院校都开设有"马克思列宁主义概论"和"中共党史"，而文科院校还要多两门课程，即"政治经济学"和"哲学"。"中共党史"成为所有院校开设的思政课程，讲述中国共产党产生、发展的历史。通过"中共党史"课程的学习，学生初步掌握了马克思列宁主义与中国具体实际相结合的发展，增强了对党的正确认识。

3. 人间正道——改革开放和社会主义现代化建设新时期的历史教育实践

改革开放之后，党史、革命史、近现代史等的研究和教育工作进一步拓展和深化，特别是面对改革开放过程中的新形势、新情况、新问题，历史研究和教育的"社会教育"和"资政育人"功能逐步凸显。

---

①中共中央文献研究室. 建国以来重要文献选编：第 2 册 [M]. 北京：中央文献出版社，1992：124.

1978 年 4 月，教育部印发《关于加强高等学校马克思主义理论教育的意见》，将马列主义理论课列为高校的必修课，高校普遍开设辩证唯物主义与历史唯物主义、中国共产党党史和国际共产主义运动史等课程。1981 年 6 月，党的十一届六中全会通过的《关于建国以来党的若干历史问题的决议》，实事求是地评价了毛泽东和毛泽东思想，完成了党的指导思想的拨乱反正，全党掀起了学习《决议》的高潮。1982 年 9 月，党的十二大对精神文明建设的经验作了全面总结，提出要加强祖国历史特别是近代史的教育，带动越来越多的社会成员成为"四有"劳动者。1991 年 7 月 4 日，中共中央作出《关于学习〈毛泽东选集〉第一至四卷第二版的通知》，各级干部特别是县以上领导干部要把《毛泽东选集》作为常读的政治课本。1993 年 11 月 2 日，《邓小平文选》第三卷出版，中宣部组织编写《邓小平建设有中国特色社会主义理论学习纲要》，全党掀起了学习邓小平理论的高潮。1998 年 10 月，江泽民在致信中共中央党史研究室时指出学习理论也要和学习历史结合起来。他还提出加强中国革命史教育，继承和发扬中华民族和中国革命道德、革命精神。

党的十六大之后，以胡锦涛同志为总书记的党中央强化了新时期党史教育的功能和作用。胡锦涛同志指出："在改革发展任务艰巨繁重的新形势下，在深刻变化的国际环境中，我们要更加注重用中国历史特别是中国革命史来教育干部和人民"①"我们不仅要学习中国历史、还要学习世界历史，不仅要有深远的历史眼光，而且要有宽广的世界眼光"。同时，在深刻回顾了党的历史、新中国的历史、改革开放的历史以及中国近代史，在总结历史经验的基础上进一步阐述了党的先进性、中国工人阶级的历史使命、党的优良传统和作风、井冈山精神以及辛亥革命的历史意义等内涵。2010 年，中共中央召开全国党史工作会议，同年颁布《中共中央关于加强和改进新形势下党史工作的意见》，其中指出"党的历史是中国共产党和中华民族的宝贵精神财富，是推进党的建设新的伟大工程和中国特色社会主义伟大事业的重要力量源泉""必须进一步深化党史研究和准确记载反映党的历史、引导广大干部群众正确认识和对待党的历史，必须进一步增强党史宣传教育的吸引力和感染力，必须进一步提高党史工作服务改革发展稳定大局水平"。②

与此同时，高校党史、革命史、近现代史方面的教育也很受重视。高校

---

①胡锦涛. 胡锦涛在中共中央政治局第三十三次集体学习时强调：坚持不懈地学习中国革命史，发扬光大党的光荣革命传统［N］. 人民日报，2006-07-26.

②中共中央文献研究室. 十七大以来重要文献选编：中［M］. 北京：中央文献出版社，2011：785－786.

思政课教育将历史教育列为必修课程和重要内容，课程内容经历了从中国共产党历史、国际共产主义运动史、中国革命史到中国近现代史。从 1978 年到 1984 年，思想政治理论课开设了"辩证唯物主义和历史唯物主义""政治经济学""中共党史"和"国际共产主义运动史"四门课程。其中历史教育比重较大，"中共党史"和"国际共产主义运动史"占了两门课程。1985 年，国家教委发布思想政治理论课程，历史教育内容为"中国革命史"，不再开设"中共党史"。从 1985 年到 1997 年，"中国革命史"与"中国社会主义建设""马克思主义原理""世界政治经济与国际关系"并列，成为思政课的内容之一。1998 年，教育部对高校思政课进一步改革，"马克思主义原理"变为"马克思主义哲学原理""马克思主义政治经济学原理"两门课程，"中国社会主义建设"课程取消，"当代世界经济与政治"成为文科类开设的课程。随着改革开放的发展，课程增开了"毛泽东思想概论""邓小平理论概论""思想道德修养""法律基础""形势与政策"。历史教育内容有所调整，没有单独开设"中国革命史"，而是将其内容融入新增加的"毛泽东思想概论"课程。2005 年，教育部将思政课程调整，形成了"05 方案"。课程变化较大的是开设"马克思主义基本原理概论"，其核心内容包括马克思主义哲学、政治经济学和科学社会主义三个组成部分。开设"毛泽东思想、邓小平理论和'三个代表'重要思想概论"（后更名为"毛泽东思想和中国特色社会主义理论体系概论"，增加了"科学发展观"）。另一个突出的变化是历史教育内容单独成为一门课程——"中国近现代史纲要"。"05 方案"对思政课历史教育更加明确和系统化，课程内容讲授近代中国至今天的历史进程，既是历史课，也是思政课，但又与历史专业课不一样。它对近现代历史发生、发展的背景和过程只进行简单介绍，侧重于通过分析探讨历史进程、历史事件和历史人物，帮助学生了解国史、国情，深刻领会历史和人民是怎样选择了马克思主义，选择了中国共产党，选择了社会主义道路，选择了改革开放。

4. 复兴之路——中国特色社会主义进入新时代以来的历史教育实践

党的十八大以来，以习近平同志为核心的党中央高度重视对历史的总结和应用，把学习历史和以史育人提到了关乎党运国运民族命运的重要高度。2013 年 1 月 5 日，习近平总书记在新进中央委员会委员、候补委员学习贯彻党的十八大精神研讨班上要求"正确认识改革开放前和改革开放后两个历史时期"。2014 年 8 月 31 日，十二届全国人大常委会第十次会议经表决通过了《关于烈士纪念日的决定（草案）》，将 9 月 30 日设立为中国烈士纪念日。忘记历史就意味着背叛，习近平总书记要求全党深入开展中国人民抗日战争研究，必须坚持正确历史观、加强规划和力量整合、加强史料收集和整理、加强舆论宣传工作，让历史说话，用史实发言。2018 年 4 月 27 日，第十三届全国人大常务委员会第二次会议通过了《中华人民共和国英雄烈士保护法》。2018 年 9 月 10 日，习近平总书记在全国教育大会上指出："要在学生中加强中国历史特别是中国近现代史、中国革命史、中国共产党史、中华人民共和国史、中国改革开放史等的教育，坚持不懈培育和弘扬社会主义核心价值观。"中国共产党的历史气势恢宏，是一部抗争史、探索史，也是一部奋斗史和创业史，对广大党员干部、青年学生具有育人作用。2019 年 7 月 31 日，党中央印发《关于在"不忘初心、牢记使命"主题教育中认真学习党史、新中国史的通知》，号召党员干部学习党史、新中国史。2020 年 1 月 8 日，习近平总书记在"不忘初心、牢记使命"主题教育总结大会上号召把学习贯彻党的创新理论同学习"四史"结合起来。2020 年 6 月 27 日，习近平总书记给复旦大学回信，号召全体党员结合学习"四史"来学习马克思主义理论，把"四史"贯穿高校立德树人全过程、融入教育教学各环节、师生学习生活各方面。2020 年 10 月，教育部正式启动"四史"大学生读本编写工作。2021 年 2 月 20 日习近平总书记在党史学习教育动员大会上，号召全党"必须把党的历史学习好、总结好，把党的成功经验传承好、发扬好"。2021 年 4 月教育部办公厅印发《关于在思政课中加强以党史教育为重点的"四史"教育的通知》，要求高校思政课要进一步深化以党史教育为重点的"四史"教育。2021 年 7 月，《习近平在庆祝中国共产党成立 100 周年大会上的讲话》出版，全党掀起学习热潮。

　　为贯彻落实习近平总书记关于思想政治教育的一系列重要讲话精神，中共中央、国务院出台了多个相关文件，并在文件中对落实思政课历史教育做出了具体规定和部署。2017 年 2 月，中共中央、国务院印发的《关于加强和改进新形势下高校思想政治工作的意见》指出，"深化中国共产党史、中华人民共和国史、改革开放史和社会主义发展史学习教育，继承革命传统，传承红色基因。充分利用我国改革发展的伟大成就、重大历史事件纪念活动、爱国主义教育基地、国家公祭仪式等组织开展主题教育"。2019 年 8 月，中共中央办公厅、国务院办公厅印发《关于深化新时代学校思想政治理论课改革创新的若干意见》，意见中关于"调整创新思政课课程体系"的内容之一就是在大学生中开设"党史、新中国史、改革开放史、社会主义发展史"的选择性必修课程。2020 年 12 月，中共中央宣传部、教育部印发《新时代学校思想政治理论课改革创新实施方案》，规定大学本科必修课程中的历史教育课程"中国近现代史纲要"为 3 学分；大学阶段选择性必修课程，各高校结合本校实际，确保学生至少从"党史""新中国史""改革开放史""社会主义发展史"中选修 1 门课程，并从 2021 年秋季入学的新生开始实施。在"05 方案"中，"中国近现代史纲要"为 2 学分，2020 年的实施方案中为 3 学分，高校思政课对历史的教育较之以前加强了。2021 年 11 月 30 日教育部印发《高等学校思想政治理论课建设标准（2021 年本）》，"四史"教育在课程设置中被强调，规定积极创造条件开设本科生和研究生层次思想政治理论课的选修课。要重点围绕习近平新时代中国特色社会主义思想、党史、新中国史、改革开放史、社会主义发展史、宪法法律和中华优秀传统文化等设定课程模块，开设系列选择性必修课程。这些文件规定为当前将"四史"教育融入高校思想政治理论课教学作出了总体部署，提出了明确要求，是新时代高校思想政治理论课发展创新的着力点和有效路径。

第二节　高校思政课"以史育人"教学模式的理论逻辑

习近平总书记强调，"要把学习贯彻党的创新理论作为思想武装的重中之重，同学习马克思主义基本原理贯通起来，同学习党史、新中国史、改革开放史、社会主义发展史结合起来"。[①] 党史、新中国史、改革开放史、社会主义发展史是中国共产党领导中国人民完成重大历史任务、不断建设中国特色社会主义的历史总结，是"中华民族发展史上不能忘却、不容否定的壮丽篇章，也是中国人民和中华民族继往开来、奋勇前进的现实基础"。[②]"四史"中蕴含着深厚的理论资源、丰富的实践经验和伟大的精神力量，是"最好的教科书"，是青年大学生成长成才、勇担使命的必修课。"四史"教育，需借助一定的载体和方式方法，帮助学生在历史中汲取智慧和力量，从而发挥以史明智、以史育人的作用。思想政治理论课承担着系统开展马克思主义理论教育和价值观引导的重要任务，是资政育人的主渠道。"四史"教育的功能和目的契合了高校思想政治理论课的使命和要求，且二者在教学目标、教学内容、教学要求上内在统一。因此，作为铸魂育人主阵地的高校思想政治理论课理

①中共中央党史研究室. 历史是最好的教科书：学习习近平同志关于党的历史的重要论述［M］. 北京：中共党史出版社，2014.

②中共中央党史和文献研究院. 十八大以来重要文献选编：下［M］. 北京：中央文献出版社，2018：343.

应成为"四史"教育的主渠道,"四史"教育融入高校思想政治理论课势在必行。

一、两者在根本理论立场上具有同根性

"四史"教育的直接理论来源是唯物史观。数次伟大实践证明,马克思主义理论是历史和人民的最终抉择,在党的引领下,中国人民彻底实现了民主富强、自由平等、稳定安康的幸福生活。可见,中国共产党带领全国各族人民取得历史性的伟大成就浓缩在"四史"教育中。讲好"四史",办好思政课,归根到底就是要坚持马克思主义,开展马克思主义理论教育,引导师生真学、真懂、真信、真用马克思主义。"四史"是一部关于马克思主义与世情国情相结合的实践史。马克思主义基本原理是贯穿"四史"的世界观和方法论原则,其以科学世界观和方法论统领"四史"的内容和走向,贯通于"四史"学习教育全过程,因而成为厘清历史脉络和把握历史规律的重要法宝。高校思政课作为传播马克思主义理论的途径和载体,始终围绕马克思主义及其中国化时代化的理论成果进行教学育人,目的在于引导学生掌握马克思主义理论,运用马克思主义观察、分析和解决问题,进而坚定对马克思主义的信仰。推进二者有机融合,不仅有助于进一步巩固和深化马克思主义的优秀理论成果,也将为在融合中不断创新理论成果、开拓马克思主义在中国发展新境界提供实现路径。

二、两者在价值取向上具有契合性

"四史"是党的自身建设史、马克思主义中国化的理论创新和实践史、中华民族的成长奋斗史,党的领导是贯穿"四史"教育始终的主线,中华民族伟大复兴是"四史"教育蕴藏的共同主题。从知识教育层面看,高校"四史"教育是通过对学生进行相关内容讲授,以丰富学生的历史知识、开阔学生的历史视野,将学生培养成为"四史"理论素养深厚的新时代大学生。从更宏观、更长远的视角看,高校"四史"教育则是力图在相关理论知识的感染与熏陶之下,深化学生对党和国家所经历的苦难与辉煌并存的岁月的认知,引导学生对党和国家发展过程中的风雨历程、辉煌成就及经验教训形成客观、理性的认识,进而完成为党和国家建设培养具有敏锐政治思维、明确政治方向、坚定政治定力的后备军的教育任务。

在大学生中开展"四史"教育,并不是简单讲授历史知识,而是要塑造唯物史观、锻炼历史思维和能力,在科学把握历史发展规律的基础上,强化

大学生对中国特色社会主义道路、理论、制度和文化的认同与自信，做到知史爱党、知史爱国，进而树立崇高理想、坚定科学信仰。因此，"四史"教育，绝不能就史论史，必须坚持把"四史"教育与现实发展、未来方向结合起来，在史今对比中感受现实生活的美好，领悟现实面临的挑战，在历史发展规律中把握社会前进的方向和身担的责任使命；必须坚持知识传授与价值导引相统一，遵循"起始于讲授历史知识、着眼于培育正确历史观、落脚于增强使命担当"的教学逻辑；必须坚持内容严肃与形式活泼相统一，要尊重历史，在正确的政治导向下，以真实、客观的史实为教学内容，同时借助符合大学生认知规律和需要的形式与载体，使"四史"可近可感可识。这种基于历史的爱国主义教育，有利于让学生利用辩证的、发展的眼光，站在历史的、民族的视角下，真切感知各个重大历史时期中国共产党审时度势、高瞻远瞩的革命智慧和时代抉择，进而获得参与感、亲历感，进而形成最广泛的政治认同。有利于让学生亲身感受当代中国发展脉络和时代血脉，进而建立对国家政治制度和社会制度的历史认同和政治认同。

高校思想政治理论课是以理论知识为载体的价值观教育，承担着以马克思主义理论和党的理论创新成果武装学生头脑的基本任务。是"事关办什么样的大学、怎样办大学的根本问题，事关党对高校的领导，事关中国特色社会主义事业后继有人，是一项重大的政治任务和战略工程"。这三个"事关"从党的领导、社会主义办学方向和中国特色社会主义事业的视角深刻揭示了高校思想政治教育的政治属性。这要求思想政治理论课教学必须"以透彻的学理分析回应学生，以彻底的思想理论说服学生，用真理的强大力量引导学生"，要"寓价值观引导于知识传授之中"，[①] 着力解决学生的思想认识问题和理想信念问题。这就意味着，"四史"教育与思想政治理论课的教学要求高度一致，都强调与青年学生的认知规律、思维特质和学习接受特点相契合，与思想政治教育的内在规律相契合，与"办好人民满意的教育"这一新时代要求相契合，"四史"学习教育与思政课之间的这种性质耦合，充分表明"四史"教育与思政课在为党育人、为国育才的价值取向方面具有高度一致性。

三、两者在教学目标上具有一致性

从目标任务来看，"四史"教育是借助历史分析的研究方法，立足不同视角观察和分析历史发展进程中存在的历史事件和历史人物，旨在"总结历史

---

①习近平. 思政课是落实立德树人根本任务的关键课程 ［EB/OL］. http：//www. qstheory. cn/dukan/qs/2020-08/31/c_1126430247. htm.

经验、把握历史规律，增强开拓前进的勇气和力量"。①"四史"包含了不同主题的历史进程，其教育目标亦有所差别和侧重：学习始终坚持自我革命、理论创新和不懈奋斗的党史，就是要从党的百余年风云激荡中、从党的伟大事业的开拓创新中、在全心全意践行党的宗旨中，不断深化对党的信赖，坚定对党的领导的信念，引导帮助大学生深刻领悟历史和人民选择马克思主义、选择中国共产党的必然性，深刻领悟中国共产党为什么"能"。学习探索和发展走自己的路、在拼搏斗争中取得历史性成就的新中国史，目的就是要深化对新中国成立以来党带领人民为实现国家富强、民族振兴、人民幸福的奋斗史的认识，深刻领悟中国特色社会主义为什么"好"，从中厚植爱国主义精神，激发实现中华民族伟大复兴的磅礴力量。学习勇于创新、破除发展障碍，不断解放生产力的改革开放史，就是要学习 40 多年来党领导人民勇于开辟新路、勇于自我革命的历史，深刻理解改革开放的发展历程，在适应时代的要求和满足人民日益增长的美好生活需要中形成的伟大经验和精神财富。学习从萌芽到壮大、由重大挫折到焕发新机的社会主义发展史，就是要学习理解社会主义理论的发展历程，正确认识社会主义取代资本主义的必然性、长期性、曲折性。通过对中外以及历史上其他社会主义国家建设的经验和教训的比较认识，深化对共产党执政规律、社会主义建设规律、人类社会发展规律的认识，深刻理解马克思主义为什么"行"。但"四史"并不是相互割裂、独立的历史阶段，彼此之间有着深刻的内在联系，体现着中国共产党和中国人民持续奋斗，不断开辟中国特色社会主义现代化道路、推进中华民族伟大复兴的历史进程。系统开展"四史"教育，使青年学生从整体上把握"四史"蕴含的实现民族复兴的实践主题、中国共产党领导的实践主线，在学习"四史"的实践历程和非凡成就中坚持党的全面领导，坚定"四个自信"，不断增强坚持和发展中国特色社会主义、实现中华民族伟大复兴的定力和决心。

高校思想政治理论课是落实立德树人根本任务的关键课程，其目的在于用马克思主义理论铸魂育人，教育学生坚定理想信念，"增强使命担当，引导学生矢志不渝听党话、跟党走，争做社会主义合格建设者和可靠接班人"。②因此，就本质而言，"四史"教育与思想政治理论课铸魂育人的教学目标相一致。二者均借助一定的知识、理论为载体，寓价值观引导于知识教学之中，

---

①中共中央党史和文献研究院. 十八大以来重要文献选编：下 [M]. 北京：中央文献出版社，2018：345.

②本书编写组. 关于深化新时代学校思想政治理论课改革创新的若干意见 [M]. 北京：人民出版社，2019：5.

为党育人、为国育才，不断夯实中华民族伟大复兴的人才基础。

四、两者在教学内容上具有贯通性

教学内容是服务教学目标，实现知识传授、思想灌输、价值引导的载体。"四史"内容丰富而广泛，既包括了重大历史事件、历史人物和历史节点等历史现象，又包括了蕴含在历史现象中的本质、主流和历史发展规律；既涵括了历史实践的成就、经验和教训，又涵括了历史主体在创造历史过程中生成的理论成果、理想信念和爱国奉献等历史精神。广博的历史知识、丰沛的历史思想和民族精神，皆是"四史"教育的主要内容，是塑造唯物史观、筑牢信仰之基的素材和载体。高校"四史"教育的开展有助于丰富大学生的历史知识储备，训练大学生的历史思维能力，引导大学生运用历史规律认识人类社会发展，培养学生形成正确的历史观，进而在科学、正确的历史观的指导下从理论层面和现实层面深刻理解"中国共产党为什么能""马克思主义为什么行""中国特色社会主义为什么好"等重大问题。

高校思想政治理论课教材体系以系统阐释马克思主义世界观和方法论，马克思主义中国化时代化的历史性飞跃，近代中国为完成两大历史任务而进行的探索、斗争及经验以及思想道德教育、社会主义核心价值观教育和社会主义法治教育等为纲，这些内容在本质上是理论化、系统化的"四史"。"马克思主义基本原理概论"讲述了唯物史观的基本内容和社会主义发展的基本历程；"毛泽东思想和中国特色社会主义理论体系概论"从理论创新发展的角度展示了新民主主义革命史、社会主义革命和建设史、改革开放史的进程；"中国近现代史纲要"涵盖了党史、新中国史和改革开放史的主要内容，阐释了中国近现代历史的发展脉络和主题主线；"思想道德与法治"阐释了在革命、建设和改革开放历史进程中塑造的优良传统、理想信念和社会主义核心价值观；"习近平新时代中国特色社会主义思想概论"全面反映了马克思主义中国化时代化最新成果，反映了新时代伟大实践和伟大变革，对于更好用党的创新理论铸魂育人，引导青年学生树立正确的世界观、人生观、价值观，努力成为担当民族复兴大任的时代新人具有重要意义。可以说，"四史"教育与思想政治理论课的教学内容相互贯通，互为表里。

"四史"为马克思主义理论和价值观教育提供了例证素材和论证支撑，思想政治理论课教学内容在整体上为准确把握"四史"的本质与主流提供了世界观、方法论和理论支持。"四史"教育的系统融入，可以培养大学生运用马克思主义中国化时代化的立场和方法分析各种思想观念的能力，让大学生明白我们践行社会主义核心价值观的缘由，把做人的品德和做事的意志相结合。筑牢精神之基需要思想上有坚定的信仰，迈入复兴之路需要心灵上有高度的自信，总的来看，开展"四史"教育与高校思想政治理论课对于我们精神和心灵上的抚慰是具有相同指向的。从纵向来看，"四史"教育与高校思想政治理论课坚持以学习、理解和把握中国社会的发展变化为主线。从横向来看，"四史"教育与高校思想政治理论课在教育目标上是基本一致的。从中可以看出"四史"教育与高校思想政治理论课融合的重要依据，就在于它们在价值取向、目标和内容上的内在契合性，这是加强高校思想政治理论课建设的重要举措，也是系统开展"四史"教育的重要一环。

第三节　高校思政课"以史育人"教学模式的现实逻辑

"四史"教育与高校思想政治理论课的内在关联论证了"四史"教育融入高校思想政治理论课教学的可行性问题，为高校"四史"教育的开展提供了理论依据和指导。同时，无论是从中央决策部署还是从高校"四史"教育所面临的现实情况看，将"四史"融入思政课教学，推进高校思政课"以史育人"教学模式的创新实践也具有强烈的现实需求，恰逢其时，也势在必行。

一、应对意识形态领域面临的风险挑战的迫切需要

中国特色社会主义进入新时代，经济社会发展进入新发展阶段，我国发展环境面临深刻复杂变化，意识形态领域斗争依然复杂，国家安全面临新情况。历史和现实的经验表明，高校是意识形态建设的前沿阵地，国际国内的各种社会思潮都会在高校集中投射、迅速集散，使大学校园成为意识形态争夺的"桥头堡"，给国家意识形态安全带来巨大风险。作为落实立德树人根本任务的关键课程，高校思政课在传导主流意识形态方面发挥着重要的功能和作用。将"四史"融入高校思想政治理论课教学中，不仅有助于新时代大学生树立高度的历史自觉和历史自信，继承和发扬共产党人的精神，激发大学生爱党爱国爱社会主义的精气神，提升新时代高校育人工作和思想政治理论课的严谨性与实效性；同时对于最大限度引导青年学生把个人价值追求转化为国家和社会的共同价值取向，更好地凝聚共识、形成合力也具有十分重要的作用。因此，面对世界范围思想文化交流交融交锋形势下价值观较量的新态势，面对改革开放和发展社会主义市场经济条件下思想意识多元多样多变

的新特点，大力加强青年学子的"四史"教育并将之贯穿思想政治理论课教学全过程，不仅是巩固马克思主义意识形态在高校的指导地位的现实基础，同时也是夯实高校意识形态工作基础的迫切需要。

（一）有效应对大变局的复杂性对意识形态领域所带来的冲击

"以史为鉴，可以知兴替。"中国共产党团结带领全国各族人民取得历史性成就和未来继续胜利、继续成功的密钥均蕴藏在"四史"之中。高校作为思想政治理论教育的主战场之一，对大学生进行"四史"教育，是推进落实高校"立德树人"根本任务、培养中国特色社会主义事业建设者和接班人的必然要求。

随着当下两个"大变局"相互交织、相互激荡，当今世界正处于大发展、大变革、大调整时期，世界多极化和经济全球化的趋势在曲折中发展，和平与发展依然是当今时代的主题，但世界仍旧很不安宁，人类依然面临诸多困难和挑战。这些困难和挑战，既包括世界经济增长不稳定、不确定因素增多，又包括霸权主义、强权政治和新干涉主义有所上升，非传统安全和全球性挑战不断增多。这些问题和挑战反映到意识形态领域，表现为各国争取发展主动权的竞争和价值观的较量日趋激烈。因此，伴随着经济全球化、网络化、信息化、媒介化的迅猛来袭，中国文化的传播和发展可谓挑战和机遇并存。一方面，西方文化以其自视的价值优越性，占据话语霸权，强势输出文化产品。与此相应，一些国人的文化心态自卑心虚，视西方文化为圭臬，因此经济全球化可能导致文化趋同性和同质化；另一方面，若以文化自觉和文化自信的心态超越欧洲中心主义或西方中心主义之局限，秉承"一个世界，多种声音"的多元主义，经济全球化就能为不同文化的发展提供对话和交流的平台，建构一种新的世界主义。我们在看到文化多样性给人们带来正向影响的同时，也应该看到，在新的发展趋势下，随着中国的崛起，以"和平演变"为目的的西方敌对势力也不断地从思想、理论、文化及宗教等各个方面加大对我国的意识形态渗透攻势，从而对我国的意识形态安全构成了重大威胁。且这种渗透已逐渐从政治层面转向了社会层面，所采用的方式、方法和手段不仅越来越具有多样性，同时也越来越具有隐蔽性和欺骗性。他们时而借助国与国之间在文化艺术领域开展的一系列交流与合作的机会，时而打着冠冕堂皇的所谓"自由""民主""人权"等幌子来有意推广，大力传播其"西式"意识形态和价值观念、政策及生活方式等，甚至极力鼓吹诸如人生观上的"极端个人主义"和"享乐主义"、方法论上的"庸俗实用主义"、社会观上的"社会达尔文主义"、政治观上抽象的"民主自由主义思想"，以及历史文化观上的"历史虚无主义"和"民族虚无主义"等形形色色的反马克思主义思潮，大肆宣扬所谓的"意识形态终结论""马克思主义过时论、破产论""社会主义失败论""共产主义渺茫论""中国威胁论"等，想方设法把中国正在坚持实行的改革开放政策与西方资本主义国家实行的一系列政策联系起来，以此来质疑中国改革开放所具有的社会主义性质；叫嚣中国实际上搞的不是社会主义，而应是"国家资本主义"和"新官僚资本主义"，以此来抹黑我们高举的中国特色社会主义旗帜，扰乱我们的思想，动摇人们对马克思主义的信仰，对社会主义的信念，对中国发展的信心等。作为正处于思想波动还比较大的年龄阶段的当代大学生，由于其自身理论水平及分析辨别能力有限，面对西方敌对势力在意识形态领域方面对我国所进行的这些渗透，可能会受到蛊惑、毒害并进而对西方的价值观念盲目崇拜，从而偏离了社会主义核心价值观。大学生"四史"教育不是一门简单的历史学科教育，更是以历史为基础的思想政治理论教育，其出发点和落脚点在于通过汲取历史养分，引导大学生树立正确的党史观、历史观。但各种非主流意识形态和社会思潮的交织和叠加，不仅会挤压大学生"四史"学习的教育空间，同时也会从侧面消减"四史"教育的效果。

（二）有效应对历史虚无主义思潮的兴起对意识形态领域所带来的冲击

历史虚无主义究其本质就是和唯物史观对立的唯心史观，旨在用片面、孤立、曲解的方法去认识、解读历史，对客观历史的真相、本质、规律持怀疑、否定和消极的态度，对历史事件和人物任意解释甚至刻意歪曲的一种历史观。

虚无主义思潮出现在 19 世纪与 20 世纪之交，随着资本主义危机的爆发，西方思想界开始出现怀疑资本主义曾经确立的"理性"观念，转而颂扬"非理性"在历史发展中作用的思潮。尼采将这种以否定历史传统和道德原则为特点的现象统称为"虚无主义"。① 近代以来，历史虚无主义思潮随着西学东渐传入中国，一些知识分子将近代中国积贫积弱的原因归咎于中国历史与文化，认同西方，把中国悠久的历史与传统文化视为走向现代化的包袱，"尊西崇新"渐成风尚，在历史学界出现"疑古学派"，在思想界出现西化思潮，激进者呼吁中国应"全盘西化"。在 20 世纪二三十年代，"全盘西化"论者陈序经认为中华文化"样样都不如人""中国之趋于全盘西化，不过是时间的长短

---

① 刘书林. 历史虚无主义思潮的表现及其思维方法 [J]. 思想理论教育，2014 (11).

问题，我们若不自己赶紧去全盘西化，则必为外人所胁迫而全盘西化"。① 自由主义者胡适认为中华文化的出路在于"努力全盘接受这个新世界的新文明"。虽然胡适认为"全盘西化"只是一个手段，最终会因为中国传统文化的"惰性"而得到一个调和折中的中国本位新文化，但当务之急还是"全盘西化"。此时的"西化派"以是否有利于推动他们认知中的中国现代化或者说"西化"为标准界定文化的优劣，从而否定中国的历史和文化，所以中国近代以来历史虚无主义往往与文化虚无主义相伴生。

中华人民共和国成立后，由于国际上资本主义国家与社会主义国家两大阵营的尖锐对立和国内马克思主义意识形态的宣传教育，以"全盘西化"为指向的历史虚无主义自然没有容身之地。改革开放后，西方各种思想不断涌入，资产阶级自由化思潮泛滥起来，20世纪80年代中期，在思想文化领域出现了"民族虚无主义"，歪曲中华民族历史、否定中华民族优良传统。此类民族虚无主义思潮鼓吹"全盘西化"，认为走资本主义道路才是中国的唯一出路，不仅彻底虚无中国历史文化，还虚无了近代以来中国人民反帝反封建的斗争史，虚无了中国共产党领导的新民主主义革命史和社会主义建设史。"全盘西化"论不但彻底割裂中华民族的历史进程，否定历史连续性的本质特征，而且与中国革命和社会主义建设的成功历史经验相背离。

20世纪90年代以来，随着市场经济的发展，物质主义也不断蔓延，弱化了社会主义价值和传统文化价值，为历史虚无主义的泛滥提供了土壤。在具体史学研究方面，他们关注历史细节而贬抑历史的宏大叙事，忽略历史的主题主线、主流本质，在中国近现代史研究方面，他们以"现代化范式"取代"革命史范式"，将革命与现代化对立，认为革命是对现代化的破坏，"救亡压倒启蒙"，其典型观点为"告别革命"，妄图从根本上颠覆关于中国近现代史以中国人民反帝反封建为主线的论述。他们根本否定近代以来中国人民反帝反封建的历史必然性与合理性，并以一种"自我中心"的理念去解读党史、新中国史、改革开放史以及社会主义发展史，在对"四史"中有关党的领导、支撑中国特色社会主义制度的史料进行虚无，对这些历史进行质疑的基础之上，提出这些历史需要"重新评价"，试图通过否定中国共产党、国家和社会主义必然胜利的历史，来达到否定中国特色社会主义道路、否定中国共产党的领导，从而为西方"和平演变"和"颜色革命"提供理论依据和舆论准备。

龚自珍说："欲要亡其国，必先灭其史；欲灭其族，必先灭其文化。"② 殷

①陈序经. 学术论著 [M]. 杭州：浙江人民出版社，1998：291.
②龚自珍. 定庵续集 [M]. 北京：商务印书馆，1989：167.

鉴不远。苏联共产党未能正确对待自己的历史，错误评价、全盘否定，最终走上了亡党亡国的道路。历史虚无主义的观点，往往以局部取代整体、以支流掩盖主流，歪曲和丑化党史、新中国史和改革开放的历史。习近平总书记指出，"历史虚无主义的要害，是从根本上否定马克思主义指导地位和中国走向社会主义的历史必然性，否定中国共产党的领导。"①"要旗帜鲜明反对历史虚无主义，加强思想引导和理论辨析……更好正本清源、固本培元。"②"大思政课"教学中加强"四史"教育，不仅是大学生自觉增强抵制错误思潮能力，科学辩证看待历史与现实、历史与未来关系的有效手段。同时也有利于构筑大学生的精神支柱，使青年学子以科学的视野和发展的眼光对待历史经验，分清主流和支流，警惕和抵制历史虚无主义，对历史虚无主义沉渣主动发声亮剑，唤起大学生的忧国之心、爱国之情和报国之志，理直气壮地抵制敌对势力的错误思想渗透。

（三）有效应对多元文化价值观的冲突对意识形态领域所带来的冲击

文化与历史之间是密不可分的，人民群众在中华民族的历史进程中，结合自身实践，凝练出来的物质、精神财富的总和叫作文化。文化是历史的精华，历史是文化的延伸。在社会全面转型与全面开放以及世界范围内文化交融交锋日益激烈、频繁等的背景下，人们思想活动的独立性、选择性、多变性、差异性的日益增强，社会思想的空前活跃，各种思想观念的相互交织，各种文化的相互激荡，社会价值观念的日趋多样，正确的与错误的、先进的与落后的、主流的与非主流的思想观念的相互交织等，使得马克思主义的指导地位面临着多元化社会思潮的挑战，传统教育方式面临着新媒体、新技术的挑战，培养社会主义建设者和接班人的教育方针也面临着西方敌对势力争夺下一代的挑战等。面对意识形态领域的复杂形势，如果我们不敏感、不研究、不作为，不采取切实可行的应对措施，不有效引导社会思潮和社会舆论，就会削弱马克思主义的指导地位，影响社会主义意识形态的健康发展，从而在人们的信仰、理想信念方面呈现出不同程度的偏差，并呈现出"社会责任感缺失""集体意识淡薄""团结协作观念差"等情况。

当代大学生作为社会与时代的一分子，作为正处于价值观建构阶段且社会实践经验较为不足的特殊群体，尽管就其世界观、人生观及价值观的现状

①中共中央党史和文献研究室.学习习近平同志关于党的历史的重要论述［N］.人民日报，2013-07-22（1）.

②习近平.在党史学习教育动员大会上强调：学党史悟思想办实事开新局　以优异成绩迎接建党一百周年［N］.人民日报，2021-02-21（1）.

来看，主流是积极健康向上的，"是可爱、可信、可贵、可为的"，然而，因生理和心理方面的不成熟，当然也很难完全排除不良思潮的渗透和社会道德滑坡等现实环境产生的不利影响，由此出现了一些诸如个人主义、虚无主义、急功近利等疏离主流价值观的现象。他们对社会当中所倡导的科学信仰从愤慨到无奈，从困惑、彷徨、怀疑到失望，再到丧失，甚至许多人无法确定所谓信仰为何物，从而出现了"信仰真空""信仰危机"等现象。

"文化是一个国家、一个民族的灵魂"，文化自信是一个国家、一个民族发展中更基本、更深沉、更持久的力量，其中中华优秀传统文化、中国特色社会主义文化都是坚定文化自信的重要底蕴，且都是随着以党史为核心的"四史"不断更新发展的。中国共产党自成立之日起，既是中华优秀传统文化的继承者和弘扬者，又是中国特色社会主义文化的引领者和践行者。大学生则是未来文化的传承者和践行者，而由多元文化思潮所带来的各种思想，在扭曲大学生文化自觉的价值取向、削弱大学生文化自觉的理性思维和淡化大学生文化自觉的文化认同的同时，势必会消减高校大学生对本民族历史的认同，从而必然会对历史教育效果产生极大的冲击，消减"四史"教育效果。

（四）有效应对裂变的网络舆情的传播对意识形态领域所带来的冲击

"舆论历来是影响社会发展的重要力量。"① 党的十八大以来，以习近平同志为核心的党中央高度重视网络舆论引导工作。习近平总书记多次强调，"要加强舆情跟踪研判，主动发声、正面引导，强化融合传播和交流互动，让正能量始终充盈网络空间"②。"建设网络良好生态，发挥网络引导舆论、反映民意的作用。"③ 当前，我国改革进入"深水区"和攻坚时期，随着社会分层加快和利益格局不断调整，一系列社会矛盾和问题也随之凸显出来，一些偶然爆发的热点问题或公共事件一旦触动了大众的敏感心理，就会引发某种程度的沮丧、恐慌、无助、悲观、抑郁甚至愤怒。为了给当前处境找到合理、满意的解释，给心灵创造舒适的慰藉，很多人便聚集在一些实体公共场所或网络虚拟社群表达观点和发表言论，形成强大的舆论效应。在因社会矛盾造成的负面反向情绪和失衡心态的驱使下，难免会出现大量失真无序的信息、情绪化言论、非理性观点表达、缺乏根据的谣言等，并在新媒体技术、利益驱使、信息把关不严，以及传播碎片化、多向化的影响下由一个点向多个点，

①中共中央文献研究室. 习近平关于社会主义文化建设论述摘编［M］. 北京：中央文献出版社，2017：29－30.

②习近平. 论党的宣传思想工作［M］. 北京：中央文献出版社，2020：11.

③习近平. 论党的宣传思想工作［M］. 北京：中央文献出版社，2020：11.

发散型地在民间舆论场不断扩大传播范围，酿成舆论的"蝴蝶效应"。尤其是在伴随着"4G"的成熟发展和"5G＋"的诞生，互联网发展已进入"快车道"，中国数字经济已进入快速发展的新媒体环境下，一条信息、一条微博等的发布，都极有可能形成前后接力的巨大影响，引发"滚雪球"效应，且其蔓延速度之快、范围之广、影响之深都极不可控，由此带来一系列不可忽视的风险安全挑战，引发一系列不可忽视的网络舆情危机。尤其是在全民皆网民的时代已经来临，网络已经离不开人们的日常生活的当下的中国，以美国为首的西方资产阶级更是肆无忌惮地借助网络进行意识形态渗透，从而造成网络舆情复杂化。他们借助网络辐射广、速度快的优势抢先占据网络优先话语权，对中国党史、新中国史、改革开放史和社会主义发展史的真实性、历史名人等发起猛烈进攻，公开质疑、抹黑甚至歪曲历史事实等事件层出不穷。再加上一些大Ⅴ博主的二次报道和传播，无论是"意见领袖"还是传统媒体人的各种发帖、跟帖、转帖、评论的风起云涌，形式各异，甚至针锋相对的负面效应的迅速膨胀，使得网络舆情呈现出"滚雪球式"的壮大态势，等这个恶意、虚假的历史信息传播超过一定的阈值，就会散播到其他网络平台和网民群体。人们总是会相信大部分人所相信的东西，这样就会导致真正的历史被掩盖。甚至他们还打着"解密历史真相""还原历史"的口号，颠倒黑白，博取眼球，以达到自己的虚荣的目的。

高校大学生正处于学校与社会之间的交界地带，他们的"三观"还没有正式成形，大学生"四史"教育，旨在让大学生通过对"四史"的学习，从我国社会主义革命、建设、改革的艰辛历史与今日中国辉煌发展、人民幸福生活、大国地位之现实的强烈对比中，深刻体悟国家、民族命运与个人命运的紧密相连和息息相关，感受体会今日的幸福来之不易，激发青年学生爱国情怀，重塑中华民族自信，坚定"四个自信"，坚定不移地坚持和发展中国特色社会主义，勇担新时代中国青年之为中华民族伟大复兴的历史使命和民族责任。但是当下正因为这些错误网络历史信息的干预甚至是引导，使得大学生的思想产生偏差，"四史"教育效果被弱化，因此，强化大学生"四史"教育的任务任重而道远。

二、落实高校立德树人根本任务的内在要求

"国无德不兴，人无德不立。"为了做到对马克思主义理论、共产主义信仰、社会主义信念的坚守，党的十八大以来，习近平多次提出要用中国特色社会主义的伟大旗帜团结凝聚全国各族人民，积极培育和践行社会主义核心

价值观、深入开展理想信念教育，加强品德修养，弘扬立德树人主旋律。2013 年 10 月在给中央民族大学附属中学全校学生的回信中，习近平提出，"希望学校继承光荣传统，传承各民族优秀文化，承担好立德树人、教书育人的神圣职责，着力培养造就中国特色社会主义事业合格建设者和接班人"。① 2016 年 12 月在全国高校思想政治工作会议上，习近平又强调，"高校立身之本在于立德树人……要坚持把立德树人作为中心环节，把思想政治工作贯穿教育教学全过程，实现全程育人、全方位育人，努力开创我国高等教育事业发展新局面"②。党的十九大报告把"立德树人是教育的根本任务"进行固化，把培养高尚品德的人作为重中之重。2018 年 5 月在北京大学师生座谈会上，习近平再次明确要"把立德树人的成效作为检验学校一切工作的根本标准""做到以树人为核心，以立德为根本"。③ 2018 年 9 月在全国教育大会上，习近平再次强调"要把立德树人融入思想道德教育、文化知识教育、社会实践教育各环节，贯穿基础教育、职业教育、高等教育各领域，学科体系、教学体系、教材体系、管理体系要围绕这个目标来设计"。④ 2022 年 10 月 16 日，在党的二十大报告中，习近平总书记更是强调指出，"教育是国之大计、党之大计。培养什么人、怎样培养人、为谁培养人是教育的根本问题"，⑤ 应"全面贯彻党的教育方针，落实立德树人根本任务，培养德智体美劳全面发展的社会主义建设者和接班人"⑥ ……这一系列论述，不仅从战略高度为做好青年思想政治工作提出了新要求，同时也指明了新方向。身处"两个大局"的时代背景，在迈向第二个百年奋斗目标的新征程中，高校作为落实立德树人根本任务、肩负着培养时代新人与未来栋梁的重要使命的重要载体，要主动适应形势格局变化，更要回答好、解决好"培养什么人、如何培养人、为谁培养人"这三个教育的根本问题。而从人才培养目标、途径、标准来看，"四史"教育无疑是培养人才的重要途径与方法，是高校促进新时代人才培养、

①习近平. 习近平总书记给中央民族大学附属中学全校学生的回信 [J]. 中国民族，2013（11）：4.

②张烁. 习近平在全国高校思想政治工作会议上强调：把思想政治工作贯穿教育教学全过程开创我国高等教育事业发展新局面 [N]. 人民日报，2016-12-09（1）.

③习近平. 在北京大学师生座谈会上的讲话 [N]. 人民日报，2018-05-03（2）.

④张烁. 习近平在全国教育大会上强调坚持中国特色社会主义教育发展道路培养德智体美劳全面发展的社会主义建设者和接班人 [N]. 人民日报，2018-09-11（1）.

⑤习近平. 高举中国特色社会主义伟大旗帜为全面建设社会主义现代化国家而团结奋斗——在中国共产党第二十次全国代表大会上的报告 [N]. 人民日报，2022-10-26.

⑥习近平. 高举中国特色社会主义伟大旗帜为全面建设社会主义现代化国家而团结奋斗——在中国共产党第二十次全国代表大会上的报告 [N]. 人民日报，2022-10-26.

落实立德树人这一根本任务的关键环节，各高校应重视其在人才培养方面的突出作用。

（一）回答"为谁培养人"

"为谁培养人"是教育的战略方向，是教育的方向性问题。它位于"培养什么人""如何培养人"问题的上游，限定"培养什么人"，影响"怎样培养人"。① 当前人类社会仍处于阶级社会中，阶级性是教育的本质属性，正如习近平总书记所说的，"古今中外，每个国家都是按照自己的政治要求来培养人的"。② "为谁培养人"是区分中国特色社会主义教育与其他教育的本质特征之一，在这一点上，我们既不能模棱两可，也不能出现偏差。中华人民共和国成立初期，受国际国内严峻形势的影响，毛泽东特别强调无产阶级的革命事业，所以，他指出人才培养工作要为无产阶级的政治服务。改革开放以后，随着国际国内形势发生变化，邓小平把"有理想、有道德、有文化、有纪律"作为培养标准，提出希望青年"为人民作贡献，为祖国作贡献，为人类作贡献"，立足"四化"的需要。1999 年，江泽民系统阐述了党的教育方针，提出"教育为社会主义为人民服务"的两大方向。党的十六大，胡锦涛立足于党和人民的重托、现代化建设的需要，提出"四个新一代"的培养目标。党的十八大以来，围绕这个新时期我国教育改革和发展的一系列重大理论和实践问题，习近平总书记发表了一系列重要讲话，提出了一系列重要论断，形成新时代党的教育方针。2014 年习近平总书记就指出，我们的教育是"为人民服务、为中国特色社会主义服务、为改革开放和社会主义现代化建设服务的，党和人民需要培养的是社会主义事业建设者和接班人"，③ 从而拓展了教育的服务内涵。2015 年 12 月，全国人大常委会审议通过的《中华人民共和国教育法》修订稿，以法律形式把党的教育方针转化为国家意志——"教育必须为社会主义现代化建设服务、为人民服务，必须与生产劳动和社会实践相结合，培养德、智、体、美等方面全面发展的社会主义建设者和接班人"。④ 2016 年在全国高校思想政治工作会议上，习近平更是反复强调指出，要"扎实办好中国特色社会主义高校"，教育发展方向要同我国发展的现实目标和未来方向紧密联系在一起，坚持"为人民服务，为中国共产党治国理政服务，为巩固

---

① 石中英. "培养什么人"问题的 70 年探索 [J]. 中国教育学刊，2019 (1).

② 习近平. 在北京大学师生座谈会上的讲话 [N]. 人民日报，2018-05-03.

③ 习近平. 做党和人民满意的好老师——同北京师范大学师生代表座谈时的讲话 [J]. 北京：人民出版社，2014：3.

④ 中华人民共和国教育法 [M]. 北京：中国民主法制出版社，2016：8.

和发展中国特色社会主义制度服务，为改革开放和社会主义现代化建设服务"，①"四个服务"的教育方针作为习近平总书记教育思想的重要内容，不仅是新时期我国高等教育改革发展的根本遵循，同时更是充分彰显了高等教育领域中的中国特色，体现的是我国高等教育发展的道路自信，是党的教育方针在新时代的创新发展。回顾党的教育方针百余年沿革轨迹可以发现，不管在哪个时期，始终围绕着党的中心工作、服从党的基本路线，为革命和建设事业培养人才，是党的教育事业发展始终不变的初心和初衷。正如习近平2018年在北京大学师生座谈会上指出，"古今中外，每个国家都是按照自己的政治要求来培养人的"。② 党自成立以来，不管面临何种不同的形势与任务，始终坚持教育要为党和人民培养人、为巩固和发展中国特色社会主义事业培养人的原则，牢记党的人才培养工作的根本目的，确保始终为党和人民培养合格的建设者和可靠的接班人。

作为高校立德树人系统的提供者，"四史"资源极为丰富：从时间上看，包括了世界社会主义500多年、科学社会主义170多年、中国共产党探索推进社会主义事业100多年的伟大历史进程；从地域上看，包括了中国、西欧、东欧和苏俄等多个国家及地区；从内容来看，包括了中国新民主主义革命、社会主义革命和建设、中国特色社会主义的形成与拓展、中国特色社会主义进入新时代和国际共产主义运动等；从形式来看，包括了文献、图册、照片、实物、音像制品、影视作品、革命遗迹、历史陈列等。这些资源既融汇了共产主义理想、社会主义理想、集体主义观念、自我牺牲的奉献精神等社会主义先进文化，又继承和弘扬了中华民族的优良文化传统，展现了优秀共产党人的良好道德情操与崇高品格。通过开展"四史"学习教育，不仅丰富了高校思想政治教育的素材内容和载体形式，而且变革了高校思想政治教育教学的创新模式，有利于将共产党人的政治情怀、革命精神、道德诉求等优秀品质传导给青年学生，引导青年学生把握历史发展的主流和本质，树立正确历史观，旗帜鲜明地反对历史虚无主义，不断增强青年学生对党的理论认同、政治认同和情感认同，切实增强"四个意识"、坚定"四个自信"、做到"两个维护"，真正做到知史爱党、知史爱国，切实巩固马克思主义在高校意识形态的主导地位。对于高校更好地贯彻落实"四个服务"的教育方针，对于落实立德树人根本任务等均起到积极的推动作用。

①习近平. 把思想政治工作贯穿教育教学全过程开创我国高等教育事业发展新局面 [N]. 人民日报，2016-12-09.

②习近平. 在北京大学师生座谈会上的讲话 [N]. 人民日报，2018-05-03.

（二）内含"培养什么人"

"培养什么人"是教育培养的直接目标，是事关教育发展的首要性问题。它是对"为谁培养人"战略方向的细化凝练，也为"如何培养人"提供了重要指南。习近平总书记强调："我国是中国共产党领导的社会主义国家，这就决定了我们的教育必须把培养社会主义建设者和接班人作为根本任务，培养一代又一代拥护中国共产党领导和我国社会主义制度、立志为中国特色社会主义奋斗终身的有用人才。"① 这就给我们的教育事业明确了发展方向和方针原则，是开展工作的根本遵循。"培养担当民族复兴大任的时代新人"正是习近平总书记立足实际，考虑世界新变化，结合时代新要求提出的人才培养目标，是马克思主义关于"人的自由全面发展观"在当今中国的创新，是对中国不同时期新人观的一脉相承和与时俱进。中华人民共和国成立以来，毛泽东同志提出要做身体好、学习好、工作好的"三好"新人，培养"又红又专"的新人。邓小平同志在继承的基础上倡导全社会造就具有社会主义觉悟的一代新人，并进一步具体化为"有理想、有道德、有文化、有纪律"② 的"四有"新人。江泽民同志在"四有"新人基础上对德智体进行了补充，提出培育德智体美全面发展的社会主义建设者和接班人。胡锦涛同志立足于跨世纪的节点，提出"四个新一代"，从理想信念、精神品格、眼界视野等多个方面重视跨世纪新人的培养问题。中国特色社会主义进入新时代，我国处于实现中华民族伟大复兴的关键时期，面临的风险挑战之大前所未有。习近平总书记提出培养"担当民族复兴大任的时代新人"这个总要求，以实现"民族复兴"为责任，以"新时代"为背景，以"新人才"为主体，具体提出从"坚定理想信念、厚植爱国主义情怀、加强品德修养、增长知识见识、培养奋斗精神、增强综合素质"③ 六个方面下功夫。时代新人重在新使命，必须与党和国家的前进方向相一致，与德智体美劳全面发展的要求相契合，以实现中华民族伟大复兴中国梦为使命，汇聚成实现第二个百年奋斗目标、建设社会主义现代化强国的主体力量。习近平总书记关于培养"时代新人"的重要论述由内而外，由总到分，注重知识与品行、理论与实践的共同强化，致力于培养德、智、体、美、劳全面发展的时代新人，从而赋予了人才培养新的内涵与使命。

---

①人民日报评论员. 全力培养社会主义建设者和接班人——论学习贯彻习近平总书记全国教育大会重要讲话 [N]. 人民日报，2018-09-15.

②邓小平文选：第3卷 [M]. 北京：人民出版社，1993：110.

③教育部课题组. 深入学习习近平关于教育的重要论述 [M]. 北京：人民出版社，2019：91.

广大青年身处有史以来最好的年代，青年学生的人生黄金期与第二个百年奋斗目标高度吻合，比历史上任何时期都更接近中华民族伟大复兴的目标。实现中华民族伟大复兴的中国梦，我们面临难得的机遇，也必然面临着复杂内外环境和重大风险挑战。这就需要通过"四史"教育，引导青年学生深刻认识自身的历史使命，练就过硬本领，培养担当精神，在关键时刻站得住，在困难面前豁得出，在责任面前担得起，在使命当中扛得住。推动青年学生把实现个人价值的"小我"与实现中华民族伟大复兴中国梦的"大我"有机融合，更加坚定自觉地为党和国家的事业努力奋斗，让青春在祖国和人民需要的地方绽放绚丽之花。

（三）体现"如何培养人"

"如何培养人"是教育的操作路径，是教育的保障性问题。它是"为谁培养人""培养什么人"的具体执行和落实，又为"为谁培养人""培养什么人"的持续发展提供强力支撑。中华人民共和国成立后，我们相继经历了把教育与政治需要相结合、把教育与无产阶级斗争相结合、把教育与生产劳动相结合、把教育与改革开放和现代化建设相结合、把教育与中华民族伟大复兴相结合等不同路径的演变。毛泽东同志强调要培养"有社会主义觉悟的有文化的劳动者"，[①] 突出对人才"又红又专"的要求。邓小平同志强调要尊重知识、尊重人才，突出"两个尊重"在人才培养中的重要作用。江泽民同志强调要坚持创新为本，实施科教兴国，突出科技创新型人才在国家发展中的动力作用。胡锦涛同志进一步强调人才强国，突出人才在国际社会竞争中举足轻重的地位。习近平总书记站在历史高度，把握时代大局，对培养人的路径进行补充和创新。其既强调价值引领，把社会主义核心价值观融入国民教育全过程，又通过文史教育，从文史学习中汲取经验教训。习近平总书记着力构建"三全育人"的教育工作体系，注重提升人才培养的针对性、实效性和系统性。以文史教育为例，文化是民族的血脉，是人民的精神家园，体现国家一脉相承的传统血脉，彰显国家特有的精神品格。党的历代中央领导集体重视文史教育，毛泽东同志提出"百花齐放、百家争鸣""古为今用、洋为中用"；[②] 邓小平同志重视精神文明、探索正确的文化方针政策、丰富先进文化内涵；江泽民同志提出发展社会主义文化应该以民族、科学、大众为方向，

---

① 中央档案馆、中共中央文献研究室. 中共中央文件选集：1949 年 10 月—1966 年 5 月（第三十册）[M]. 北京：人民出版社，2013：426.

② 中共中央文献研究室. 十三大以来重要文献选编：下 [M]. 北京：人民出版社，1993：1645.

做到"三个面向";① 胡锦涛同志强调文化教育以人为本、建设社会主义文化强国;习近平总书记重视文史教育在人才培养中的重要性,强调对待历史文化,特别是要"有鉴别地加以对待,有扬弃地予以继承"。② 学会古为今用,力争推陈出新。强调要重视对全体社会成员的历史学习教育,特别是党史学习教育,提出要"以史为鉴、开创未来"。③ 明确指出,学习"四史",能够更清晰地了解历史真相、探究历史发展规律,并从中汲取经验教训,增加前行的智慧和动力。同时,习近平总书记还强调指出,加强高校思想政治工作,要更加注重以文化人、以文育人。因为中华优秀传统文化彰显美德与智慧、革命文化体现忧国忧民的情怀、社会主义先进文化响应时代的新要求,把弘扬主旋律、坚持正确的舆论导向放在首位,在媒体宣传与文化传播中把握好时、度、效,以文化人、以文育人,可为落实立德树人根本任务、培养高素质人才提供文化支撑。

"四史"作为长期以来中国共产党在革命、建设、改革过程中形成的宝贵精神财富,既是共产党人在历经千辛万苦、排除艰难险阻的过程中认识世界、改造世界的生动写照,又全面融入了丰富的革命精神和先进的革命思想,呈现出与时俱进、生动形象、贴近现实、直观厚重等特点,具有极强的实践性、指导性。将"四史"教育融入高校思想政治教育,不仅能开拓思想政治教育视野,提升思想政治教育品位,激发青年学生学习的热情和兴趣,而且能集爱国教育、红色教育、品德教育、发展教育于一体,切实教育引导青年学子把爱国情、强国志、报国行自觉融入坚持和发展中国特色社会主义事业、建设社会主义现代化强国、实现中华民族伟大复兴的奋斗之中,进一步提高立德树人的实效性。

三、提升高校思政课铸魂育人实效的必然要求

高校思政课是落实立德树人根本任务的关键课程,是高校思想政治工作创新发展的重要内容,是实现高等教育内涵式发展的核心部分。进入新时代,对高校思政课发挥育人主渠道作用提出更高的要求。如何在改进中不断加强,在创新中不断提高,增强大学生学习思政课的获得感,这是时代之问,亦是思政课教师必须完成的课题。作为一门传播党和国家意识形态的课程,思想政治理论课的教学目标,最终是使大学生在政治上认同中国特色社会主义道

---

① 国家"十一五"时期文化发展规划纲要 [M]. 北京:人民出版社,2006:76.
② 习近平谈治国理政:第1卷 [M]. 北京:外文出版社,2018:167.
③ 习近平. 在庆祝中国共产党成立100周年大会上的讲话 [M]. 北京:人民出版社,2021:10.

路、理论、制度和文化，增强对于中国特色社会主义道路、理论、制度和文化的自信。这就要求在理论教学中，不仅要使学生对各个理论观点知其"然"，更要让学生知其"所以然"，即蕴含在这些理论观点中使之得以形成的理论思维和价值取向。把"四史"融入、贯穿思想政治理论课教学全过程，正是深刻体现了思想政治理论课程属性的本质要求，对于推动思想政治理论课改革创新，不断增强思想政治理论课的思想性、理论性和亲和力、针对性，提升高校思政课铸魂育人实效等均具有十分重要的意义。

（一）有助于强化高校思政课的育人实效

高校意识形态建设是党的意识形态建设的重要组成部分。当前，随着国内改革持续深化及科学技术的蓬勃发展，高等教育事业发展进入"快车道"。与此同时，高校意识形态领域的形势和斗争也变得更加复杂多样。特别是随着互联网和数字技术的发展，形形色色的错误观点和敌对势力意识形态渗透，深刻影响着当代青年学生对世界观、人生观、价值观的正确把握，尤其是历史虚无主义的冲击，导致部分学生对马克思主义和中国共产党产生怀疑，对共产主义远大理想和中国特色社会主义共同理想产生动摇，认为中国共产党诉说的历史是虚构的，严重歪曲、否定和诋毁党史、新中国史、改革开放史中的历史人物与事件，这在一定程度上扰乱了高校主流思想舆论，高校意识形态建设面临新考验。马克思指出："批判的武器当然不能代替武器的批判，物质力量只能用物质力量来摧毁；但是理论一经掌握群众，也会变成物质力量。"① 高校思政课教育教学作为一门具有鲜明意识形态属性的课程，是坚持马克思主义的指导地位、坚持社会主义办学方向的重要阵地。其根本目的与归宿就在于将理论力量和精神价值转化为无限的实践动力，从而转化为巨大的物质价值，通过培养中国特色社会主义建设者和接班人，自觉担当中华民族复兴大任。"四史"与高校思政课紧密结合，更加突出理论、现实与历史的结合，强化历史思维、历史自觉。将"四史"教育融入高校思政课教学中，把思想政治理论课的知识内容和理论内涵放到"四史"视野下追本溯源、分析讲解；把学生带入"四史"教育的背景和议题之中，以"四史"的真实性、客观性涵育学生的思想认识和价值认知，以"四史"来引导学生正确地认识历史规律、分析现实情况、预测发展趋势，不仅易于被大学生接受和认同，有利于引导学生认清形形色色的历史虚无主义的本来面目，而且能够增强高校思想政治理论课的针对性和感染力，使思想政治理论课的主题更加鲜明，

---

①马克思恩格斯选集：第1卷［M］．北京：人民出版社，1995：9.

表达更加生动，通过思想性、价值性的深度融合，强化高校思想政治理论课铸魂育人的政治导向。引导学生在深刻认识和领悟党和人民的奋斗历程的基础之上，能够运用历史思维去深刻认识和把握中国特色社会主义的来龙去脉，从而坚定理想信念、站稳政治立场，树立正确的历史观、民族观、国家观，推动高校思政课教学内容转化为大学生内在的思想意识和行为方式，强化高校思政课的育人实效。

（二）有助于实现高校思政课具体化、具象化

"人们自己创造自己的历史，但是他们并不是随心所欲地创造，并不是在他们自己选定的条件下创造，而是在直接碰到的、既定的、从过去承继下来的条件下创造"，①掌握历史才能进一步理解历史选择中的必然性。思政课作为立德树人的主阵地，将"四史"学习引入思政课堂，通过把历史和理论相结合，历史和现实相结合，通过对中国历史上的重大事件、重要会议、重要文件、重要人物等的介绍，讲活历史故事，用活红色资源，让学生从中汲取开拓前进的智慧和勇气，将个人成长成才融入伟大事业中，坚定理想信念，激发爱国热情，做到今昔对照、融会贯通，勇敢肩负起时代赋予的重任，为实现中华民族伟大复兴的中国梦贡献智慧和力量，做到知史悟"道"，知史信"马"，从而持续激发起广大师生爱党爱国爱社会主义的巨大热情，增强道路自信、理论自信、制度自信、文化自信，做到知史爱党、知史爱国，以进一步增强高校思政课教学现实针对性和实效性。

（三）有助于推动高校思政课教学内容的改革创新

习近平总书记指出："办好思政课，有不少问题需要解决，但最重要的是解决好信心问题。"②检验思政课教学的有力实效，关键之一就是有"信心"办好思政课、讲好思政课。这个"信心"来自优质的思政课教学内容。中国共产党自建立以来，坚持以马克思列宁主义为指导思想，立足中国时代具体现实，创立了毛泽东思想和中国特色社会主义理论体系。中国共产党牢记初心和使命，推翻了压在人民身上的"三座大山"，改变了一穷二白的国家面貌，完成中华人民共和国成立初期的兴国大业；改革开放新时期，党带领中国人民实现国家在政治、经济、文化、生态、外交、军事等国家各项事业上的历史性变革，完成了我国的强国大业，开启了我国进入社会主义现代化建设的新时期。这些经过历史沉淀的理论与历史成果，就是办好思政课、讲好

---

① 马克思恩格斯文集：第 2 卷 [M]. 北京：人民出版社，2009：470—471.
② 林娟. 让思政课成为一门有温度的课 [N]. 光明日报，2024-03-12.

思政课的"信心"来源。历史是最好的教科书。以"四史"学习教育融入思政课，可以丰盈思政课教学内容，增强师生"四个自信"，提高思政课教学实效。但从当前思政课程的教学现状来看，目前各门思政课的教学内容中虽然都有"四史"的内容，但内容较为分散，往往条块分割、彼此独立，尽管有的老师在实际教学的过程中也意识到了对青年学生应大力加强历史观教育的问题，但也只是就教材当中所呈现出来的相关知识点讲内容，在对历史观教育的考量上还是缺乏一个较为整体且全局的观念，而这对于顺利地实现各门思政课程所要达到的教学目标可以说是较为不利的。因此，结合各门思政课程特点，渗透"四史"教育、创新内容形式、充分发挥红色资源优势，既找到了一条贯穿各门思政课程教学体系的主线，同时对于从整体上系统地构建用于对大学生进行科学历史观教育的系列专题等可以说具有十分重要的作用。

四、坚定"四个自信"的必然选择

中国特色社会主义的道路自信、理论自信、制度自信、文化自信，是坚持和发展中国特色社会主义、实现中华民族伟大复兴的强大精神支柱。筑牢大学生的"四个自信"，是新时代落实立德树人根本任务的必然要求，也是培养德、智、体、美、劳全面发展的社会主义建设者和接班人的根本举措。"四史"尤其是百余年来党的历史其实就是一部"四个自信"的书写史。中国共产党总结近代以来历史发展的基本逻辑，在马克思主义的指导下，带领中国人民走出一条符合中国国情的发展之路。这是历史和人民的选择，是不以任何人的意愿为转移的内在规律。青年学子在"四史"学习中可以进一步增强对社会主义和共产主义的信念、对马克思主义的信仰、对中国共产党领导核心的信任、对实现中华民族伟大复兴中国梦的信心，坚定中国特色社会主义的道路自信、理论自信、制度自信、文化自信，从而为坚持和发展中国特色社会主义、实现中华民族伟大复兴提供强大的精神动力。

（一）历史逻辑：在历史脉络学习中增强道路自信

"在发展道路的探索上，照搬没有出路，模仿容易迷失，实践才出真知。"① 一个国家选择什么样的道路，关键取决于它能否解决这个国家面临的重大历史课题。历史证明，党的百余年奋斗成功道路是"党领导人民独立自主探索开辟出来的"，是为实现中华民族伟大复兴做出的正确抉择。

---

①习近平. 共同开创中阿关系的美好未来——在阿拉伯国家联盟总部的演讲［EB/OL］. 人民网，2016-01-22.

近代以来，中国逐步沦为半殖民地半封建社会，国家蒙辱、人民蒙难、文明蒙尘，"中国向何处去"的问题摆在了人民面前。中国的先进分子为了摆脱被动挨打的局面，从器物、制度、文化等层面向西方学习，对道路选择进行了深思和艰苦探索，从以曾国藩、李鸿章、左宗棠、张之洞等为代表的地主阶级的洋务运动，到洪秀全领导的农民阶级的太平天国运动，再到资产阶级领导的戊戌变法、辛亥革命，各种救亡图存的方案先后流产，始终没有找到一条正确的道路。十月革命的炮声给中国送来了马克思主义。中国革命先行者孙中山对俄国革命的胜利感到由衷的喜悦，提出"以俄为师"，希望通过"联俄、联共、扶助农工"来探索他所理解的俄国道路，最终建立一个美好的社会，"就是孔子所希望之大同世界"。① 孙中山领导的资产阶级革命虽然推翻了封建王朝统治，但无法改变军阀混战、民不聊生的局面。中国共产党人在比较了各种救亡图存的道路后，最后得出"走俄国人的路——这就是结论"。② 以毛泽东为代表的中国共产党人在反对教条主义等错误倾向的过程中，坚持马克思主义中国化的基本原则和方向，开辟出了一条具有中国特色的新民主主义革命道路，实现了民族独立和人民解放。此后我们一度以苏为师，在社会主义建设中照抄照搬苏联模式，结果走了不少弯路。毛泽东提出要以苏为鉴，走中国自己的路，并就此进行了艰辛探索，为开创中国特色社会主义道路提供了重要经验。

改革开放以后，我党领导人民在创造性回答"什么是社会主义，怎样建设社会主义"等一系列基本问题的过程中，开辟出了中国特色社会主义道路，中国的现代化建设迎来崭新局面。党的十八大以来，随着我国一系列历史性成就的取得以及历史性变革的发生，中华民族也迎来了从站起来、富起来到强起来的伟大飞跃。对此，习近平一方面在"四个走出来"的论述中强调了这条道路的来之不易，另一方面总结指出，这条道路是近代以来中国人民在各种救国尝试碰壁之后做出的最终选择，是中国共产党和人民付出巨大努力和代价取得的根本成就。既顺应了历史潮流、契合了时代需要，又符合党心民心，是一条"具有无比广阔的时代舞台，具有无比深厚的历史底蕴，具有无比强大的前进定力"③ 的康庄大道。

从国内看，这条道路承载着历代中国共产党人的追求，包含着无数仁人志士的期盼，凝聚着众多中华儿女的牺牲，它回答了中国举什么旗、走什么

① 孙中山选集：下 ［M］. 北京：人民出版社，2011：875.
② 毛泽东选集：第 4 卷 ［M］. 北京：人民出版社，1991：1471.
③ 习近平谈治国理政：第 3 卷 ［M］. 北京：外文出版社，2020：8.

路、坚持什么样的发展方向、实现什么样的奋斗目标等问题，为化解社会矛盾、消弭社会分歧、凝聚社会共识，调动一切积极因素实现国家繁荣富强和全体人民共同富裕提供了有力保障；体现了我党对"三大规律"的深刻把握，对中国特色社会主义优势的深刻认识，是我党执政能力的重要标识和执政合法性的重要支撑；内蕴以爱国主义为核心的民族精神和以改革创新为核心的时代精神，极大地坚定了中国人民的民族自信心和自豪感，增强了中国人民"走自己的路"的决心和勇气。

从国际看，这条道路是中国人民独立自主、一切从实际出发、反对外来干涉、反对照抄照搬的产物，是中国关于发展的根本立场、观点和方法的集中体现，为向世界讲好中国故事、传播好中国声音、阐释好中国特色提供了重要窗口，也为中国塑造良好国际形象、提升国际地位、扩大国际话语权提供了重要保障。它既不是封闭僵化的老路，也非改旗易帜的邪路。这是中国在东欧剧变、国际共产主义运动处于低潮时屹立不倒的根本原因，也是对"马克思主义过时论""历史终结论""中国崩溃论"等论调的有力反击，充分彰显了马克思主义的真理性，在世界上高举中国特色社会主义伟大旗帜，增强了社会主义国家人民走社会主义道路的信心和决心，也为世界上社会性质不同、发展程度各异的国家的发展提供了有益的借鉴和参考。

只有立足于中华民族 5000 多年文明传承史，尤其是近代以来中国社会发展史，牢牢把握党的历史发展的主题、主线、主流、本质，才能深刻认识道路选择的历史必然性。① "四史"学习教育既是历史教育，又不是一般意义上的历史教育，而是以历史教育为基础开展的全面的政治教育，是从历史脉络中对中国共产党、社会主义的产生和发展，新中国尤其是改革开放后我国的发展进行梳理；是以时间轴为主线，以重大历史事件、重要历史人物、重大历史节点、重大理论等为主要内容的全面阐释和详细解读。加强大学生"四史"教育，就是要通过今昔历史对比，让大学生深刻理解"中国特色社会主义不是从天上掉来下的"，② 它具有深厚的历史渊源，宽广的现实基础，是被改革开放 40 多年的伟大实践，中华人民共和国成立 70 多年的探索实践，近代以来 180 多年的艰辛实践历史地证明了的救国救民、强国富民之路，进而让大学生深刻理解"道路决定命运，找到一条正确的道路多么不容易"，③ 作

①中央党史和文献研究室. 历史是最好的教科书——学习习近平同志关于党的历史的重要论述 [M]. 北京：中共党史出版社，2014：8.

②习近平. 论中国共产党历史 [M]. 北京：中央文献出版社，2021：2.

③习近平. 论中国共产党历史 [M]. 北京：中央文献出版社，2021：2.

为青年一代应自觉站稳价值立场，倍加珍惜这条道路，主动接过历史的接力棒，以"咬定青山不放松"的意志，"久久为功不停歇"的韧劲，沿着这条道路坚定不移地走下去、干下去。

（二）理论逻辑：在理论学习中增强理论自信

一个民族要走在时代前列，就一刻不能没有理论思维，一刻不能没有正确思想指引。习近平总书记指出："中国共产党为什么能，中国特色社会主义为什么好，归根到底是因为马克思主义行。马克思主义之所以行，就在于党不断推进马克思主义中国化时代化并用以指导实践。"这是深刻总结近代以来中国历史发展得出的科学结论，也是我们坚定理论自信的根本依据。

近代中国迫切需要新的思想引领救亡运动，迫切需要新的组织凝聚革命力量，迫切需要探索新的道路来改变命运。在中国人民和中华民族的伟大觉醒中，在马克思列宁主义同中国工人运动的紧密结合中，中国共产党应运而生。马克思主义成为中国共产党人的"真经"，为中国革命、建设、改革提供了强大思想武器。用马克思主义武装起来的中国共产党，带领中国人民在古老的东方大国创造了人类历史上前所未有的发展奇迹。马克思主义深刻改变了中国，中国也极大丰富和发展了马克思主义。百余年来，我们党领导人民在一次次求索、一次次挫折、一次次开拓中完成中国其他各种政治力量不可能完成的艰巨任务，一个根本原因就在于坚持把马克思主义基本原理同中国具体实际相结合、同中华优秀传统文化相结合，不断推进马克思主义中国化时代化，用马克思主义中国化时代化的科学理论引领伟大实践。我们党创立毛泽东思想，实现了马克思主义中国化的第一次历史性飞跃，为中国革命和建设提供了科学理论指引。我们党创立邓小平理论，形成"三个代表"重要思想、科学发展观，形成中国特色社会主义理论体系，实现了马克思主义中国化新的飞跃，指引中国大踏步赶上时代。中国特色社会主义进入新时代，以习近平同志为主要代表的中国共产党人创立了习近平新时代中国特色社会主义思想。这一重要思想深刻回答一系列重大时代课题，形成了系统全面、逻辑严密、内涵丰富、内在统一的科学理论体系，以原创性理论贡献标注马克思主义发展的新高度，是当代中国马克思主义、21世纪马克思主义，是中华文化和中国精神的时代精华，是党和人民实践经验和集体智慧的结晶，是中国特色社会主义理论体系的重要组成部分，是全党全国人民为实现中华民族伟大复兴而奋斗的行动指南，实现了马克思主义中国化新的飞跃。党的十八大以来，我们能够攻克许多长期没有解决的难题，办成许多事关长远的大事要事，经受住来自政治、经济、意识形态、自然界等方面的风险挑战考验，推动党和国家事业取得历史性成就、发生历史性变革，最根本的原因在于有习近平总书记作为党中央的核心、全党的核心掌舵领航，在于有习近平新时代中国特色社会主义思想科学指引。

"四史"中蕴含着中国共产党自成立以来所形成的毛泽东思想、邓小平理论、"三个代表"重要思想、科学发展观、习近平新时代中国特色社会主义思想等一系列马克思主义中国化时代化的理论成果，阐明了科学社会主义转化为中国特色社会主义理论体系的逻辑进路，彰显了中国共产党领导全国各族人民在革命、建设和发展中锤炼而成的理论底蕴。加强大学生"四史"教育，就是要把大学生理论自信教育与近现代中国艰辛的理论探索历程结合起来，与马克思主义中国化时代化的历史进程结合起来，在"四史"的理论阐释和学习中掌握这些理论的形成历史、发展背景、基本含义、指导作用、科学内涵等，从中理解中国共产党的行动规律、社会主义建设规律、人类社会发展规律，深刻领悟中国特色社会主义理论体系的科学内涵、实践价值、历史定位和时代特色，不断提高理论的认知水平和转化能力，在学、信、用结合，思、践、悟贯通中补足理想信念之"钙"，在学习体会中增强理论自信，提高理论的学习和践行力度。

（三）制度逻辑：在制度溯源学习中增强制度自信

在建党百余年之际，中国用其特色的发展道路如期实现了全面建成小康社会的第一个百年目标，当前也正向着实现建设社会主义现代化强国的第二个百年奋斗目标稳步前进，这一切都离不开中国特色社会主义制度的根本制度保证。中国特色社会主义制度已经在中国特色社会主义伟大事业的实践中不断证明其强大的优越性和旺盛的生命力，无论是从中国进入新时代和实现全面崛起的宏观视角，还是从从容处理和科学应对抗击新冠疫情的具体事件中，中国特色社会主义制度都在用其显著的实践成效验证着这是人民正确的选择，是历史的必然结果，同时也让中国人民在实现民族伟大复兴的征程中深刻感受到中国特色社会主义制度的价值性和科学性。习近平总书记曾指出，"当今世界，要说哪个政党、哪个国家、哪个民族能够自信的话，那中国共产党、中华人民共和国、中华民族是最有理由自信的"。作为政党、国家和民族的共同的价值追求和导向，制度自信直接关乎旗帜、关乎道路，决定国家前进的根本方向。换言之，制度问题直接关系到"举什么旗、走什么路"的重大方向问题，是关乎党和国家兴衰成败的生命线，是实现中华民族伟大复兴的基石。中国特色社会主义制度并不是随意搬来的"飞来峰"，而是历经几代中国共产党人带领中国人民接续奋斗、在对中国道路的艰辛探索中逐渐生长起来的。沿着中国历史发展脉络来看，党带领人民对社会主义制度的开创及探索的历史进程，实则也是人民不断走向制度自觉，最终不断增强制度自信的过程。

回首中国近现代史的艰辛探索历程，从中不难发现，制度选择"何去何从"始终是摆在中国人民面前的一道历史难题，自洋务运动至新中国成立之前，中国社会经历了君主立宪制、资产阶级议会制、"三民主义"式的"军政、训政、宪政"等多种政治制度尝试，然而"你方唱罢我登场"，这些制度"实验"都未能解决中国的前途和命运问题。直到1921年，在轰轰烈烈的工人运动中，以马克思主义为理论武装的伟大政党应运而生，中国共产党在深刻总结了近代以来制度探索的经验教训的基础上，明确提出反帝反封建的民主革命纲领，经过28年艰苦卓绝的斗争，才彻底结束了几千年封建专制政治，实现了迈向人民民主的伟大飞跃。新民主主义革命时期，中国共产党在制度探索和实践层面建立了工农苏维埃政权，以工农兵代表大会为制度形式，有效推动了革命的发展。抗战时期，中国共产党对制度实践的探索发生了变化，制度模式逐渐符合社会主要矛盾变化的要求，在抗日民族统一战线政策的基础上积极开辟敌后抗日根据地并加强政权建设，积极争取各阶级、阶层、党派和社会团体参与民主政治建设，巩固了抗日民主政权。新民主主义革命时期，中国共产党的制度探索和制度实践为建立社会主义制度提供了制度基础和实践依据，这些制度模式是我们党对科学社会主义基本原则的具体运用，也是社会主义制度在中国的最初形式。中华人民共和国成立后，我们党探索社会主义改造道路，通过"一化三改"逐步确立了社会主义制度，并在此基础上确立了人民代表大会制度、中国特色政党制度、民族区域自治制度以及以公有制为基础的基本经济制度和其他体制，表明科学社会主义在中国取得了成功，进一步改变了世界政治经济格局，极大地调动了人民的积极性。实践证明，"社会主义制度促进了我国生产力的突飞猛进的发展，这一点，甚至连国外的敌人也不能不承认了"。[①] 由于各方面的复杂因素，尽管我们在社会主义制度建设中走了一些弯路，甚至出现了失误，但探索中的成功经验和失败教训促使我们逐渐反思并摆脱了苏联模式的困境，这些成就、经验和教训为开创中国特色社会主义制度奠定了坚实的基础。社会主义建设时期的制度建构是我们党在探索中推进制度发展的重要尝试。改革开放后，中国彻底实现了从"走别人的路"到"走自己的路"的转变，实现了从计划经济向社会主义市场经济的转变，彻底将科学社会主义植根于社会主义初级阶段的基本

---

①毛泽东文集：第7卷［M］．北京：人民出版社，1999：214．

国情和具体实际，形成了符合社会生产力发展要求的中国特色社会主义制度。自此，全面揭开了中国制度的崭新一页，以邓小平同志为核心的党的第二代中央领导集体在解放思想的基础上，破除了僵化思维和僵化模式逐步确立起中国特色社会主义制度的主体框架，其中，对制度改革最具有先导性意义的便是社会主义市场经济体制的确立，以经济为先导，先城市后农村，进行了深层次全方位的变革，使中国的经济发展摆脱了高度集中计划经济体制的束缚。与经济体制相适应，国家各项民主政治制度也得以充分发展。在经济体制、政治体制等层面的根本性变革，使中国特色社会主义制度在对外开放格局中迸发强大活力。

20世纪80年代末90年代初，随着东欧的剧变，世界社会主义运动遭受严重挫折，在"资强社弱"的背景下，中国特色社会主义制度也陷入了艰难处境。执政74年、坐拥2000万党员的苏共垮台引起了世界范围内的"唱衰社会主义"论调。以江泽民同志为核心的党的第三代中央领导集体勇担历史重任，始终高擎中国特色社会主义的鲜明旗帜。党的十五大正式确立了"以公有制为主体，多种所有制经济共同发展"的基本经济制度，从制度层面对非公有制经济成分的地位、作用和价值给予充分认可。此后，国家层面提出"依法治国"基本方略，不断为社会制度的建设和发展注入法治内涵。党的十六大后以胡锦涛同志为总书记的党中央对制度建设规律的认识不断深化，中国特色社会主义制度建设事业再上新台阶，各项体制机制日益完善。2011年7月1日，在庆祝中国共产党成立90周年的大会上，胡锦涛庄严宣告了"中国特色社会主义制度"业已确立。与苏东国家和地区形成鲜明对比的是，社会主义制度在中国展现出了勃勃生机，有力地捍卫了科学社会主义。

党的十八大以来，以习近平同志为核心的党中央继续领航前行，将国家制度建设、制度安排与"两个十五年"的强国战略有机结合。在"世界之变""西方之乱"的百余年变局中，在"中国之治"进入"滚石上山""爬坡过坎"的紧要关头，党和国家开启了全面深化改革的新篇章。立足新时代的历史方位，党的十九大结合建设社会主义现代化强国的战略安排，将制度发展目标进一步具体化。党的十九届四中全会进一步突出制度建设这条主线，深入对接了制度完善与国家治理的密切关系，"中国之治"迈向了全新的征途。全会着重阐发了国家治理体系与治理能力的内在关联，并从13个方面概括出我国国家制度和国家治理体系所具有的显著优势，深刻回答了"如何使制度优势更好地转化为国家治理效能"这一命题。围绕制度建设需破解的难中之难，给出了"13个坚持和完善、55个重点工作任务"的破解之策。同时，对标

"两个十五年"的强国目标，对制度发展提出了新的"时间表"和"路线图"，清晰地勾画了加强制度建设和治理能力建设的宏伟蓝图。沿着历史脉络，我们不难发现，中国的制度发展史是社会主义制度在改革中不断追求自我完善的过程，也是制度优势不断生成的过程。这种源于实践、回应实践的理论特质，在实践层面进一步验证了社会主义制度的科学性，更加坚定了人民群众对于社会主义制度的制度自信，进而不断巩固着人民群众对于社会主义制度的认可和支持。

在思想政治理论课教学中讲好中国制度，就必须从价值立场、理念信仰、人民和国家利益等层面引导青年学生了解中国特色社会主义制度的历史必然、显著优势、成功实践，逐步构筑起青年学生对国家制度的认同感、自豪感，并从国家制度中汲取积极奋斗和前进的精神力量，实现从理论的内化于心到外化于行的转变。"四史"包含着中国特色社会主义制度体系的历史由来、发展进程和现有体系等内容，系统阐述了党领导人民建立、巩固和完善社会主义制度的光荣历史，全面介绍了百余年来党带领人民经过顽强斗争建立社会主义制度，并不断赋予其新的时代内涵和民族特色，完善和发展中国特色社会主义制度的非凡之路，浓墨重彩地将中国特色社会主义制度探索的特殊性和艰巨性揭示出来，谱写了马克思主义基本原理与本国具体国情相结合的壮丽史诗。改革开放以来，社会主义制度焕发蓬勃生机，并在自我发展中不断趋于完善，中国特色社会主义制度的优势性逐步显现，尤其在面临新冠疫情、重大灾害时，我国的制度优势非常明显。"四史"学习教育就是要通过丰富历史素材的呈现，在制度溯源中，引导大学生深刻把握近现代中国发展的历史脉络，让大学生充分认识到中国特色社会主义制度是党和人民在长期实践探索中形成的科学制度体系，充分理解我国国家制度和国家治理体系具有多方面的显著优势，并对我国制度优势的内涵有更全面的理解，掌握这些制度的基本要义，在与西方国家的制度体系进行比较时具有更加清醒的认识，从而进一步强化大学生对中国特色社会主义制度的历史认同、情感认同和价值认同，进一步坚定大学生对中国制度成就中国之治目标的信心。

（四）文化逻辑：在文化精髓学习中增强文化自信

党的十九大报告指出，"文化是一个国家、一个民族的灵魂。文化兴国运兴，文化强民族强。没有高度的文化自信，没有文化的繁荣兴盛，就没有中华民族伟大复兴。要坚持中国特色社会主义文化发展道路，激发全民族文化创新创造活力，建设社会主义文化强国"。此后，无论是在党的二十大报告，还是在文化传承发展座谈会上，抑或是在二十届中央政治局第六次集体学习时等重要会议上，习近平总书记针对文化建设均发表了一系列重要讲话，为我们在新征程上增强文化自信、推进文化强国建设进一步指明了方向、注入了动力。

文化自信是支撑道路自信、理论自信、制度自信的基础，是更基础、更广泛、更深厚的自信，是更基本、更深沉、更持久的力量。习近平总书记在庆祝中国共产党成立 95 周年大会上的讲话中指出："在 5000 多年文明发展中孕育的中华优秀传统文化，在党和人民伟大斗争中孕育的革命文化和社会主义先进文化，积淀着中华民族最深层的精神追求，代表着中华民族独特的精神标识。"[1] 文化自信是对优秀传统文化、革命文化和社会主义先进文化所形成的精神价值体系的自信。"文明特别是思想文化是一个国家、一个民族的灵魂。无论哪一个国家、哪一个民族，如果不珍惜自己的思想文化，丢掉了思想文化这个灵魂，这个国家、这个民族是立不起来的。"从近现代中国历史来看，中国共产党自成立之日起，就担负着引领中国人民践行先进文化、传承弘扬中华优秀传统文化的历史使命。中华民族历经千年磨难而生生不息积淀的中华优秀传统文化，中国共产党带领中国人民在新民主主义革命艰苦斗争中锻造的革命文化，在中华人民共和国成立后，特别是改革开放以来伟大实践中孕育的社会主义先进文化，共同凝聚起了中国特色社会主义的"根"与"魂"，熔铸成了中华民族特有的文化谱系与精神家园。其中，中华优秀传统文化是缔造文明"礼仪之邦"的中华文明的根本的精神动力和文化根源，也是习近平总书记所言中华优秀传统文化的主要根基。铭记历史才能开拓未来，正确认识才能继承创新。正确认识中华传统文明，复兴和创新中华文化，是文化自信建设之根，中华文化是中华民族和每一个中国人的根，如果丢掉了这一文化传统，就等于断绝了我们赖以生存的精神命脉，文化自信就成了无源之水、无本之木。"这种文化自信心从根本上说，不是面向过去，炫耀祖宗的文化财富，而是立足现实，面向未来，创造与中华民族未来生活相匹配的新的文化理想。"[2] 事实上，正是由于中国人民逐渐摆脱了近代以来的文化危机和精神萎靡，并通过精神凝聚和信仰支撑，中国人民才最终在中国共产党的领导下，推翻了"三座大山"的压迫，取得了中华民族独立和人民解放的伟大胜利，唤起和鼓舞了世界被压迫民族依靠自身努力争取民族独立和人民解放的自觉性和自信心，把中华优秀传统文化中的爱国主义、坚韧不拔、自强不息、视死如归、团结统一等民族精神和为了中华民族之崛起而英勇奋斗的时代精神相结合，形成了以井冈山精神、长征精神、抗战精神等革命精

①习近平. 在庆祝中国共产党成立 95 周年大会上的讲话［N］. 人民日报，2016-07-02.
②王南湜. 当代中国的哲学精神构建的前提反思［J］. 中国社会科学，2015（10）：68.

神为标志的红色革命文化，并一举扭转了西方殖民主义一统天下的历史格局，这是中华民族站起来的根本精神动因。同样，在实现国家富强和人民富裕的历史征程中，中国共产党又广泛动员和组织中国人民，把中华优秀传统文化中的民族精神和时代精神相融合，构建起了以雷锋精神、"两弹一星"精神、抗洪精神、航空航天精神、抗疫精神等为主要代表的时代精神，形成了以改革开放、与时俱进、开拓创新、艰苦奋斗、奋发图强、敢为人先、砥砺奋进等建设精神为主要标志的社会主义先进文化，构成了中华民族"富起来"和"强起来"的精神决定因素。换言之，如果没有历史悠久、博大精深、辉煌灿烂的中华优秀传统文化，就不会产生伟大而又古老的中华文明；如果没有近现代所形成的革命文化和先进文化，就不可能实现中华民族站起来、富起来和强起来的伟大历史飞跃。这是中华民族文化自信的深厚根基和强大底气。习近平总书记强调，坚定文化自信，是事关国运兴衰、事关文化安全、事关民族精神独立性的大问题。总书记用三个"事关"从历史高度、全局视野揭示了文化自信的重要意义。习近平总书记的文化自信理论，不仅是对马克思列宁主义文化思想的传承和发展，同时也是对中国化的马克思主义文化理论的丰富和发展，构成了习近平新时代中国特色社会主义文化及其思想的重要内容，承载着中华文明新时代文化建设的历史使命，是建设社会主义文化强国的基本路径和战略目标，更是推动当代中华民族精神建构、实现中华民族伟大复兴中国梦的精神动力和坚实支撑。

"四史"蕴含着深厚的历史经验、民族精神、时代精神，是我国文化自尊、文化自信、文化自强的源泉。加强大学生"四史"教育，就是要引导大学生深入学习历史、领悟历史，不仅要学习中国共产党领导中国人民从弱变强、由小变大的丰功伟绩，还要学习历史进程中涌现出来的革命志士、时代典型、先进人物的精神和品格，从历史情境中体会、感悟，自发自觉地挖掘各种精神要素，将历史进程中产生的长征精神、西柏坡精神、延安精神、井冈山精神等一系列中国共产党精神谱系转化为自身的行动指南，将党和国家在发展过程中形成的民族价值观念和价值追求融入自己的精神世界，将"小我"融入"大我"，将个人理想和民族伟大复兴相融合。以有效引导大学生在纷繁复杂的文化生态中、多元多样的文化交流中和日趋激烈的文化碰撞中，科学理性地进行文化比较鉴别、反思展望，正确区分文化上的先进与落后、有效辨别文化中的积极与消极，并在了解历史规律，深刻把握革命文化和社会主义先进文化的具体内涵的基础之上，自觉形成坚如磐石的文化认同、厚重如山的文化自信，自觉在实践中担起文化使命、进行文化创造、推动文化进步。

第三章　高校思政课"以史育人"
教学模式的现实审视

　　将"四史"教育融入高校思想政治理论课教学，不仅是要对历史中的精神、事迹进行宣传解释，更重要的是要实现对现实的人的塑造，通过学习研究阐释使高校青年学子更好地学习和领悟"四史"。因此，探究当前"四史"融入高校思想政治理论课教学的现状，以期发现其中存在的问题并对原因进行分析，为有针对性地提出新时代高校青年学子"四史"教育从实然状态到达应然状态的路径建议提供支撑就成为现实之所需。

第一节　高校思政课"以史育人"教学模式的现实成效

　　近年来，习近平总书记在不同场合反复强调，要学习党史、新中国史、改革开放史、社会主义发展史，特别是"要用好学校思政课这个渠道，推动党的历史更好进教材、进课堂、进头脑，发挥好党史立德树人的重要作用"。[①]在高校思想政治理论课（以下简称"思政课"）教学中加强以党史教育为重点的"四史"教育，是推动新时代高校思政课改革创新的重要内容，也是加强历史自信教育、抓好后继有人根本大计的时代要求。近年来，国内部分高校在思政课课程体系改革方面先行先试，积极探索开设"四史"课程，取得了良好的成效。

一、高校思政课"以史育人"的主体引领力提升

　　党的十八大以来，党和国家高度重视高等教育人才培养问题，从国家发展战略全局角度提出了立德树人的重大核心命题。落实立德树人的关键在教师。育有德之人，需德行之师。广大教师是立德树人的直接践行者和第一责任人，教书育人的政治方向是否正确、信念是否坚定、思想是否牢靠等价值

---

　　①习近平在省部级主要领导干部学习贯彻党的十九届六中全会精神专题研讨班开班式上发表重要讲话强调：继续把党史总结学习教育宣传引向深入更好把握和运用党的百余年奋斗历史经验［N］. 人民日报，2022-01-12.

取向，直接关乎立德树人的成效。"历史是最好的教科书，也是最好的清醒剂"①"历史是一面镜子，它照亮现实，也照亮未来"②。培养广大教师坚定马克思主义理想信念、厚植爱党爱国爱社会主义的情怀、增进立德树人的责任使命，就需要加强和推进"四史"学习教育，从波澜壮阔的历史画卷之中汲取滋养现实和未来的精神资源，从"四史"教育中厚植爱国情怀、激发使命担当。2021年1月，教育部等六部门联合印发的《关于加强新时代高校教师队伍建设改革的指导意见》中就明确提出，要"强化高校教师'四史'教育，规范学时要求，在一定周期内做到全员全覆盖"。③

思政课教师作为"四史"教育融入思政课的中坚力量，是真正的实践者与推动者。应率先通过学习"四史"来提升自己的历史修养和理论素养，要把党的理论成果和宝贵经验讲给青年学生，涵养他们的爱国情怀与理想信念；要重视通过学习"四史"来明确自己的党性修养和史学修养，要紧密结合社会现实，善用"大思政课"，把初心使命和红色基因讲给青年学生，培养他们直面苦难的勇气和直面责任的担当；要坚持通过学习历史来提高自己的政治站位和政治自觉，要把党的发展历程精神谱系讲给青年学生。

通过调研分析，不难发现，大部分思政课教师在开展"四史"学习教育的过程中，能自觉做到坚持正确的学习观，聚焦提升立德树人能力和水平，带着问题学、联系实际学，真正达到明理、增信、崇德、力行目的，把党史学习教育成果转化为立德树人能力。一方面，通过系统深入的党史学习，用党的百余年奋斗成就激发自身讲好思政课、培育好时代新人的积极性、主动性、创造性，在党史学习中学出更高的政治素质、更深的家国情怀、更新的思维方法、更广的历史视野、更严的自律意识、更正的人格修养，以坚定的理想信念、扎实的理论功底、丰富的实践经验全力讲好思政课。另一方面，能将党的百余年奋斗重大成就和历史经验与时俱进融入思政课改革创新和青年学生成长成才全过程，注重用最生动的党史素材教育青年学生成长发展，用伟大成就激励青年学生，用光荣传统和优良作风影响青年学生，持续彰显党史立德树人成效。同时，通过不断建设，目前"四史"教育融入高校思政课的主体日益广泛，引领力不断提升。实际上除了高校本校内的以思政课教师为主体的思想政治工作队伍以外，还拥有广泛的外部主体，如来自社会的

---

① 习近平. 在纪念全民族抗战爆发七十七周年仪式上的讲话 [N]. 人民日报，2014-07-08 (2).
② 习近平. 携手共创丝绸之路新辉煌 [N]. 人民日报，2016-06-23 (2).
③ 教育部等六部门. 教育部等六部门关于加强新时代高校教师队伍建设改革的指导意见 (EB/OL). 教育部网站.

红色场馆讲解员、各类模范榜样、其他高校的思政工作专家学者等。广泛的主体是做好高校"四史"教育的重要基础，能够在多个层面形成工作力量的凝聚和工作资源的整合，为"四史"教育融入思政课教学提供充分的人力。

二、高校思政课"以史育人"的内容不断丰富

"四史"教育不是一般的历史教育，而是以历史学为基础的思想政治教育，具有鲜明的政治导向。2019 年 8 月，中共中央办公厅、国务院办公厅印发的《关于深化新时代学校思想政治理论课改革创新的若干意见》指出："各高校要重点围绕习近平新时代中国特色社会主义思想，党史、新中国史、改革开放史、社会主义发展史，宪法法律，中华优秀传统文化等设定课程模块，开设系列选择性必修课程。"[①] 这首次明确了"四史"课程的思政课属性，而且明确了其作为思政课选择性必修课程的定位，为构建"必修＋选择性必修"的高校思政课课程体系指明了方向。2020 年 4 月，教育部等八部门联合印发的《关于加快构建高校思想政治工作体系的意见》将"四史"教育作为"加强政治引领"的重要组成部分。2020 年 9 月，教育部办公厅印发《关于进一步完善以习近平新时代中国特色社会主义思想为核心内容的高校思政课课程群建设的通知》，要求有条件的高校开设党史、新中国史、改革开放史、社会主义发展史等思政课程。2020 年 12 月，中宣部、教育部印发的《新时代学校思想政治理论课改革和创新实施方案》对高校提出了开设"四史"选修课的明确要求，"要求高校的思想政治理论课教师必须分门别类地对'四史'进行学习和研究，对每一门历史的内容进行学习和把握"[②]。2021 年 4 月，教育部办公厅发布的《关于在思政课中加强以党史教育为重点的"四史"教育的通知》中进一步强调指出，要持续深化所有思政必修课中"四史"学习教育相关内容的有机融入。

以上这一系列重要文件的出台，凸显了"四史"课程在思政课选择性必修课程体系中的"领头雁"地位，为新形势下大力加强"四史"教育提供了科学指南。思政课教学作为高校立德树人的主阵地、主渠道，在高校思政课教学中强化以党史为重点的"四史"教育，引导大学生进一步弄清楚中国共产党为什么"能"、马克思主义为什么"行"、中国特色社会主义为什么"好"等基本道理，以理论上的清醒达到政治上的坚定，对于解决培养什么样的人、

①中办国办印发《意见》深化新时代学校思想政治理论课改革创新 [N]. 人民日报，2019-08-15.
②中央宣传部教育部关于印发《新时代学校思想政治理论课改革创新实施方案》的通知 [J]. 中华人民共和国国务院公报，2021（9）：75—80.

为谁培养人、如何培养人的根本问题以及实现中华民族伟大复兴的战略全局
具有重大意义，表征出的鲜明的政治教育功能与思政课政治引导功能具有高
度的契合性。因此，注重"四史"教育融入思政课，既是加强思政课"三性
一力"的必然选择，也是"四史"教育的题中之义。作为优质的教育资源，
"四史"蕴含着丰富而强大的哲理，"四史"教育的有机融入已越来越得到高
校的重视。许多高校根据当地思想政治理论课的开展需要，在必修课中加入
了"四史"教育的相关内容，根据各学段的特点，开展集体备课，科学设计
教学内容，将"四史"教育资源优势转化为教育优势，不仅为创新德育形式、
提升学生道德修养贡献了无穷无尽的精神价值，同时也进一步挖掘、丰富和
拓展了"四史"教育融入高校思想政治理论课的内容，增强了大学生的使命
担当意识。

三、高校思政课"以史育人"的客体自主性较高

"天地之间，莫贵于人。"既要"见物"又要"见人"是推动发展的基本
要求。习近平总书记在同各界优秀青年代表座谈时强调，历史和现实都告诉
我们，青年一代有理想、有担当，国家就有前途，民族就有希望，实现我们
的发展目标就有源源不断的强大力量，因此，必须"坚持以青年为本，深深
植根青年、充分依靠青年、一切为了青年"。

一代又一代人承前启后地不断奋斗与前行，推动了社会发展与进步，正
如自然界新陈代谢的客观规律不以人的意志为转移，青年一方面继承与传递
社会传统与宝贵遗产并加以创新与丰富，另一方面又肩负传承与发展的责任，
青年以特有的身心优势、独特的思维与行动影响着社会，发挥着重要的作用。
中国共产党正是以此出发，重视青年的历史延续性与未来发展力，把青年看
作社会主义的未来和希望所在。未来属于青年，青年兴则国家兴，青年强则
国家强，中国特色社会主义建设的时代重任、实现中华民族伟大复兴的中国
梦，也落在了青年肩上。

改革开放以来，崭新的时空境遇为青年展现自我、发挥作用、实现价值
提供了广阔舞台，创造了各种可能性，人的主体自我被一再激发，社会活力
迸现，整体在信息获取方面的能力较强，思考问题的思维更加活跃，观察了
解事物的视野更为开阔，展示出的个性更加鲜明。因此，在将"四史"教育
融入高校思想政治理论课的教学过程中，相较于过去的灌输式教学，教师也
更加注重主导型与主体性相统一，更加注重启发性教育，课堂上学生回答问
题时的角度更为多样，课下学生与教师交流的问题更具现实性和深度。这也

明显反映出新时代的高校学生自主性较高，思想非常活跃。这就需要时时引导，处处引导，及时捕捉、把握并解决好青年中的焦点与热点问题，为青年提供具体的实在的有形服务，以具体行动关心爱护青年，在解疑释惑、凝聚共识中不断给青年学子以思想启迪和文化滋养，教育引导青年学生正确认识世界和中国发展大势，牢固树立为远大理想和共同理想而奋斗的信念和信心，正确认识中国特色和国际竞争，把握历史潮流，坚定"四个自信"；正确认识时代责任和历史使命，用中国梦激扬青春梦，点亮理想的灯、照亮前行的路，激励学生勇做奋进者、开拓者；正确认识远大抱负和脚踏实地，把远大抱负落实到实际行动中，让勤奋学习成为青春飞扬的动力，让增长本领成为青春搏击的能量，形成优良品格和健全人格。

四、高校思政课"以史育人"的媒介呈现多样化

在融媒体时代，高校要想发挥媒体的舆论引导、文化传承作用，除了要注重传统媒体不可替代的作用之外，更要提高对新兴媒体的重视。习近平指出："传统媒体和新兴媒体不是取代关系，而是迭代关系；不是谁主谁次，而是此长彼长；不是谁强谁弱，而是优势互补。"① 随着信息社会的发展，新兴媒体体现出来的及时性、互动性、灵活性等特征，使其越来越成为人们尤其是年轻人的信息来源。为了应对新媒体时代大学生"四史"学习教育生态的转变，众多高校进行了积极探索，利用网络平台、小程序、微视频、直播等，同时加入音频、视频，融入 AR、VR 等开展"四史"学习教育，成效显著。如共青团中央曾于 2016 年推出一款名为《重走长征路》的文字冒险游戏，成了新媒体时代创新教育介体的一个成功案例。在游戏中，参与者重温了长征历史，切实体验了长征的艰苦，感受到了长征精神的伟大。复旦大学党委党校、上海市中共党史学会、上海市党建服务中心、东方网联合推出"红色筑梦——'四史'现场讲"系列视频微党课；延安大学鲁艺新媒体文化工作室引领短视频、音频、图文多种形式育人新风尚，先后推出"鲁艺小讲堂""鲁艺学史"等栏目；苏州大学采用现场授课与网络直播同步进行的方式开讲《学习"四史"，鉴往知来》等。

新媒体强化了"四史"学习教育的双主体关系，大学生能够根据个人需要便捷地搜索到更多个性化信息，极大地提高了其在"四史"学习教育过程中的主观能动性，一定程度上削弱了高校老师作为传统"四史"学习教育主

---

①习近平谈治国理政：第3卷［M］. 北京：外文出版社，2020：317.

体的权威性。由此，大学生在"四史"学习教育中的角色逐渐由客体向主体转变。双主体关系使"四史"学习教育从"独白"走向"对话"，有助于师生双方加强沟通，达成思想共识，提高"四史"学习教育效果。同时，大学生乐于利用新媒体平台的"分享""转发""评论""点赞"等功能来传播和表达自己的思想认识，如能加以引导，可以促进"四史"学习教育内容的有效传播，在特色理论学习中汲取智慧能量，在网络教育的过程中厚植家国情怀。

五、高校思政课"以史育人"的环境已逐渐形成

"盘圆则水圆，盂方则水方。""环境是由人来改变的，而教育者本人一定是受教育的。"①"十四五"时期，党领导人民迈向新的征程，努力向第二个百年奋斗目标迈进。国家发展进入新的阶段，立足新的历史方位，世界格局和国际形势呈现新的特点，历史启示我们要营造良好环境，于不断变化着的局面中开启新的局面，以良好的意识形态工作稳定民心，凝聚精神方面的和物质方面的各种力量，为中国梦的实现鼓舞斗志。在全国形成良好"四史"学习氛围和宣传思想氛围的情况下，面对新的更高要求，聚焦高校肩负的使命责任，在落实宣传思想工作时营造人人学"四史"、人人思"四史"、人人悟"四史"、人人践行"四史"的浓厚氛围，从而更好地以历史启示人、以历史教育人、以历史培育人，使青年学子在潜移默化中受到影响，就成为不断增强"四史"教育实效性的现实之所需。

就当前各高校"四史"教育的实施情况来看，大部分高校党委宣传工作部门能够主动做好统筹安排，发挥领导作用，确保以"四史"教育为主题的师生共建校园文化活动是在正确的政治导向下进行，并且确定这类活动开展主题、形式等可操作性安排。教师群体则能够充分发挥自身的专业性知识为师生共建校园文化活动提供具有专业性的意见，同时发挥自身的示范引领作用，推动"四史"教育"理论＋实践"的融合创新，在传统的授课、讲座、征文、知识竞赛等形式的基础上，通过让学生回到自己的家乡，探寻红色遗址或红色故事，拍摄成微视频向祖国告白，以激发学生的爱国情，进而转化为强国志、报国行；通过与相关互联网平台合作，利用视频、音频、图片、动画、文字材料进行"重走长征路"的网上活动，让学生通过沉浸式体验以更好地了解长征概况、主要战役、红色遗址、民族英雄、长征诗词等，以进一步增强大学生的实践体悟，明确自身肩负的历史责任；通过线上搭建网络

---

①马克思恩格斯选集：第3卷［M］.北京：人民出版社，2012：134.

教学、情景表演、虚拟体验等平台，制作发布"四史"主题快闪MV、短视频、微视频等，以增强"四史"教育的立体感、吸引力和感染力；通过组织"四史"主题的现场教学、社会实践、影视展播活动，邀请老干部、老战士、老专家、老教师、老模范等"五老"讲党史党课，多形式组织就近就便到革命遗址、建筑旧址、纪念场馆、烈士陵园开展现场教学等青年学生喜闻乐见的方式，以进一步增强学习教育的针对性、实效性和亲和力；通过积极创办宣讲团，从中央宣讲团到省委宣讲团，从高校教师宣讲团到学生宣讲团，从共同学习到基层宣讲，宣讲团这一宣传工作方式将"大宣讲"和"小宣讲"有效结合，因地制宜，不断推进党的思想入脑入心入行动，以更好地教育引导青年学生知党史、听党话、跟党走，不断扩大"四史"教育的覆盖面和影响力。可见，在各大高校的积极工作下，目前"四史"融入高校宣传思想工作的环境已逐渐形成。

第二节　高校思政课"以史育人"教学模式的现实困境

正确全面理解"四史"教育的现实问题是高校办好"四史"教育的先决条件和扎实的根基。目前，高校学生"四史"教育的方式能够从某种意义上传达出对其发展的要求。然而，从育人实效来看，高校"四史"教育在融入思政课的过程中也存在着诸如教学资源与学习诉求之间的矛盾、教学方式与学习意愿的矛盾等客观存在的一系列问题。基于此，在对新时代大学生"四史"教育融入思政课的现实状况和影响因素进行全面的整理的基础上，以问题为指导，深刻剖析新时代大学生"四史"教育融入思政课教学存在的现实困境，以期为推动高校"四史"教育突破性发展提供可供借鉴的思路就成为亟待解决的重要课题。

一、整体设计和系统推进有待提升

"四史"教育是在时间和内涵上相互影响、相互支撑的系统性知识。党史教育、新中国史教育、改革开放史教育和社会主义发展史教育是"四史"教育的组成部分。"四史"教育既不是将各个学习板块的内容拼凑在一起，也不是简单的集合体。"四史"教育的教学应与现实生活、日常学习紧密联系起来，使受教育者在切身体会"四史"的过程中获得升华。然而，在对具体教学的调研中发现，目前部分高校对"四史"教育的统筹设计还有待加强，"四史"教育与学生实际学习生活的联动程度有待提高，课程教学之外的教育空间并未完全开发出来。

（一）高校对"四史"教育的统筹设计还需强化

"四史"宣传教育是一项系统工程，必须坚持系统思维，强化统一谋划和顶层设计，根据上级关于学习宣传贯彻落实党的二十大精神和开展学习贯彻习近平新时代中国特色社会主义思想主题教育的要求，制订符合实际、富有特色的宣传教育计划。高校党委要充分发挥课堂主渠道作用，将"四史"宣传教育融入思政课程和课程思政，切实提升育人实效。但从当前承担"四史"教育主渠道的思政课来看，尽管当前六门高校思政课都有该课程的教学大纲、教学目的和教学内容，但如何把"四史"融入各门课程的教材体系中，如何使各门思政课之间有机衔接和配合，如何使学生全面、系统了解"四史"知识，仍是当前思政课教学的难点和任务。各高校在明确各门课程承担的"四史"教育的具体内容和任务，推动各门思政课形成分工明确、内容互补、有机衔接的"四史"教育教学体系方面仍有所欠缺。同时，就思政课程与其他课程的统筹协调方面来看仍存在一定的问题，历史学、哲学等与"四史"内容息息相关的课程尚未与"四史"教育实现紧密结合，课程思政的实际效果仍需提升。此外，高校课程教学中的"四史"教育与日常思想政治工作、宣传工作、组织工作等领域的相关工作的统筹设计还显得不够充分，发挥思想政治理论课之外的主阵地作用还有较大提升空间，在提升学生的政治认同、思想认同、情感认同方面的实效性不够强。

（二）"四史"教育与学生实际学习生活的联动程度有待提高

在思政课教学中突出体现"四史"教育，是高校落实好意识形态教育工作的关键，也是解决新时代学生思想困惑、带来价值认同最大化的重要举措。青年学生是社会主义接班人，如果青年群体能在思想上达到最大化的统一，并发自内心地坚定社会主义发展信念，对中国共产党和中华民族带有肯定性的心理判断和情感归属，那么，在建设中国特色社会主义的行动上将能步调一致，以更高效的做法推动社会进步，加快经济发展。为此，"四史"教育要想取得较好的教学效果，就需要立足校情、学情，即从学校整体情况、专业设置、学生特点、学生需求入手，有针对性地把握分析教学目标要求、重点内容、课程载体，制定面向学生优势需求的精准教学策略，从而克服高校思政课教学中的供需不匹配问题，以实现思政课"四史"教育的"靶向供给"，提高大学生学习的积极性与获得感。但在实际教学中，部分高校的"四史"教育存在一定的脱离学生实际学习生活的情况，出现一些学生厌学敷衍、缺乏学习兴趣的现象。相关主题教育与思政课教育教学、班团队活动、校园文化建设等的结合略显不足，在"四史"教育的设计协调上还需要深入研究学生的思想认知规律，了解和把握学生在授课、交流及不同学习阶段的体会和感悟，细心观察学生的言行，随时掌握学生的思想动态，聆听学生对于课堂教学的反馈意见，探索更多能够吸引学生注意力、提升学生学习效果的机制和方式，据此适时调整教学计划，以此满足学生的求知欲，实现学生从被动学到主动学的质的转变。

（三）"四史"教育的理论教育与实践教育的系统性推进仍需提升

实践教学"作为课堂教学的延伸拓展，重在帮助学生巩固课堂学习效果，深化对教学重点难点问题的理解和掌握"，其最大特点是实践性和体验性。课堂教学则重在理论阐释与解析，其最大特点是理论性、抽象性。二者在功能上是相辅相成、互为补充的。"四史"教育融入思政课，应"坚持理论教育与实践养成相结合，整合各类实践资源，强化项目管理，丰富实践内容，创新实践形式，拓展实践平台"，突出学生的主体意识、参与意识与实践精神。让学生在生动的史实、鲜活的史料、切身的体验中引发情感上的共鸣，拉近与英雄人物的距离，深化对历史事实、规律的理解、认同。习近平总书记强调，高校的教育要始终以学生为重心，善于利用一切教育资源。然而，从现实来看，大多数高校"四史"教育手段依旧停留在课堂授课阶段，教学内容也多在理论课中呈现，而实践教育教学边缘化。即使有些高校开展了"四史"教育实践，但由于教育目标不够明确，缺乏科学的指导，使得许多实践教育活动流于形式。而理论课教学与实践活动的脱节，更导致了"四史"教育实践价值的缺失。可以说，目前的"四史"实践教育并不是出自大学生的初衷，而是在高校要求下的被动参与，因此实践教育缺乏主动性和参与性，不可避免地导致"四史"教育实效性较差。无论是志愿服务还是体验实践教育，部分针对"四史"教育的大学生实践教育往往只持续几天，部分实践教育在节假日期间举行，缺乏长期有效性。此外，为了应付教育教学要求，部分高校与"四史"教育工作者只是组织学生看看相关短视频，并没有将"四史"教育常态化与长期化，也没有将"四史"教育深入开展。大学生在教育过程中只是走走过场，没有真正从中习得"四史"知识，没有在"四史"教育过程中有所领悟，也无法将课堂中所传授的理性知识与以往间接经验所积淀的感性认识相结合，从而上升到价值观、世界观塑造的层面。因此，进一步探索如何增强青年大学生学习"四史"的动力，也是新时代思想政治教育创新发展的重要内容。

二、课程教学效果有待提升

将"四史"教育有机、合理融入思政课程，应当在保持思政课课程体系完整的基础上，按照系统性、整体性原则找准"四史"与各门课程的结合体，明确重点和教学要点，形成相互联系、相互补充的一体化的教学参考或操作蓝本，并且与"四史"教育选择性必修课实现良性互动，"着力推动形成分工明确、内容互补、互动衔接、立体高效的'四史'教育教学新格局"。但从目前"四史"课程教学的实施效果来看，因开课学期分布不合理、总体课时安排较少、课程性质与学分影响学生学习状态等诸原因，使得"四史"常以碎片化形式分布在教材中，"四史"内容的系统性和连续性不强，致使学生难以从中探寻"四史"的内在逻辑和发展脉络，不利于学生从整体上把握历史规律，在循序渐进中掌握历史的发展脉络。

（一）课程设置体系尚待优化

2021年4月，教育部办公厅发布的《关于在思政课中加强以党史学习教育为重点的"四史"教育的通知》（教社科厅函〔2021〕8号文件）指出："有条件的高校要开设以党史教育为重点的'四史'思政课程。全国重点马克思主义学院根据本校实际情况，至少开设1门'四史'类思政课选择性必修课，所在高校本科生至少修读1门该课程。有条件的高校根据本校实际情况，开设'四史'类思政课选修课，可将'四史'类思政课选修课与人文素质类选修课、专题讲座融合开设。"同时，在文件中还指出，要"持续深化所有思政课必修课中'四史'学习教育相关内容的有机融入，讲清讲透各门必修课中蕴含的'四史'道理学理哲理"。但在访谈中发现，高校"四史"课程设置体系尚存在开课学期分布不合理、总体课时安排较少、特殊的课程性质与较少的学分安排影响学生学习状态和效果等问题。再加上因部分教师未能站在高校思政课程全局的视角，明确各门思政课教学目标的差异性和教学内容的侧重点，深刻把握自己所承担的课程与其他课程之间的关系，以至于在实际的教学过程中，未能对"四史"教育内容与其他思政课教学内容之间重合的部分做精准的把握，对不同课程的区别与联系的认识也不到位，因此，没能做到有针对性地开展教学，容易使学生错误地认为学习内容只是单纯地多次重复出现，进而降低学习兴趣，影响教学效果。

（二）课程目标精准对接有待提高

"四史"为马克思主义理论和价值观教育提供了例证素材和史实支撑，而思政课在整体上为准确把握"四史"的本质与主流提供了世界观、方法论和理论支持。二者在思想内容和价值导向上融通互促，具有高度的契合性，统一于立德树人的根本。2019年8月，中央办公厅、国务院办公厅印发的《关于深化新时代学校思想政治理论课改革创新的若干意见》（以下简称《意见》）明确大学阶段思想政治理论课的目标定位"重在增强使命担当，引导学生矢志不渝听党话跟党走，争做社会主义合格建设者和可靠接班人"。2021年4月，教育部办公厅发布的《关于在思政课中加强以党史教育为重点的"四史"教育的通知》以《意见》为总纲领，对"四史"教育融入高校思政课有效性做出新规定，明确大学阶段党史教育为重点的"四史"教育"重在增强使命担当，引导学生矢志不渝听党话跟党走"。增强大学生使命担当既是高校思政课一以贯之的目标追求，也是以党史教育为重点的"四史"教育的重要使命。因此，就本质而言，高校思政课的教学目标与"四史"教育的教学目标相一致。但在实际的授课过程中，部分教师未能深化"四史"教育所要实现的教学目标，导致"四史"教育课堂的知识平铺展开。其知识传输通常是照本宣科，且课堂中每个板块间的知识衔接没有处理好，主线较为模糊，甚至只将教学当成任务，再加上未能精准把握好"四史"教育与思政课各自教学侧重点，以至于出现因教学内容重复而给学生造成学习倦怠的现象。目前的思政课包括"思想道德与法治"课程、"毛泽东思想和中国特色社会主义理论体系概论"课程、"中国近现代史纲要"课程、"马克思主义基本原理"课程、"习近平新时代中国特色社会主义思想概论"课程以及"形势与政策"课程等，每门课程都有自己特定的教学内容。"四史"教师需要发挥主动性，积极探索"四史"教育融入本门课程的可能性和现实性，包括"为什么融""融什么"以及"怎么融"等问题，在把握各门思政课教学主题的基础上，探索二者融合的着力点，科学合理地设计教学内容，并通过实践进行检验。当然，这将是一个教学研究的过程，因此，在这个过程中要加强集体协作，通过与校内外"四史"教师进行线上线下交流来不断总结经验，以构建"四史"教育融入思政课的科学路径。

（三）教学形式相对单一

高校大学生"四史"教育不是高校的"独白式"管理，而是一项系统性工程，需要最大限度地与高校乃至社会的各项教育要素相互融汇，从而丰富工作内容与手段，并形成"四史"教育的"学术共同体"。学生所经历的"四史"教育也不仅仅停留于对显性知识的获取上，更重要的是获取隐性知识，回到本源起点，站在历史、理论和实践的脉络上，对"中华民族从哪里来、要往哪里去"看得更清楚，对"我是谁、为了谁、依靠谁"想得更明白，在学、思、践、悟中坚定理想信念，在奋发有为中践行初心使命。但是，从当前高校大学生"四史"教育的工作方式来看，依然存在单一滞后的问题，"四史"教育课程以理论学习为主要形式，学习形式还不够丰富，尤其在实践教学、实地考察、红色体验等形式上有所欠缺，许多高校没能充分利用线下红色资源开展教学，这使得"四史"教育存在与外界相隔的问题，造成了现实的"孤立"，因缺乏与社会各个方面的广泛关联和有效衔接，从而削弱了社会实践等在"四史"教育体系中的支持作用。党史教育、新中国史教育、改革开放史教育和社会主义发展史教育四个子系统的教学存在衔接不充分、相互"隔绝"的问题，从而不利于有效地调节"四史"教育的课程设计与目标。子系统之间存在信息不对称的问题易致使教学目标和计划不能满足学生的需求，也不利于学生对"四史"教育形成系统性的认识，造成知识传播层次断裂的怪圈。校园网、校园新媒体平台等还未发挥出充分的教育功能。新媒体传播渠道虽然确保了"四史"教育的严肃性和准确性，但是在结合学生实际和感兴趣的话题、增强学生学习动机和能力方面还有许多空白区域需要填补。"四史"教育与已经较为成型的专业文化活动、学生社团活动等校园文化活动还没有形成较好的接轨模式。虽然在之前的"四史"教育宣传活动中，融合过演讲比赛、手抄报等形式，但还未形成有真正教育意义和模式的"四史"教育的品牌化、系统化的方案，给学生更多的感觉仅仅是灌入主题而已，再加上部分高校"四史"教育的考核与评价体系较为单一，以提交论文或书面考试为主，难以对其进行综合评价，以致影响到了"四史"教育的效果。

三、教育者队伍建设水平与历史教育素养有待提升

"四史"教育队伍作为教育工作的组织保证，队伍的整体素质在很大程度上决定着学习教育的效果，只有队伍建设得到切实加强和提高，"四史"教育的目标才能更好地实现。高校思政课教师是高校教师队伍中承担用习近平新时代中国特色社会主义思想铸魂育人，强化理想信念教育和价值观引导，开展马克思主义理论和党的创新理论学习的中坚力量。习近平总书记强调"办好思想政治理论课关键在教师，关键在发挥教师的积极性、主动性、创造性""思政课作用不可替代，思政课教师队伍责任重大"。[①] 只有建立起一支政治素养高、专业能力强、教育技术精的优秀思政课教师队伍，才能更好地推动"四史"教育融入高校思政。自 2019 年学校思政课教师座谈会召开以来，

---

① 习近平总书记教育重要论述讲义 [M]. 北京：高等教育出版社，2020.

我国思政课教师队伍不断壮大，截至 2021 年底，思政课教师配备已总体达到了师生比要求，但与此同时，思政教师队伍也面临着由外延式规模扩张带来的内涵式发展不足等问题。

（一）部分思政课教师关于"四史"的相关理论和知识储备不足

"四史"教育融入思政课的教学实践，势必会对思政课教师提出更高的要求，这不仅体现在理论素养上，更直接体现在知识储备上。思政课教师不仅需要具备深厚的专业理论修养，还需要具备较强的史学素养，能够从历史的发展规律中正确把握"四史"内容，能够系统地分析和梳理"四史"之间的内在逻辑，把握其现实意义。教师要做好思政教育的"引路人"，首先必定是以学识理论来说服人，史学理论知识储备必不可少。然而在当前，部分思政课教师在专业背景要求、相关理论素养、对口知识储备等方面还存在一定不足，思政课教师队伍的整体史学素养不强，史学水平参差不齐，整体素质还有待进一步提升。

（二）部分思政课教师对于"四史"的教授内容单一且枯燥

当前，部分思政课教师的课堂讲授存在教学形式单一、教学方法单一等问题。信息化时代，随处可获取多元化信息，学生的思维模式和行为习惯也发生了天翻地覆的变化，传统的思政课已经不能够满足学生的学习需求和兴趣需要，这对教学形式的丰富创新提出了更高的挑战和要求。然而，现实却是部分教师并未做到与时俱进，在教学实践中也没有进行创新，教学方式老旧，采用的仍是强硬灌输、"填鸭式"的教学方法，授课方式只局限于使用PPT 讲解，没有充分利用多媒体，并且很少组织实践参观和课外学习，导致教学形式过于单一，使得思政课缺乏亲和力和针对性，教学效果不佳。

（三）部分思政课教师讲解"四史"教育内容的契合度不高

在教学内容方面，教师对"四史"教育内容的讲解较为枯燥，部分教师把"四史"的教学内容集中在理论讲授上，忽略了与现实生活的有机融合，缺乏吸引性和趣味性，使得学生对生涩的历史内容缺乏情感共鸣。部分思政课教师对"四史"教学内容的把握不准确。在"四史"融入思政课教学的过程中，部分教师受专业素养的限制难以进行有效取舍，也很难准确把握历史发展动线，导致在开展思政课教学的过程中，对史料素材的选取不能和教学内容很好地契合，弱化了学生对"四史"内容的理解力，在一定程度上削弱了"四史"教育在思政课中的育人效果，也在某种程度上影响了"四史"教育资源的利用。

（四）思政课教师的专业素养和能力有待提高

思政课教师承担着将"四史"教育融入思政课的重任，而思政课也是一门集思想性、理论性及政治导向性于一体的教育课程，要想出色地上好这门课，思政课教师的素质能力必须过硬，如历史思维能力和专业素养等。因为，想让学生学好"四史"，光靠发挥马克思主义本身的真理力量是远远不够的，还需要依靠思政课教师个人的人格魅力去加强引导。但目前高等院校思政课师资队伍建设仍处于发展阶段，部分教师还不具备独立承担"四史"教学的能力，并且大部分思政课教师不是历史学相关专业毕业的，有一部分教师甚至不是马克思理论相关专业毕业的，因此缺乏马克思主义相关理论的知识，在理解相关的理论和理论体系方面也存在不到位、不深刻的问题，致使思政课的理论性、思想性和深刻性降低，说服力也大大降低。因此，思政课教师队伍的专业素养能力不高将是掣肘"四史"教育更有效地融入思政课的瓶颈。

四、教育对象的认同度、投入度、配合度有待提高

从高校"四史"教育现状来看，教育对象的学习状态、学习效果在整体上还没有达到较为理想的程度，主要体现在教育对象的认同度、投入度、配合度有待提高。

（一）教育对象的认同度有待提高

21世纪是一个竞争与合作并存、科学技术鼎盛、人不断得到全面发展的世纪。在机遇和挑战面前，作为新世纪的大学生，更应该全面提高自己的能力，在加强科学文化知识学习的同时，也应该具有强烈的人文情怀和人文精神，把自己塑造成为一个优秀的大学生。高校教育作为一种承载着科学与人文融合的使命，以实现人的全面自由发展为终极目的的教育，更应该以人为中心，以人为出发点，着眼于人的可能性，从尊重人、理解人、关心人、人的需要及人的全面发展等方面入手，以科学与人文融合的教育为手段，在关注人的专业素质的同时，更加关注人的心灵、关注人的价值，以人的方式调动人的主体认识与实践的主观能动性，为实现人对"自己本质的全面占有"打下坚实的基础。唯有如此，才能不断地提升大学生对真的探索、对善的向往和对美的追求，并实现大学生自身的全面发展与促进社会的全面进步。

应该说，从当前高校自身建设来看，在党中央的坚强领导下，高校采取有力措施，积极主动开展工作，大学生思想政治教育成效显著，教师思想政治素质明显提高，各类思想文化阵地建设和管理不断加强，中国特色社会主义理论体系进教材、进课堂、进头脑工作扎实有效，社会主义核心价值观建

设持续推进，高校意识形态领域主流积极健康向上。但是，我们也要清醒地认识到，面对国际国内形势深刻变化，面对不同思想文化交流交融交锋，面对社会思潮多元多样多变，有的高校对意识形态工作重视不够，存在重学术轻思想政治工作的现象，领导体制和工作机制有待完善；对意识形态工作规律的认识和把握不够，针对性、实效性需要进一步增强；对阵地建设管理不到位，错误思想观点仍有传播空间等。这既造成了教育上的不协调，同时也使得部分大学生在个人发展方面出于功利主义的思想与认知，往往将注意力与精力着重放在专业性课程的学习中，而对"四史"教育理论学习的重视程度则不足，以至于对"四史"教育的理解和领会偏向形式化，继而使教学质量下降，最终对"四史"的教学产生不利影响。

（二）教育对象的投入度有待提高

高校"四史"教育知识目标和能力目标要能顺利实现，离不开学生积极的行动参与。大学生对"四史"教育活动的积极接受和全身心的参与其实就是大学生认同、配合和支持的最高形态。它不仅包含了对教师教学任务的安排、教师教学过程的组织以及教学规划和教学设计等方面的积极参与，同时还包含了在开展"四史"教育活动的过程中，学生所给予的一系列中肯、善意的建议，以达到如期、顺利实现教学效果最佳化的目的。在"四史"教育中，学生投入的作用通过认知、情感和行动投入三方面来体现。如果没有足够的学习投入，师生在课上无法产生情感的共振、思想的冲撞，"四史"教育活动就会一成不变、毫无生气、毫无效果。因此，在高校中，学生对"四史"教育的投入力度不够，将会对其学习效果造成负面影响。

（三）教育对象的配合度有待提高

大学生配合度是一种以学生和教师之间的合作为基础的行为程度，不仅注重启发学生的兴趣，催发学生的探究欲望，引发学生的认知冲突和激发学生的主动性，同时也十分注重学生围绕课堂教学目标、教学内容，根据教师的教学设计开展一系列的教学活动等。提高学习配合度可以让学生按照教师的课程安排和课程计划合理分配时间和精力，尤其是在课堂学习的精力集中和认识上，从而更好地执行教师的教学任务。在高校"四史"教育的教学过程中，如果学生在课堂中"不配合"，专注于社团活动、忙于其他专业的课后作业甚至玩手机、聊天，最终就会造成学习效果不佳。此外，部分学生认为由于"四史"教育的内容过于简单，在学习活动中无法激发其积极性；也有学生认为大学"四史"的教学内容过于抽象，在创造性和适用性方面有所欠缺，对"四史"的学习没有动力。这就造成"四史"不能被学生正确地认识，使教师难以对学生进行及时、高效的思想指导。

第三节　高校思政课"以史育人"教学模式的问题归因

因果是事物与现象之间相互关联的一种普遍形态，事物之间的相互联系无处不在。在历史唯物主义中，这一引发与被引发的关系叫作"因果关系"。"四史"教育在实践中具有活动性，它所引发的问题仅仅是外在的表象，而造成问题的根源则是多维度的。

一、社会环境的复杂性阻滞历史教育的育人成效

马克思曾说："人的本质是一切社会关系的总和。"[1] 社会性是人的根本属性，人是处于某种社会关系中的，不可能孤立地活在这个世界上。基于某种需要，人必然会与其他的人或者群体产生这样或者那样的关系。因此，每个人的个性特质、语言风格、行为习惯等都会受到其他人或者环境的影响。同理，新时代高校大学生"四史"教育作为教育体系中重要的一部分，必然也会受到教育主客体周围环境的影响。育人环境与育人效果是相辅相成的，不能将二者割裂开。要认识到环境的重要性，客观地认识、评价当前的环境，这样才能增强育人工作的针对性和实效性。环境中的积极因素会推动新时代高校大学生"四史"教育的全面落实，提升"四史"教育明理增信、崇德力行的实效性发挥。但是当前环境中也还存在着一些消极的因素，影响着"四史"教育的成效与进程。

（一）国外不良思潮对"四史"教育实效的冲击

社会思潮是一种对现实生活有强大引领作用的精神力量，随着网络的飞速发展，这为社会思潮的传播提供了新的媒介，同时各类国外不良社会思潮也开始利用网络广泛传播。青年大学生是国家建设的重要后备军，其思想观念正处在成型的关键时期，这也使得许多国外不良思潮将青年大学生群体作为"攻略"的主要对象。回望改革开放以来的发展进程，我们不难发现，我国迅速抓住了社会发展的重要时机，四十多年来我国不仅在经济、文化、科技等方面迅猛发展，同时与世界各个国家的交往、交流也日益频繁，对于全球共同面对的人口、环境、资源等问题在积极同其他国家切磋交流的基础之

---

[1]马克思恩格斯选集：第 1 卷［M］. 北京：人民出版社，2012：139.

上也达成了一系列共识。但与此同时，全面的开放也存在一定的负面影响，例如，部分西方国家通过互联网对我国的意识形态进行输出，严重影响我国主流意识形态的话语权。这对于不具有充足的理论知识储备，思想意识也尚未成熟的青年大学生而言，不可避免地难以抵御西方敌对势力所宣扬的普世价值、不良思潮的"甜言蜜语"。再加上不少西方国家在"推销"所谓"自由、民主"的普世价值的过程中，经常利用我国在发展过程中遇到的困难、走过的弯路，进行添油加醋，以达到挑拨民族关系、党员干部和群众关系的丑恶目的，致使部分大学生产生信仰危机、历史观混乱以及爱国主义精神及民族精神的丧失。对于大学生而言，他们是未来中国特色社会主义建设的主力军，影响到未来国家发展的兴衰成败，一旦让这些错误思潮长期弥散在大学生群体之中形成普遍意识，那么这种不能正确看待自己民族、国家历史的大学生必然会产生思想上的混乱，甚至缺乏政治信仰，丧失对未来的理性追求。因此，在进行"四史"教育的过程中，思政课教师要引领大学生在学习和借鉴国外优秀文化的同时，更要时刻用辩证的眼光看待社会和网络上充斥的各种不同言论，从而增强冷静分析、独立思考的能力。

（二）社会泛娱乐化现象对"四史"教育的冲击

所谓"泛娱乐化"是指在信息化条件下娱乐元素在社会生活中过度泛滥，导致人们以娱乐化的心态对待一切，以娱乐作为价值衡量标准所形成的一种社会现象。它依靠现代传媒和高科技信息传播的手段，将各领域的人物及事件等进行娱乐性的修饰，把能否取悦、吸引大众作为追求的目标，大大降低了文化市场的严肃性。泛娱乐化使原本不包含娱乐元素的事物转向娱乐化的属性，并将娱乐化渗透到经济、文化、社会等领域，满足着人们的感官欲望。这种低层次感官刺激满足了不少人的心理需求，使泛娱乐化市场不断扩大，驱动着无数人去追求低浅的狂欢，忘却了理性与道德要求，那么便会使学生对"四史"教育等内容的学习志趣降低，甚至会让学生在课堂上产生厌倦和抵触情绪，从而影响到学生对于历史的正确认识和理解，甚至会导致部分学生过分追求片面肤浅的内容，放弃对历史社会的深度思考及党性与科学性的辩证统一。再加上很多高校对于本校或者本地的"四史"资源挖掘不够充分，导致学校"四史"文化资源匮乏等，致使部分学生因失去了个人信仰，对国际关系、政治形态、党的领导和历史经验不明所以，对世界局势和国家大事知其然而不知其所以然，从而严重影响了"四史"教育的成效。因此，在进行"四史"教学时，必须坚持实事求是的原则，积极引导学生理性对待"泛娱乐化思潮"带来的冲击影响，加强其对"四史"系统性和全面性的理解，保持其学习热情,使其维护"四史"教育的科学性及严肃性,自觉履行新时代民族复兴的伟大使命。

二、高校历史教育的保障机制尚需完善

近几年,为了使高校思政课在加强中改进、在创新中提升,党中央系统谋划、顶层设计,强化制度供给,思政课受到特别的重视,建设力度之大,前所未有。党和国家通过一系列文件和政策等制度性安排来推进高校思政课改革,使高校思政课建设从政策推进为主逐渐向以内涵建设为主转变,已经初步形成了用政策引领、依规章推进、靠制度保障建设的有效机制。然而,以 2021 年 5 月 26 日中共中央印发的《关于在全社会开展党史、新中国史、改革开放史、社会主义发展史宣传教育的通知》为准,"四史"教育在高校的推进落实至今也不足三年。在短时间内,高校"四史"教育的保障机制尚难以做到尽善尽美和兼顾各方。

(一)高校强化顶层设计和统筹规划还需要加强

"四史"教育是一项系统化、长效化的过程,必须坚持系统思维,强化统一谋划和顶层设计。高校党委要立足本校师生实际,做好顶层设计,规划并构建"四史"融入思政教育方案,对课程教学内容进行统筹安排,加强分类指导与对策落实,助力思政课专业设置、教材体系安排、考核评价、质量保障等各方面协同推进,使融合流程有机衔接,切实把"四史"教育的历史和实践逻辑与思政教学的理论逻辑统一起来,达到同频共振的效果。近些年来,各地学校都比较重视"四史"教育与高校思想政治理论课的关系,能够立足学校自身的教学实际和办学特色,通过开展有关"四史"教育的思想政治理论课程来实现立德树人的教学,培养具有新时代精神品质的时代新人。但是,在学校推进"四史"教育融入高校思想政治理论课的过程中,也存在着一些不足。最明显的就是"四史"教育融入高校思想政治理论课的过程缺乏整体规划。虽然有相关"四史"教育融入高校思想政治理论课的政策要求,但从现实情况看,目前总体格局尚未形成,且教育目标缺乏协同性、整体设计缺乏系统性,课程结构设置的整体性不明显。"在高校思想政治理论课教学中实现'四史'教育的整体性,基础问题是教学内容的科学构建。"① 没有在顶层设计上加强统筹规划,就很难改变思政课管理形式化的现状。在课程体系上,

---

① 王玉.高校思想政治理论课"四史"教学的整体性及其实践路径[J].思想教育研究,2021(1):123-127.

还需要整合思想政治教育资源，形成"必修课"加"选修课"课程体系，提升思政教育与历史教育的协同意识，避免将"四史"教育融入高校思想政治理论课当作一种口号和形式。"四史"教育与高校思想政治理论课教育都属于文化层面的内容，但是要想让两者融合得好，就需要以一定的制度建设为保障。要结合高校自身的特点，制定相关的教学制度，构建起"四史"教育融入高校思想政治理论课的制度体系，使之在学校的规章制度、学生的培养方案、教师的考核等内容中有所体现。

（二）高校"四史"教育的平台保障需进一步加强

在"四史"教育的软环境建设上，随着新媒体在思政课教育中的应用日趋广泛，决定了新媒体在高校思政课教育中必然占据重要的地位。然而，高校在新媒体硬件设施和软件设施的建设上相对落后，未能满足在新媒体之下将"四史"教育融入思政课教育的需要。在新媒体阵地硬件建设上，部分高校对新媒体平台建设投入不足，缺乏专业人员和团队对新媒体平台进行管理和运营。在新媒体平台软件建设上，部分高校在新媒体平台中关于"四史"教育的内容趋于形式化、固定化，教育内容的吸引力不够，无法引起大学生的关注和兴趣。在新媒体平台"四史"教育资源整合上，部分高校没能充分认识新媒体平台资源的重要性，对平台中的"四史"教育资源挖掘和分类不够充分，教育内容和教育资源缺乏有效整合，以致在进行思政课教育的过程中，融入"四史"教育缺乏形象丰富的教学案例和内容。在"四史"教育的硬件设施上，也没有形成与"四史"教育特点和要求相适应的校园环境，相关配套设施的不完善导致"四史"教育融入思政课的效果不理想、融入方式单一，难以让"四史"教育融入思政课达到理想的育人成效。

三、教师队伍的专业素质难以完全满足历史教育要求

教好思政课的关键在教师，思政课教师的教学水平是思政课取得实效的关键。教师作为"四史"教育融入高校思政课的话语主体，专业素养和教育能力直接关系到思政课的教学质量和教育对象的认同与兴趣。当前，绝大部分的思政课教师具有"四史"素养，教学功底扎实，教学水平较高，同时能关注学生需要，能根据课堂灵活多样地运用"四史"资源进行思政课教学，在思政课堂发挥"四史"育人功能，取得良好的教学效果。但也存在部分教师主动融入意识不强等现象。

（一）高校思想政治教育教师队伍未能充分认识到"四史"教育的价值意蕴

自习近平总书记提出要重点学习"四史"后，全国便掀起学习"四史"

的热潮，国家也出台了相关政策。伴随着高校决策层对于"四史"教育融入的重视与支持力度的逐渐加强，高校思想政治教育教师队伍的重视程度也在逐渐加深，从而直接影响实践进程。然而，高校对"四史"教育融入的过程不是一蹴而就的。在现实的教学过程中，并没有统一完备的学习教材，内容分散且总感觉很多内容是重复或者交叉的，不知道每门课的融入重点在哪里，不知道怎样围绕思政课来融入相应的历史内容。除了在内容安排上让大学生掌握"四史"基础知识外，还要构筑结构具体严密的"四史"知识逻辑体系。要让大学生对历史的前因后果及其路径走向有全景式的把握，内容安排就要在系统完善的基础上进行开发和延伸，但是目前这件事施行起来是不容易的，而且是很辛苦的。部分高校思想政治教育师资队伍因未能充分认识"四史"教育的价值意蕴，对"四史"教育融入思想政治理论课的重要性缺乏深层次的理解，对其在道德情操、理想信念等方面所发挥的功能缺乏足够的认知，致使"四史"教育一直是被动式的融入。他们认为"四史"资源在思政课上是可有可无的，未能将"四史"相关事件、历史人物作为充实课堂内容的重要手段，在思政课上较少或者没有运用"四史"，导致"四史"融入未能形成常态化、日常化或者仅仅把"四史"融入思想政治理论课的这个过程当成一种政治宣传任务，从而造成了"四史"教育融入思想政治理论课的实效性与针对性缺失的现象，这一做法其实质就是没有认识到"四史"教育其实就是高校思想政治教育中不可或缺的一部分，是没有正确认识"四史"教育价值的表现。

（二）高校思想政治教育教师队伍知识结构的不完善无法完全发挥"四史"教育整体性价值

当前不管是思政课教师还是其他思想政治教育工作者，关于"四史"的基本史实知识储备不足，将历史教育和思政教育融合功力不够透彻，导致"四史"教育的政治方向不鲜明、学术导向也不清晰，在授课过程中能做到在对学生进行思想政治教育的过程中及时、恰当、灵活运用"四史"知识作为材料支撑的能力也尚显不足，难以在"四史"这座富矿中挖掘出育人的元素，再加上教学方式老旧单一，使得大学生没有真正认识到"四史"学习的重要性和必要性，学习热情不足，教学效果也不佳，进而使得学生们在面对各种错误思潮、错误思想观念时，出现疑惑不解的情况，给一些假借"还原历史真相"之名、行污蔑历史之实，妄图从根本上否定和抹杀马克思主义、中国特色社会主义、中国共产党领导的错误思潮有了可乘之机。这些直接和间接后果都与高校思政课教师历史底蕴不深、无法有效引导学生树立正确历史观有极大关联。教师要给学生一碗水，首先自己要有一桶水。教师自身对于"四史"知识掌握得不够全面，会影响学生对"四史"知识的学习，从而影响学生难以用历史唯物主义的观点去思考问题、解决问题。思想政治教师队伍只有掌握充分的"四史"知识，努力完善与提升自身的知识结构与素质能力，立足于历史发展脉络，真正做到"在马信马""在马言马""在马行马"，才能把"四史"教育的基本史实、原理方法、学术观点等讲清楚、讲明白、讲透彻；学生也才能真正理解和掌握历史唯物主义的原理与方法论，明白历史发展的必然趋势。只有这样，"四史"教育才能真正起到其应有的资政育人成效。

四、青年大学生的主体性发挥不足影响历史教育效果

青年学生是社会中最有朝气、最具生命力的构成部分，不仅是推动未来社会进步的重要力量，同时也是国家与民族的未来和希望。推动"四史"教育融入思政课教学的全面落实，不仅能够更好地引导青年学子学好"四史"知识，更有效地接受学校的思想政治教育，同时也能够使青年学子在历史的学习教育中不断地汲取人生智慧与思想方法，并学会运用正确的态度与方法自觉地同各种不良的社会思潮进行斗争，以形成正确的"三观"。但从当前青年学子所面临的成长环境来看，由于社会正处于转型期，再加上外界环境的复杂多变，充满着诸多的挑战与诱惑，这就导致高校青年学生思想状况呈现出复杂性，在一定程度上影响了"四史"融入思政课教学实效性的发挥。

（一）错误思潮涌动影响高校大学生的价值观念

大学生处于"拔节孕穗"期，思想上可塑性非常强，但波动比较大，部分大学生存在历史知识不系统、历史判断能力不强和政治立场不稳的问题，错误思潮涌动容易引起大学生产生历史认知偏差，增加了"四史"教育融入高校思政课教学的难度。当前，世界处于百余年未有之大变局，面临着"东升西落"局势的转变，西方资本主义国家加强了对我国的遏制和打压，借助各种形式在有形与无形中对我国进行文化输入和意识形态渗透，历史虚无主义、"普世价值"、极端个人主义等错误思潮被大肆宣扬，这些错误思潮对大学生的价值观培育形成巨大的挑战。网络中传播的"饭圈文化""佛系""躺平"等不良思想倾向，侵蚀着大学生的奋斗精神。同时伴随着我国进入社会转型时期，改革开放的持续深入，一些社会矛盾与问题逐渐暴露出来。缺乏价值判断力的大学生未能对这些错误思潮和社会问题进行合理分析，产生历史认知偏差，侵蚀了大学生对中国共产党和中国特色社会主义的认同，消解

大学生的理想信念，社会责任意识逐渐淡薄，削弱了"四史"教育在思政课中的教学效果。再加上大数据时代的到来以及新媒体的推广与使用，错误思潮传播范围更广，渗透力度更强，破坏程度更大。各类思潮碰撞之下冲击和误导大学生，弱化了主流价值观的影响，导致大学生历史观和价值观出现扭曲，对国家和民族的社会担当意识逐渐淡化，种种情况不得不令人警醒，"四史"教育融入高校思政课教学的情况不容乐观。只有全面落实"四史"教育并使之形成系统化的认识，才能帮助学生抵制历史虚无主义等各种错误思潮的消极影响，引导其重视历史、学习历史，从而树立正确的历史观与把握社会历史发展规律，在历史中汲取人生智慧，获得思想指引。

（二）学生学习的主动性和主体性被忽视

马克思曾经指出："人是主体，客体是自然。""人始终是主体。""人不是机械地接受道德原则与道德规范的被动客体，而是作为道德活动的创造者和体现者的积极主体。"在马克思看来，人的主体性不是指人自身孤立存在的某种特性，而是指人作为活动主体的质的规定性，是在同客体相互作用中得到发展的人的自主性能动性与创造性。其中，能动性是人的主体性最基本的内涵，创造性是以实践活动为基础的对现实的超越，自主性则是人的主体性的最高层次。注重人的主体性，是马克思"新唯物主义"区别于旧唯物主义的一个显著特征。马克思历来反对蔑视人，反对只把人看作某种"手段"，主张"人始终是主体"，包括教育者和被教育者，每个人各有其不同的主体性，人的个性和人的主体性始终是统一的，人的主体性越强，其个性也越强，反之亦然。思想政治教育作为一种使人向上的教育手段，它的本质是提升"我"的精神境界，使之达到完善，而"我"必须通过自我教育和顿悟才能实现思想的超越和升华，因此思想政治教育必须承认受教育者的主体性。然而，在高校的思想政治教育中，都有意无意存在着过于强调教育者的主导作用，忽视了受教育者的主体地位，在教学方法上相应地表现为单向式、灌输式的教育模式。这种"你说我听""我点你通"的单向强制灌输，常使教育者不自觉地突出自己的角色地位，忽略了学生需要的多样性特点，不注意对学生进行需求引导，导致思想政治教育实效性低。因此，高校思想政治教育工作者应该针对当代大学生的特质，采取恰当的、为他们所喜闻乐见的方式进行思想政治教育，给予他们平等对话的机会，满足他们的个体需要。

（三）和平年代的成长经历使高校大学生缺乏对"四史"的深刻认识

马克思指出："个体是社会存在物。因此，他的生命表现，即使不采取共同的、同他人一起完成的生命表现这种直接形式，也是社会生活的表现和确证。"① 这句话说明人的本质属性是社会属性，个人的发展离不开社会的影响。在某个社会背景下成长的人，总会不可避免地带有这一社会时期的特质。当今世界的主题是和平与发展，学生生活在和平建设年代，享受着前人披荆斩棘带来的幸福，享受着改革开放的红利，因没有经历过先辈们浴血奋战、艰苦奋斗的岁月，导致大学生对革命先辈的经历难以感同身受，难以理解先辈们抛头颅、洒热血的革命热情与爬雪山、过草地的牺牲精神，从而对思政课的教学内容未能产生共鸣，具有一定的距离感。因此，在思政课中直接讲述"四史"时，大学生缺少情感体验，在课堂学习中属于被动参与，缺乏主动学习的热情。为此，通过创设"四史"教育的微环境，将学生置身于中国革命时期的场景中，使学生感同身受，激发其学习的兴趣与主动性，增强学生的政治认同就显得尤为必要。

---

① 马克思恩格斯全集：第 3 卷 ［M］. 北京：人民出版社，2002：302.

第四章　高校思政课"以史育人"
教学模式的实践探赜

习近平总书记在党的二十大报告中指出："推动理想信念教育常态化制度化，持续抓好党史、新中国史、改革开放史、社会主义发展史宣传教育，引导人民知史爱党、知史爱国，不断坚定中国特色社会主义共同理想。"推进"四史"教育，既是牢牢掌握意识形态主导权的实践要求，也是全面贯彻落实立德树人根本任务的现实需要。学习贯彻党的二十大精神，高校作为意识形态工作的前沿阵地，立足学校实际，积极谋划部署，充分利用"四史"元素开展教育实践，这不仅是新形势下对大学生思想政治教育提出的新要求、新试题，更是培养新时代中国所需要的"时代新人"的重要任务。

回顾教育历程，以往的大学生"四史"教育已经取得了相应的成效，为我们积累了丰富和宝贵的历史经验，以及值得继承和借鉴的方法途径。但同时我们也要看到，随着社会环境和思想政治教育环境的不断发展，如何在现有的基础上以"四史"教育为切入点全面推进高校思想政治教育的实效性，培养担当民族复兴大任的时代新人的使命和任务尤为重要。因此创新高校"四史"融入思政课教育教学实践方式，以"四史"教育巩固"四个意识""四个自信"是时代之需。毛泽东曾说："不解决方法问题，任务也只是瞎说一顿。"① 因此，结合时代发展的主题，对高校思政课"以史育人"教学模式的实践路径和制度建设进行继承和创新，为高校高质量推进"四史"教育提供充足保障，帮助新时代广大青年切实做到"学史明理、学史增信、学史崇德、学史力行"，成为有志气、有骨气、有底气的时代新人，为中华民族伟大复兴贡献青年力量尤为迫切。

---

①毛泽东选集：第 1 卷 [M]. 北京：人民出版社，1991：139.

第一节　高校思政课"以史育人"教学模式的理念基础

"四史"教育不是简单的历史教育，而是以史为鉴的马克思主义理论教育，是高校马克思主义意识形态理论教育的"必修课"，更是坚定新时代青年理想信念的教育。通过"四史"教育，发掘"四史"所蕴藏的马克思主义历史观的内容，遵循基本的教育工作理念，运用马克思主义观点、方法，用党的波澜壮阔的奋斗史、国家坚定不移的复兴史、改革开放举世瞩目的成就史、社会主义独特优势的发展史，教育引导学生坚定对马克思主义的信仰，对中国特色社会主义的信念，对实现中华民族伟大复兴中国梦的信心等具有十分重要的意义。

马克思说："最蹩脚的建筑师从一开始就比最灵巧的蜜蜂高明的地方，是他在用蜂蜡建筑蜂房以前，已经在自己的头脑中把它建成了。"① 人的实践活动具有能动性，人们改造客观世界的活动总是在一定意识指导下进行的。对于"四史"教育融入思政课而言，只有明确其实施前提，才能取得良好的教育成效，真正贯彻"立德树人"的教育理念。

一、树立以唯物史观为基础的大历史观

列宁指出："在分析任何一个社会问题时，马克思主义理论的绝对要求，就是要把问题提到一定的历史范围之内。"② 从历史高度看问题，增强历史自觉，才能深刻把握历史发展大势。从一定意义上讲，马克思主义就是一门大史学。马克思主义是在科学认识和研究人类社会历史的基础上创立和发展的。马克思通过研究人类社会历史，发现了人类历史的发展规律，发现了现代资本主义生产方式和它所产生的资产阶级社会的特殊运动规律，即马克思一生中两个伟大的发现——唯物史观和剩余价值学说，使社会主义由空想成为科学，同时也使历史研究在历史观的变革中成为历史科学。马克思恩格斯的许多重要观点也都是通过对自然史和人类史的考察而得出的。他们甚至强调，"我们仅仅知道一门唯一的科学，即历史科学"，意在强调，历史是人类在认识和改造包括自然界和人类社会在内的整个世界的过程中形成和积累的实践经验、理论认识、知识智慧、思想方法等的百科全书。

---

① 马克思恩格斯全集：第44卷［M］．北京：人民出版社，2001：208.
② 列宁全集：第25卷［M］．北京：人民出版社，2017：232.

　　马克思主义的科学的历史观，闪耀着哲学真理的光辉，是马克思主义唯物论、认识论、方法论和价值论的高度统一。树立并坚持正确的科学的历史观，对于进一步认识把握历史发展规律和大势，始终掌握党和国家事业发展的历史主动，保持正确历史前进方向，具有重要意义。党的十八大以来，习近平总书记高度重视历史学习，面对巨大的历史变迁和剧烈的时代变革，习近平总书记指出，"当今世界正在经历百余年未有之大变局。这场变局不限于一时一事、一国一域，而是深刻而宏阔的时代之变"。如何正确看待这场大变局，如何有效应对时代之变？习近平总书记强调，要"树立大历史观，从历史长河、时代大潮、全球风云中分析演变机理、探究历史规律，提出因应的战略策略，增强工作的系统性、预见性、创造性"。只有树立大历史观，以历史的眼光看待历史，以真理的精神追求真理，才能做到不被浮云遮眼、不被乱花迷眼。习近平总书记还指出："要坚持辩证唯物主义和历史唯物主义的方法论，用具体历史的、客观全面的、联系发展的观点来看待党的历史。"习近平总书记不仅对党史作如是观，而且将新中国史、改革开放史、社会主义发展史、中华民族发展史都置于大历史观的宏大视野中，将其作为一个充满生动联系的整体，从发展规律、内在机理的深度进行系统认识和深入思考，展现出吞吐今古、纵横捭阖的理论气魄。习近平总书记指出："人类社会发展的历史证明，无论会遇到什么样的曲折，历史都总是按照自己的规律向前发展，没有任何力量能够阻挡历史前进的车轮。"这是历史自身的发展逻辑，也是运用大历史观考察历史得出的科学结论。作为中国共产党在马克思主义理论指导下进行理论创新的优秀成果，习近平总书记提出的"大历史观"不仅深深扎根于马克思主义唯物史观的理论沃土、中华优秀传统文化的历史厚土，同时也深深扎根于新时代坚持和发展中国特色社会主义的实践热土，其来有自，渊源深厚。

　　培育学生的大历史观进而增强历史主动，是"四史"教育融入思政课的必然要求，也是落实党史教育常态化的必然要求。因为只有培育大历史观，才能认清人类历史演进的规律、趋势以及我们的坐标和方向，才能真正理解中国人民走上社会主义道路的历史必然性、中国共产党在中国的领导地位和核心作用形成的历史必然性以及通过改革开放和社会主义现代化建设实现中华民族伟大复兴的历史必然性，才能全面认识中国特色社会主义在社会主义发展史上的地位和贡献。把大历史观融入思想政治理论课教学，是用习近平总书记重要讲话精神指导推动高校思想政治理论课改革创新的重要实践，有利于引导学生在把握历史大势和历史规律中坚定理想信念，在牢固树立马克思主义唯物史观中提升历史思维能力，在批判历史虚无主义中维护国家意识形态安全。加强大历史观与高校思想政治理论课教学内容的有机衔接，引导学生更好地把握中华民族发展大势、世界历史发展大势和社会主义发展大势，正确把握历史发展的主题和主线、主流和支流、历史趋势和规律、探索和曲折、历史意见和时代意见、历史环境和历史条件、历史的必然性与偶然性、历史经验和教训、历史的动机与效果、历史人物评价的主要维度和标准。

二、秉持以实事求是为方针的历史思维

时代是思想之母，实践是理论之源，历史进步和实践发展永无止境，理论创新也就永无止境，这就要求我们把历史和实践作为理论创新的出发点和落脚点，真正做到以实践推进历史进步和理论创新。而做到这一点，必须坚持实事求是。

实事求是是以毛泽东同志为主要代表的中国共产党人，深刻把握马克思主义思想精髓，结合中国革命斗争实践，用中国话语对马克思主义最根本的世界观和方法论进行的高度概括。

1938 年 10 月，毛泽东同志在党的六届六中全会上提出："共产党员应是实事求是的模范。"1941 年 5 月，在延安干部会议上作《改造我们的学习》的报告时，毛泽东同志详细阐述了"实事求是"的内涵："'实事'就是客观存在着的一切事物，'是'就是客观事物的内部联系，即规律性，'求'就是我们去研究。"作为马克思主义的根本观点，实事求是就是要尊重历史、尊重实践，从丰富的历史和实践中发现人类社会演进的一般规律、社会主义发展的一般规律和中国特色社会主义的一般规律，从而形成科学的理论。邓小平同志曾强调，"我们改革开放的成功，不是靠本本，而是靠实践，靠实事求是"，[1] 习近平总书记在纪念马克思诞辰 200 周年大会上的讲话中也指出，"当代中国的伟大社会变革，不是简单延续我国历史文化的母版，不是简单套用马克思主义经典作家设想的模板，不是其他国家社会主义实践的再版，也不是国外现代化发展的翻版""只有把社会主义基本原则同本国具体实际、历史文化传统、时代要求紧密结合起来，在实践中不断探索总结，才能把蓝图变为美好现实"。[2] 中国特色社会主义、中华民族伟大复兴的梦想不是躺在历史的功劳簿上就能实现，需要我们在既有的历史经验和理论基础之上不断进行实践探索，不断推陈出新，而只有坚持实事求是，才能正确认识人类社会发

---

①邓小平文选：第 3 卷 [M]. 北京：人民出版社，1993：382.
②习近平. 在纪念马克思诞辰 200 周年大会上的讲话 [N]. 人民日报，2018-05-05（1）.

第四章 高校思政课「以史育人」教学模式的实践探赜

展规律，才能创造性地发展社会主义，才能走出一条中国特色的社会主义道路。在实践检验和继承发展中，"实事求是"作为党长期坚持的思想路线，是中国共产党人认识世界、改造世界的根本要求，是党的基本思想方法、工作方法、领导方法。① 实事求是思想路线的发展，不仅铭记了党带领人民为追求民族独立和解放而进行艰难求索的全部过程，见证并推动了党的成长也记录着中国社会的点滴改变，同时实事求是思想指导下的全部实践也检验了马克思主义的科学性和发展性。习近平总书记指出："坚持实事求是的思想路线，分清主流和支流，坚持真理，修正错误，发扬经验，吸取教训。"②

在新时代开展大学生"四史"教育，必须秉持以实事求是为方针的历史思维，带领大学生深入了解历史事件、历史人物的本来面貌，引导他们善于透过历史现象看清事物的本质和内在联系，进而把握历史发展的方向和客观规律。一段时间里，打着所谓"揭秘历史面貌""还原历史真相"的幌子，从片面、静止、孤立甚至捏造的方法论出发，研究、传播"四史"，断章取义、以偏概全者有之，张冠李戴、虚构史料者有之，史论存疑、妄图翻案者亦有之。比如，在党史研究、传播中，有的从所谓常识、细节、人性等入手，戏谑消解革命英雄背后的壮烈与崇高。有的从臆断、假设、重评等出发，质疑红军二万五千里长征真实性，否认中国共产党抗战贡献。在新中国史研究、传播中，有的忽视历史连续性，拿改革开放前的历史时期否定改革开放后的历史时期，有的拿改革开放后的历史时期否定改革开放前的历史时期。在改革开放史研究、传播中，有的罔顾中国特色社会主义本质特征，说什么"我们搞的是中国特色资本主义"，中国道路的未来是"儒家社会主义"。在社会主义发展史研究、传播中，有的规避马克思主义整体性、实践性、开放性特征，搞"以史解马""以西解马""以书解马"，甚至"以马解马"，等等。习近平强调："国内外敌对势力往往就是拿中国革命史、新中国历史来做文章，竭尽攻击、丑化、污蔑之能事，根本目的就是要搞乱人心，煽动推翻中国共产党的领导和我国社会主义制度。"③ 因此，在开展大学生"四史"教育过程中，务必保持历史清醒，把握正确导向，坚持正确方向，把历史人物、历史事件、历史结论宣传教育建立在丰富史料支撑基础上，对不良现象要及时做出合理的正面回应，引导大学生从历史史实出发客观分析看待，用事实和公理澄清

①汪信砚. 习近平对马克思主义哲学的创造性运用和创新性发展 [J]. 求是学刊，2022 (4).

②习近平. 毫不动摇坚持和发展中国特色社会主义——在实践中不断有所发现有所创造有所前进 [N]. 人民日报，2013-01-06 (1).

③习近平. 论中国共产党历史 [M]. 北京：中央文献出版社，2021：4—5.

学生思想上的疑惑，更好地固本培元、正本清源。

三、把握历史发展的主题主流主线

历史文献浩如烟海，历史脉络盘根错节。要做到"不畏浮云遮望眼"，就必须运用唯物辩证法和科学的历史思维，把握历史的主题和主线、主流和本质。否则，就会陷于历史细节的汪洋大海，见孤木以为森林、拾鱼目以为珠玑，一叶障目不见泰山。

毛泽东同志早在新民主主义革命时期，就在《如何研究中共党史》一文中指出，"如果不把党的历史搞清楚，不把党在历史上所走的路搞清楚，便不能把事情办得更好""要研究哪些是过去的成功和胜利，哪些是失败，前车之覆，后车之鉴"。习近平总书记指出："中国走过的历程，中国人民和中华民族走过的历程，是中国共产党和中国人民用鲜血、汗水、泪水写就的，充满着苦难和辉煌、曲折和胜利、付出和收获，这是中华民族发展史上不能忘却、不容否定的壮丽篇章，也是中国人民和中华民族继往开来、奋勇前进的现实基础。""要坚持以我们党关于历史问题的两个决议和党中央有关精神为依据，准确把握党的历史发展的主题主线、主流本质，正确认识和科学评价党史上的重大事件、重要会议、重要人物。要实事求是看待党史上的一些重大问题，既不能因为成就而回避失误和曲折，也不能因为探索中的失误和曲折而否定成就。"认识党的历史具有鲜明的党性要求。历史是由事件和人物构成的连续性变化，事件和人物都是特定历史条件下的产物。必须坚持马克思主义的立场、观点、方法，从具体历史条件和背景出发分析历史事件与历史人物，全面、客观、辩证地认识和把握历史规律，汲取经验和智慧。在党的历史前后一贯的完整过程中，主题和主线是贯穿始终的红线，主流和本质是体现历史特征的主要方面。

坚持实事求是研究和宣传党的历史，要牢牢把握党的历史发展的主题和主线、主流和本质，旗帜鲜明地揭示和宣传中国共产党在中国的领导地位和核心作用形成的历史必然性，揭示和宣传中国人民走上社会主义道路的历史必然性，揭示和宣传通过改革开放和社会主义现代化建设实现中华民族伟大复兴的历史必然性，揭示和宣传党在革命、建设、改革各个历史时期领导人民所取得的伟大胜利和辉煌成就，揭示和宣传党在长期奋斗中积累的宝贵经验、形成的光荣传统和优良作风。把握党的历史发展的主题和主线、主流和本质，这是党史研究须臾不可背离的中轴线和定盘星，只有这样，才能准确把握我们党的百余年发展史，真正做到用党史来教育人、启迪人、感化人和鼓舞人。

要把握历史大势和历史发展规律就需要科学的理论作为指导，"马克思主义揭示了人类社会发展规律，是认识世界、改造世界的科学真理"，[1] 提供了认识历史的立场、观点和方法。思想引领方向，方向决定道路。新时代高校大学生"四史"教育作为高校思想政治教育的重要环节，必须坚持好马克思主义的根本地位，才能从根本上加强"四史"教育的思想引领力，进而保证高校思想政治教育持续健康发展。一方面，有助于在"四史"教育全过程中引导学生充分了解纷繁复杂的历史过程、历史节点和历史人物，捋清"四史"中一条清晰的思想主线，就是人民的立场。讲清楚跌宕起伏的五百多年世界社会主义发展史是如何谱写人类解放事业诗篇的；讲清楚波澜壮阔的百余年党史是党团结带领中国人民在进行革命、建设、改革中铸就的；讲清楚惊天动地的七十多年新中国史是党团结带领人民在社会主义革命、建设和改革中艰难探索出来的；讲清楚翻天覆地的四十多年改革开放史的奇迹是党团结带领人民在中国特色社会主义的伟大实践中创造的。另一方面，有利于引导学生善于在历史脉络中抓住历史的主旨，勇担历史使命。"四史"的内容相互区别但又不是彼此独立，而是一脉相连、融会贯通的，"一切为了人民"就是"四史"的根脉。中国共产党从成立之日起，就肩负着为中国人民谋幸福、为中华民族谋复兴的初心和使命。因此，在进行"四史"教育的过程中必须旗帜鲜明地引导学生深刻理解人民是"四史"的主旨，我们党全部的任务和使命就是"一切为了人民"。引导学生从"遍地哀嚎遍地血，无非一念救苍生"中体味热血救国；引导学生从"盛世如歌春又临，人民得福意难禁"中感悟改革富国；引导学生从"国阜政廉家运畅，复兴大梦看今朝"中振奋强国信心。此外，马克思主义理论有利于高校大学生在"四史"教育科学中把握主流，坚决抵抗历史虚无主义的错误思潮。中国共产党百余年历史曾经有过灿烂辉煌的历史成就，也有过折戟沉沙的失误挫折，这就更应该在历史长河中认清历史的主流本质，反对抓住枝节片段来评价历史发展全貌、编造历史事件来质疑前辈留下的丰功伟绩。对于模糊虚构甚至是否定抹杀历史的主流和主线、歪曲历史事实、扭曲进步人物，尝试用假设代替事实，用支流代替主流，用主观代替客观，以个人代替全体的情形，必须纠正肃清。以有利于进一步深化青年大学生对"四史"的历史认同感，在学深悟透历史经验的同时激发青年学子的历史情怀，促使其矢志奋斗。

四、树立"四个服务"的教育工作理念

党的十八大以来，围绕着新时期我国教育改革和发展的一系列重大理论和实践问题，习近平总书记发表了一系列重要讲话，提出了一系列重要论断。在 2016 年全国高校思想政治工作会议上，习近平总书记更是首次对我国高等教育的发展方向提出了"四个服务"的教育方针，即"我国高等教育发展方向要同我国发展的现实目标和未来方向紧密联系在一起，为人民服务，为中国共产党治国理政服务，为巩固和发展中国特色社会主义制度服务，为改革开放和社会主义现代化建设服务"。[①]"四个服务"教育方针作为习近平总书记教育思想的重要内容，不仅是新时期我国高等教育改革发展的根本遵循，同时更是充分彰显了高等教育领域中的中国特色，体现的是我国高等教育发展的道路自信，是党的教育方针在新时代的创新发展。

"为人民服务"，是马克思主义关于坚守人民立场的集中体现，是中国共产党的根本宗旨，也是教育"四个服务"的逻辑起点和价值支点。马克思、恩格斯在《共产党宣言》中曾庄严宣告："过去的一切运动都是少数人的，或者为少数人谋利益的运动。无产阶级的运动是绝大多数人的，为绝大多数人谋利益的独立的运动。"[②]"为人民服务"的思想在毛泽东时代得到了继承和发展，并且被写入中国共产党章程，是党的教育事业的指导思想。"党除了工人阶级和最广大人民群众的利益，没有自己特殊的利益。党在任何时候都把群众利益放在第一位。"[③] 可以说，中国共产党百余年历史就是一部为追求和实现中国人民的根本利益而不懈奋斗的历史。作为"中国共产党的根本政治立场"，人民立场也是"马克思主义政党区别于其他政党的显著标志"。[④] 坚守"人民立场"，坚持"教育为人民服务"不仅是马克思主义"为人民服务"科学理论在教育领域的生动实践，也是社会主义教育事业的最高价值取向。针对人民"期盼有更好教育"的呼声，习近平总书记在党的十九大报告中强调"建设教育强国是中华民族伟大复兴的基础工程，必须把教育事业放在优先位置，深化教育改革，加快教育现代化，办好人民满意的教育"，[⑤] 这不仅是办

---

① 习近平在全国高校思想政治工作会议上强调：把思想政治工作贯穿教育教学全过程　开创我国高等教育事业发展新局面 [N]. 人民日报，2016-12-09 (1).

② 马克思恩格斯选集：第 1 卷 [M]. 北京：人民出版社，1995：283.

③ 中国共产党章程 [M]. 北京：人民出版社，2017：20.

④ 习近平在庆祝中国共产党成立 95 周年大会上的讲话 [N]. 人民日报，2016-07-02.

⑤ 习近平. 决胜全面建成小康社会　夺取新时代中国特色社会主义伟大胜利——在中国共产党第十九次全国代表大会上的报告 [N]. 人民日报，2017-10-28 (1).

好社会主义教育的前提，也是坚持教育为党和国家服务的前提，其犹如一根鲜明的红线贯穿于习近平总书记引领全党全国各族人民实现中华民族伟大复兴的"赶考之路"，充分体现了习近平深深的为民情怀和"以人为本"的价值思维。高校是培养高、精、尖人才的基地，只有坚持为人民服务，树立正确的教育观，才能培养出德、智、体、美、劳全面发展的人才。

"为中国共产党治国理政服务"，是由中国共产党的领导地位及其治国理政的实践需要决定的。"中国特色社会主义最本质的特征是中国共产党领导，中国特色社会主义制度的最大优势是中国共产党领导""党政军民学，东西南北中，党是领导一切的""坚持和完善党的领导，是党和国家的根本所在、命脉所在，是全国各族人民的利益所在、幸福所在"。① 教育是国之大计、党之大计，是中国特色社会主义伟大事业的重要组成部分，其在各个领域的深化改革不仅是坚持和完善中国特色社会主义制度体系的重要举措之一，更是因教育所发挥的基础性、先导性以及全局性的作用而成为推动党和国家各项事业发展的重要"先手棋"。"坚持党对教育事业的全面领导""培养一代又一代拥护中国共产党领导和我国社会主义制度、立志为中国特色社会主义奋斗终身的有用人才。这是教育工作的根本任务，也是教育现代化的方向目标"②。习近平总书记这一系列重要论断，不仅深刻地总结了我国教育改革发展的新理念、新思想、新观点，同时也进一步明确了我国教育事业的政治性和党性。历史和现实已充分证明，办好中国的事情，关键在党；办好中国的教育，关键在党。坚持教育的政治性和党性，坚持党对教育事业的全面领导，不仅是中国特色社会主义教育事业的内在基因和鲜明标识，更是办好中国特色社会主义高校的根本保证和基本遵循。只有坚持党的领导，才能确保我国高等教育的指导思想、方针政策、目标任务符合时代要求。

"为巩固和发展中国特色社会主义制度服务"，是历史的需要。中国特色社会主义制度是我们党在探索中国革命、建设、改革的百余年历史和伟大实践中确立的，是符合中国国情的历史选择和人民选择，是一再被实践证明的符合人类发展的历史逻辑和实践逻辑。如何巩固和完善中国特色社会主义制度，既是以习近平同志为核心的党中央高度关注的重大现实问题，也是决定中国特色社会主义高等教育培养目标和办学方向的长远问题。习近平总书记

---

① 习近平. 决胜全面建成小康社会 夺取新时代中国特色社会主义伟大胜利——在中国共产党第十九次全国代表大会上的报告［N］. 人民日报，2017-10-28.

② 习近平在全国教育大会上强调：坚持中国特色社会主义教育发展道路 培养德智体美劳全面发展的社会主义建设者和接班人［N］. 人民日报，2018-09-11.

曾指出："摆在我们面前的一项重大历史任务，就是推动中国特色社会主义制度更加成熟更加定型，为党和国家事业发展、为人民幸福安康、为社会和谐稳定、为国家长治久安提供一整套更完备、更稳定、更管用的制度体系。这项工程极为宏大，必须是全面的系统的改革和改进，是各领域改革和改进的联动和集成……"①"培育和践行社会主义核心价值观""坚持中国特色社会主义教育发展道路，坚持社会主义办学方向""落实立德树人的根本任务""培养德智体美劳全面发展的社会主义建设者和接班人"……党的十八大以来，围绕着"培养什么人、如何培养人、为谁培养人"这个根本问题，习近平总书记曾多次在座谈、讲话、贺信和党的报告中强调我国的教育是在中国共产党的领导下，具有中国特色的社会主义教育，因此要始终坚持党对教育工作的领导权，始终坚持马克思主义指导地位，始终坚持社会主义办学和育人方向，教育引导广大青年学子形成正确的世界观、人生观、价值观，增强中国特色社会主义道路、理论、制度、文化自信，为社会主义建设事业培养高水平、高素质的建设者和接班人。只有把受教育者培养成高素质的技术技能人才和合格乃至优秀的现代社会公民，把培养中国特色社会主义制度的拥护者和建设者作为终极办学目标，才能更好地服务于我国经济社会发展，更好地服务于党和国家工作大局。

"为改革开放和社会主义现代化建设服务"，是时代的需要。改革开放是时代最强音，是我国的基本国策，是强国之路，也是党的基本路线中"两个基本点"之一。沿着中国特色社会主义道路，集中力量进行社会主义现代化建设，是我国宪法规定的国家根本任务。改革开放和社会主义现代化建设是相互依存的关系，是我们在实现中华民族伟大复兴道路上必须长期坚持的路线与目标。改革开放和社会主义现代化建设没有休止符，只有新的起点。要教育引导广大青年学子自觉培育"为改革开放和社会主义现代化建设服务"意识，聚焦人才培养能力这个核心，进一步丰富和充实高等教育的职能定位，从而让教育发展成果更多地奉献伟大祖国，惠及全体人民。

"四史"教育的本质是以史育人，即在推动"四史"教育过程中大力彰显其思政教育的价值。通过"四史"教育，让学生明白党史是一部中国共产党人为实现中华民族伟大复兴而奋斗的历史；新中国历史是一部社会主义中国自强不息屹立于世界东方的历史；改革开放史是如何坚持独立自主与对外合作实现自身强大的历史；社会主义发展史是人类作为一个命运共同体，如何

---

①中国共产党新闻网. 习近平：完善和发展中国特色社会主义制度　推进国家治理体系和治理能力现代化［EB/OL］.

实现绝大多数人的独立解放、自由和幸福的历史。以引导学生通过对历史事实的分析、综合、比较、归纳、概括等认知活动，让学生明白中国共产党的领导、中国特色社会主义道路是中国人民的历史选择，反映了中国人民的意愿，从而在帮助学生认识历史发展规律，培养正确的历史观和历史思维的基础之上，引导学生自觉树立"四个服务"的教育工作理念，把个人的成长进步同中国特色社会主义伟大事业、同实现中华民族伟大复兴紧密联系在一起，积极参与到民族复兴的历史进程中去。

第二节　高校思政课"以史育人"教学模式的价值遵循

高校是人才培养的重要阵地，肩负着培养社会主义事业建设者和接班人的重大任务，高质量开展"四史"教育既是贯彻落实习近平同志有关"四史"重要讲话精神的重大政治任务，也是确保高校立德树人根本任务实现的重大使命担当。基于此认识，明确高校高质量开展"四史"教育的原则，从根本原则、指导思维、目标靶向三个着力点出发，准确把握习近平关于"四史"学习教育重要论述的精神内核，加强高校"四史"教育顶层设计和系统谋划，对于高校高质量开展"四史"教育，推动"四史"教育融入高校思想政治理论课教学无疑具有十分重大的指导意义。

一、方向为擎：把牢中国特色社会主义政治方向是历史教育的根本原则

开展"四史"学习教育是新时代一项尤为重要的政治工作，作为思想政治教育的宝贵资源，"四史"学习教育必须牢固坚持方向性原则，以坚定不移的政治导向为工作基准。能否把好"四史"学习教育的政治方向，事关民族凝聚力和社会向心力，事关党和国家的长治久安。

首先，树立正确的党史观，学习宣传研究好党的历史。坚持中国特色社会主义的正确政治方向，"既不走封闭僵化的老路，也不走改旗易帜的邪路"，① 这要求在"四史"学习教育中必须树立正确党史观，把握"四史"学习教育的重点。习近平总书记在党史学习教育动员大会上明确指出："要树立正确党史观。要坚持以我们党关于历史问题的两个决议和党中央有关精神为依据，准确把握党的历史发展的主题主线、主流本质，正确认识和科学评价

①习近平. 论中国共产党的历史 [M]. 北京：中央文献出版社，2021：4—5.

党史上的重大事件、重要会议、重要人物。要旗帜鲜明反对历史虚无主义，加强思想引导和理论辨析，更好正本清源、固本培元。"习近平总书记的重要论述，具有很强的思想性、指导性、针对性，对我们正确认识和对待党的历史、全面宣传和弘扬党的历史、科学研究和阐述党的历史、开展好党史学习教育指明了方向，提供了根本遵循。中国共产党的历史是一部丰富生动的教科书。习近平总书记指出，"我们党的历史是中国近现代以来历史最为可歌可泣的篇章""学习党史、国史，是坚持和发展中国特色社会主义、把党和国家各项事业继续推向前进的必修课。这门功课不仅必修，而且必须修好""要更好应对前进道路上各种可以预见和难以预见的风险挑战，我们必须从历史中获得启迪，从历史经验中提炼出克敌制胜的法宝"。我们党历来重视党史学习教育，注重用党的奋斗历程和伟大成就鼓舞斗志、明确方向，用党的光荣传统和优良作风坚定信念、凝聚力量，用党的实践创造和历史经验启迪智慧、砥砺品格。毛泽东同志在青年求学时期就曾说过：读史，是智慧的事。邓小平同志指出，要懂得些中国历史，这是中国发展的一个精神动力。习近平总书记非常重视历史，特别是党史的学习，经常引述历史、分析历史、总结历史，从历史的大视野观照现实、谋划未来，深刻体现了深远的历史眼光、深邃的历史思维和深厚的历史情怀。习近平总书记指出，"回顾历史，不是为了从成功中寻求慰藉，更不是为了躺在功劳簿上、为回避今天面临的困难和问题寻找借口，而是为了总结历史经验、把握历史规律，增强开拓前进的勇气和力量""重温这部伟大历史能够受到党的初心使命、性质宗旨、理想信念的生动教育，必须铭记光辉历史、传承红色基因""广大党员要以学习党的历史为重点，做到知史爱党、知史爱国，在学习领悟中坚定理想信念，在奋发有为中践行初心使命""我们党的百年历史，就是一部践行党的初心使命的历史，就是一部党与人民心连心、同呼吸、共命运的历史"。要"坚持用唯物史观来认识和记述历史，把历史结论建立在翔实准确的史料支撑和深入细致的研究分析的基础之上""要教育引导全党大力发扬红色传统、传承红色基因，赓续共产党人精神血脉，始终保持革命者的大无畏奋斗精神，鼓起迈进新征程、奋进新时代的精气神"。习近平总书记关于党的历史的一系列重要论述，深刻回答了应以什么样的态度学习和认识党的历史，以什么样的方法观察和研究党的历史，以什么样的目的把握和运用党的历史，贯穿着马克思主义的立场观点方法，体现了我们党对党的历史的一贯立场和态度，体现了我们党对学习运用党的历史重要性和必要性的深刻认识。这些重要论述，从初心使命、性质宗旨、理想信念、人民立场等方面，指明了学习党史的重点内容和基本原则。因此，在"四史"学习教育的全过程中要始终坚持正确党史观，以实事求是的态度引导学生在回顾党史中厚植爱国情感、坚定理想信念，有效提升学生的政治认同、思想认同、情感认同。

其次，强化理想信念教育，坚定"四个自信"。"心有所信，方能远行。""四史"充分证明，中国共产党的坚定理想信念，就是对马克思主义真理的坚定信仰，对社会主义制度的孜孜追求和共产主义远大理想的期待憧憬，时刻激励着中国共产党为中华民族谋复兴，为人民谋幸福，始终砥砺前行、矢志不渝。心中有坚定信仰，脚下才能有力量。理想信念以其强大指引力使我们党饱经挫折而初心不改、历尽磨难而淬火成钢。坚定不移的理想信念，是我们党治国理政的政治灵魂、安身立命的生存之本、干事创业的不竭动力、攻坚克难的精神支柱，是精神之"钙"、胜利之"钥"，是解决我们党世界观、人生观和价值观问题的"总开关"。坚持正确的政治方向，需要以坚定的理想信念为支撑保持政治定力。历史是不容篡改的既定事实，以过去的时空记忆呈现出其客观性的一面。它真实见证了我们党砥砺前行、奋斗创新的伟大历程，深刻蕴含着坚持理想信念不动摇、义无反顾绝不放弃的奋斗精神，为大学生立足时代发展、重新审视自我、坚持理想信念提供了丰富深厚的"营养剂"。"立志而圣则圣矣，立志而贤则贤矣。"因此，要充分发挥"四史"学习教育摆事实、讲道理的作用，在历史事实的澄明中使中国共产党的精神魅力得以充分展现，以引导青年学子深刻明白我们现在所走的路是历史和人民的选择，不容有任何动摇和偏离，必须牢固坚定"四个自信"，矢志不渝地推进中国特色社会主义事业。必须把"四史"知识学习好、把握好，把我们党的百余年奋斗成功经验传承好、发扬好，从我们党艰辛探索历程中获得深刻启迪，筑牢信仰之基、补足精神之"钙"、把稳思想之"舵"，心存高远、胸怀大局、勇担使命，保持"不畏浮云遮望眼"的勇气、"千磨万击还坚劲"的锐气、"踏平坎坷成大道"的底气、"直挂云帆济沧海"的朝气，以宏伟理想照亮前行之路，以坚定信念拨正人生航向，以优良品格赓续民族大业，在坚持理想信念中完善自我、提升自我、奋斗自我，为民族复兴和现代化建设奉献青春人生。

最后，直面错误思潮，加强主流意识形态宣传教育。"四史"教育不是普通的历史教育而是突出价值引领的史论结合教育。教师要在学深悟透党史、新中国史、改革开放史、社会主义发展史的基础之上，从历史发展的纵向和国内外对比的横向中阐释过去和现在。向青年透彻阐释党因何而生、红色政权从哪里来、新中国怎样建立、中国特色社会主义如何发展，从而引导青年加深对共产党执政规律、社会主义建设规律以及人类社会发展规律的认识。"历史是一个阶级、一个国家形成发展及其盛衰兴亡的真实记录，是前人的百科全书，即前人各种知识、经验和智慧的总汇""要更好应对前进道路上各种可以预见和难以预见的风险挑战，必须从历史中获得启迪，从历史经验中提炼出克敌制胜的法宝"。当今的中国，一贯坚持倡导构建人类命运共同体，但西方敌对势力从未停止过对我国实施和平演变，诸如历史虚无主义、新自由主义等错误思潮在我国沉渣泛起，而隐匿在这些思潮背后的正是去史灭国、改旗易帜的阴谋。只有把握"四史"教育的针对性，旗帜鲜明反对历史虚无主义，加强思想引导和理论辨析，澄清对一些重大问题的模糊认识和断章取义的解读，才能更好地正本清源、固本培元。也只有紧紧围绕青年关注的热点问题，解疑释惑，帮助青年树立崇高理想，培育正确的历史观，才能引导青年实现对自己民族和国家的情感归属和价值认同。因此要通过"四史"学习教育及时抢占意识形态宣传工作的制高点，坚持破立并举。一方面，要实事求是、有理有据地揭示出形形色色的错误思潮的虚伪性与荒谬性；另一方面，要积极主动地通过"四史"学习教育传播与弘扬社会主义核心价值观，增强主流意识形态的引导力与凝聚力，维护国家意识形态安全。

二、思维为重：秉持科学理性的辩证思维是历史教育的基本方法

辩证思维是客观事物辩证发展过程及其规律性在人们思维方式上的反映，它是运用逻辑范畴，从客观对象的内在矛盾运动中，从其各个组成部分的相互联系出发，以便从整体上、本质上完整地把握对象。历史发展是一个不以人的意志为转移的客观过程，它不是单线条的机械运动过程，而是一个受各种因素影响的相互联系、相互制约的复杂运动过程。辩证法是重要的思维形式，中国共产党人一贯坚持运用辩证思维分析、解决中国问题。把握习近平关于"四史"学习教育重要论述的精神实质，有效推进"四史"学习教育深度发展，必须坚持以科学理性的辩证思维为基本方法。

首先，要以开放思维增强"四史"学习教育的系统性。任何教育活动的开展都基于一定的时空条件，既不能在真空中进行，亦不可能强行抽离时间维度的推演。因此，新时代"四史"学习教育更需秉持开放性思维，优化配置"四史"学习教育各要素，增强"四史"教学的系统性与灵活性。其一，空间维度的开放性。"四史"本质上是一部中华民族的伟大复兴史，而只有将这一梦想置于世界百余年未有之大变局中审视才能早日实现。因此，在"四史"学习教育中要把握好空间维度的辩证关系，在中西互鉴中搭建历史空间

记忆，在内外比较中增强历史主动。其二，时间维度的开放性。"四史"纵跨中国革命、建设、改革等不同历史阶段，从过去的历史中来，向未来的历史中去。因此，"四史"学习教育要善于从时间维度出发，在历史、现实与未来的紧密连接中构筑历史时间记忆，在先与后、古与今的纵向比较中回顾中国共产党和伟大祖国从诞生到壮大，再到强大的艰辛历程，进而激发爱党之心，淬炼爱国之情。

其次，要以矛盾思维透析"四史"学习教育的复杂性。"四史"学习教育不是纯粹的历史教学，其中涉及价值观和道德观的引导与培育，同时"四史"学习教育也不是一蹴而就的，而是功在千秋的伟大事业，这决定了"四史"学习教育的复杂性。以矛盾思维透析"四史"学习教育的复杂性首先需要做到一分为二地看待问题。在学习中共党史、新中国史、改革开放史的过程中，要引导大学生正确认识中国革命、建设和改革过程中前进与曲折、高潮与低潮、成功与挫折、主流与支流的辩证统一过程，要引导大学生正确认识改革开放前后两个历史时期的辩证统一关系，既不能用改革开放前的历史否定改革开放后的历史，也不能用改革开放后的历史否定改革开放前的历史，从而使大学生更加客观地认识中国革命、建设、改革的历史，进一步坚定走中国特色社会主义道路的信心和决心。再如，在对重要历史人物的评价问题上，也要坚持辩证思维原则。习近平总书记在对毛泽东同志的评价中就给我们树立了运用辩证思维的典范。他提出了评价重要历史人物的"六个不能"原则，高度评价了毛泽东同志的历史贡献，提出要全面、历史、辩证地看待和分析毛泽东同志晚年的错误，"不能因为他们伟大就把他们像神那样顶礼膜拜，不容许提出并纠正他们的失误和错误；也不能因为他们有失误和错误就全盘否定，抹杀他们的历史功绩，陷入虚无主义的泥潭"①。可见，辩证思维原则，既是认识和把握历史本质和趋势的认识工具，也是抵御历史虚无主义的利器。对不同历史时期的历史评价不能采取简单否定或简单肯定的态度，必须坚持二者的辩证关系，对历史做一分为二的科学评价，既不厚古薄今，亦不鄙视历史。对历史人物与历史事件的评判要放在具体条件中进行，既要把握普遍规律，又要洞识特殊时代赋予的崭新使命。

三、育人为本：实现立德树人的重要任务是历史教育的核心追求

立德树人是中国特色社会主义教育事业发展的根本任务，落实"四史"

---

①中共中央文献研究室. 十八大以来重要文献选编［M］. 北京：中央文献出版社，2014：693.

学习教育必须以实现立德树人这一重要任务为核心追求，领悟立德之要义，明确树人之指向。"要坚持把立德树人作为中心环节，把思想政治工作贯穿教育教学全过程，实现全程育人、全方位育人……"习近平总书记 2016 年 12 月在全国高校思想政治工作会议上的重要讲话，站在实现中华民族伟大复兴的全局和战略高度，不仅科学地回答了高校培养什么样的人、如何培养人及为谁培养人等根本问题，同时也为做好新形势下高校思想政治工作、发展高等教育事业指明了行动方向。

"才为德之资，德为才之帅。""大学之道在明明德。""高校立身之本在于立德树人。"把"立德树人"作为我国教育的根本任务是 2012 年 11 月党的十八大报告中明确提出的。2013 年 11 月，党的十八届三中全会报告再次强调"坚持立德树人"这一我国教育事业的根本任务，进一步确立了"立德树人"在思想政治教育尤其是高校思想政治教育工作中的指导地位，也凸显了新时期大学生思想政治教育的重要性。这是我们党对中国特色社会主义教育理论的又一次创新。在 2014 年的"五四"重要讲话中，习近平总书记对"立德"这一教育任务的内涵做了富有时代特征的理论诠释。他认为，我们所倡导的社会主义核心价值观，"其实就是一种德，既是个人的德，也是一种大德，就是国家的德、社会的德"。① 换言之，在当代，"立德"就是要用社会主义核心价值观来教育和武装青年学生。他还要求："全国高等院校要走在教育改革前列，紧紧围绕立德树人的根本任务，加快构建充满活力、富有效率、更加开放、有利于学校科学发展的体制机制。"在 2016 年的 12 月 7 日至 8 日召开的全国高校思想政治工作会议上，习近平总书记在重要讲话中进一步强调，要坚持把立德树人作为中心环节，把思想政治工作贯穿教育教学全过程，实现全程育人、全方位育人，努力开创我国高等教育事业发展新局面。这实际上是明确了社会主义核心价值观在人才培养体系中的基础地位、核心地位。因为在他看来，做人做事第一位的是崇德修身。德为才先，一个人如果没有良好的品德，又怎能称之为人才呢？对于高等教育事业来说也是一样，无德何以谈树人。而社会主义核心价值观就是当今中国社会最大的"德"，这是一个基本的历史经验。"思想政治工作从根本上说是做人的工作。""要坚持不懈培育和弘扬社会主义核心价值观，引导广大师生做社会主义核心价值观的坚定信仰者、积极传播者、模范践行者。"② 习近平总书记曾语重心长地告诫青年

①青年要自觉践行社会主义核心价值观——习近平在北京大学师生座谈会上的讲话［N］. 人民日报，2014-05-05.

②习近平在同各界优秀青年代表座谈时的讲话［N］. 人民日报，2013-05-05.

朋友们："人的一生只有一次青春。现在，青春是用来奋斗的；将来，青春是用来回忆的。人生之路，有坦途也有陡坡，有平川也有险滩，有直道也有弯路。青年面临的选择很多，关键是要以正确的世界观、人生观、价值观来指导自己的选择。无数人生成功的事实表明，青年时代，选择吃苦也就选择了收获，选择奉献也就选择了高尚。青年时期多经历一点摔打、挫折、考验，有利于走好一生的路。"① 当代青年学生"是标志时代的最灵敏的晴雨表，时代的责任赋予青年，时代的光荣属于青年"。②

基于此，一方面，青年学生要自觉践行社会主义核心价值观，因为，"对一个民族、一个国家来说，最持久、最深层的力量是全社会共同认可的核心价值观。核心价值观，承载着一个民族、一个国家的精神追求，体现着一个社会评判是非曲直的价值标准"。③ 由于青年学生的价值取向决定了未来整个社会的价值取向，因此，"青年要从现在做起、从自己做起，使社会主义核心价值观成为自己的基本遵循，并身体力行大力将其推广到全社会去"。④ 另一方面，青年学生要志存高远、脚踏实地，把学习作为首要任务，作为一种责任、一种精神追求、一种生活方式，不断顺应时代发展潮流，做到有信念、有梦想、有奋斗、有奉献，善于在平凡的岗位上创造不平凡的业绩，让青春在时代进步中焕发绚丽的光彩。

第三节　高校思政课"以史育人"教学模式的目标取向

恩格斯在《反杜林论》中指出："我们不知道有任何一种力量能够强制处在健康清醒状态的每一个人接受某种思想。"⑤ 诚然，要促进"四史"教育入脑入心，方式方法层面的说服和疏导固然重要，而从内在激活大学生的接受动力，使他们以自愿、自主、自觉的状态投入"四史"学习则是更为根本的。思政课教师要充分意识到大学生在知、情、意、行四个维度的发展需求，深

①青年要自觉践行社会主义核心价值观——习近平在北京大学师生座谈会上的讲话 [N]. 人民日报，2014-05-05.

②青年要自觉践行社会主义核心价值观——习近平在北京大学师生座谈会上的讲话 [N]. 人民日报，2014-05-05.

③青年要自觉践行社会主义核心价值观——习近平在北京大学师生座谈会上的讲话 [N]. 人民日报，2014-05-05.

④青年要自觉践行社会主义核心价值观——习近平在北京大学师生座谈会上的讲话 [N]. 人民日报，2014-05-05.

⑤马克思恩格斯选集：第3卷 [M]. 北京：人民出版社，2012：463.

刻把握它们与"四史"教育的耦合关系，进而激活大学生接受"四史"的内在动力，以党的教育方针为基础，以立德树人为中心任务，以学史明理、学史增信、学史崇德、学史力行为新时代高校"四史"教育的着力点，帮助学生树立崇高理想，培养更多德、智、体、美、劳全面发展的社会主义建设者和接班人。

一、学史明理：贯彻"四个深刻领悟"是"以史育人"的基本要求

新时代高校大学生"四史"教育的基本目标是让大学生准确把握历史事实和历史发展规律。随着中国特色社会主义的发展，社会主义现代化建设取得巨大成就。要培养"时代新人"，就必须引导他们正确理解中国共产党的领导与改革开放所取得的伟大成就之间的关系，准确把握中国特色社会主义所处的新的历史方位，理解社会主义制度的优越性等一些重大的现实问题和理论问题。2021年3月25日习近平总书记在福建考察时作出重要指示："要在党史学习教育中做到学史明理，明理是增信、崇德、力行的前提。"[1] 这一论断明确指出"明理"是进行党史教育的基础性目标，同时也点明只有先明晰"真理"才能够实现增信、崇德和力行，否则就会丧失根基，成为无源之水。而这里的"明理"指的是明晰党史中中国共产党带领广大人民群众实现站起来、富起来、强起来实践史中的真理，"要深刻领悟坚持中国共产党领导的历史必然性，坚定对党的领导的自信。要深刻领悟马克思主义及其中国化创新理论的真理性，增强自觉贯彻落实党的创新理论的坚定性。要深刻领悟中国特色社会主义道路的正确性，坚定不移走中国特色社会主义这条唯一正确的道路"[2]。这"四个深刻领悟"凝结着习近平总书记对百余年党史的深邃思考和战略考量，是针对"学史明理"提出的具体要求，彰显了深沉的历史自觉和强烈的历史担当。以学史明理为前提，就是要通过学习党的百余年历史，搞清楚"办好中国的事情，关键在党"的丰富内涵，搞清楚马克思主义如何深刻改变了中国、中国如何极大丰富了马克思主义，搞清楚中国特色社会主义是实现中华民族伟大复兴的必由之路，永远保持"赶考"的清醒和坚定，不断磨砺初心使命，不断增强历史自觉和历史自信。

二、学史增信：增强历史自信是"以史育人"的核心目标

"历史自信是历史发展的持续积淀。中国共产党的历史自信是团结全国各

---

① 习近平. 学史明理、学史增信、学史崇德、学史力行 [N]. 人民日报, 2021-07-03 (1).
② 习近平. 学史明理、学史增信、学史崇德、学史力行 [N]. 人民日报, 2021-07-03 (1).

第四章 高校思政课"以史育人"教学模式的实践探赜

181

族人民的精神纽带，是激励全体人民艰苦奋斗的精神动力。"① 2021 年 11 月 11 日，习近平在党的十九届六中全会第二次全体会议上的讲话中明确提出了坚定历史自信的命题，强调要"坚定历史自信，自觉坚守理想信念"。② 坚定历史自信是新时代高校开展"四史教育"的核心目标，也是帮助大学生筑牢历史记忆、促进历史自觉、增强历史担当的重要途径。坚定历史自信是对党和国家历史的正确认知，是对奋斗成就与奋斗精神的自信，是"四个自信"的深厚历史基础。因此，必须深化"四史"学习，以历史教育感悟历史自信。历史教育将党的波澜壮阔发展历程中的力量源泉和精神血脉呈现出来，使人们正确、科学、准确认识历史，让人们在"四史"的学习与认知中深化历史自信。正如习近平总书记所说，"当今世界，要说哪个政党、哪个国家、哪个民族能够自信的话，那中国共产党、中华人民共和国、中华民族是最有理由自信的"③。所谓历史自信，就是对中国近现代历史辉煌成就的自信，就是对中华民族巩固历史基业、创造时代伟业与赓续荣光事业的自信，就是对中国共产党强大的政治领导力、事业创造力与人心凝聚力的自信。

习近平总书记指出："青年一代有理想、有担当，国家就有前途，民族就有希望，实现我们的发展目标就有源源不断的强大力量。"④ 青年的理想信念和价值取向如何，不仅关乎其自身的人生目标能否最终实现，而且关乎我们党开创的百余年基业的发展方向，关乎社会主义现代化建设事业的兴衰成败。一部"四史"，也是一部共产党人的精神锻造史。在党的百余年奋斗历程中，一代代马克思主义者为实现共产主义理想信念而做出的不懈努力，彰显了以爱国主义为核心的民族精神和以改革创新为核心的时代精神。将"四史"融入思政课，就是要引导学生通过学习党史、新中国史、改革开放史、社会主义发展史，认清当代中国的历史方位，筑牢信仰之基，坚定历史自信。在深刻认识红色政权、新中国和中国特色社会主义来之不易，我们今天的美好生活来之不易的基础之上，进一步坚定对马克思主义的信仰、对中国特色社会主义的信念、对中华民族伟大复兴中国梦的信心，从历史中获得勇气、信心和力量，开创新的历史伟业。习近平总书记曾强调指出："学史增信，就是要增强信仰、信念、信心，这是我们战胜一切强敌、克服一切困难、夺取一切

---

① 谢江平. 论中国共产党历史自信的生成逻辑 [J]. 理论视野，2022 (4).

② 习近平. 以史为鉴、开创未来、埋头苦干、勇毅前行 [J]. 求是，2022 (1).

③ 习近平. 在党史学习教育动员大会上的讲话 [J]. 求是，2021 (7).

④ 中共中央文献研究室. 习近平关于青少年和共青团工作论述摘编 [M]. 北京：中央文献出版社，2017：3.

胜利的强大精神力量。"① 小到一个人、一个集体，大到一个政党、一个民族、一个国家，只要有信仰、信念、信心，就会越挫越奋、越战越勇，否则就会不战自败、不打自垮。无论过去、现在还是将来，对马克思主义的信仰，对中国特色社会主义的信念，对实现中华民族伟大复兴中国梦的信心，都是指引和支撑中国人民站起来、富起来、强起来的强大精神力量。

三、学史崇德：培育时代新人是"以史育人"的现实需求

学史崇德，即在明理、增信的基础上学习"四史"，做到明大德、守公德、严私德。"做人做事第一位的是崇德修身。"② 2019 年 10 月出台的《新时代公民道德建设实施纲要》提出："坚持育人为本、德育为先，把思想品德作为学生核心素养、纳入学业质量标准。"③ 也就是说，广大青年学生不仅要认真学习专业知识，而且要通过学习形成正确的道德认知，因为只有不断修身立德，打牢道德根基，才能在人生道路上走得更正、走得更远。一部"四史"，也是一部共产主义道德光辉闪耀的历史。在党的百余年历程中，一代又一代中国共产党人顽强拼搏、不懈奋斗，展现了崇高的精神品格和道德风范，从新民主主义革命时期的红船精神、井冈山精神、长征精神、抗战精神、延安精神、西柏坡精神，到社会主义建设时期的抗美援朝精神、"两弹一星"精神、雷锋精神、铁人精神、红旗渠精神、焦裕禄精神，从改革开放新时期的女排精神、抗洪精神、载人航天精神、抗震救灾精神，到中国特色社会主义新时代形成的抗疫精神、脱贫攻坚精神，中国共产党在千磨万击中涵养出越是艰险越向前的钢铁精神，是共产党人精神血脉和道德风貌的生动展现。

中国共产党求什么？中国共产党所求不过是坚持真理和坚定理想。中国共产党人在这百余年的历史中，都表现出的是革命理想高于天的赤胆忠心。这才能够在经历一次次生死存亡时又一次次重新奋起。中国共产党为什么？中国共产党为了践行初心、担当使命的理想。"四史"的发展历程表明，中国共产党至今都是为了中国人民谋幸福，为中华民族谋复兴而奋斗。中国共产党凭什么？中国共产党凭着不怕牺牲、英勇斗争的风骨。中国共产党靠什么？中国共产党靠着对党忠诚、不负人民的品质。中国共产党的宗旨就是为人民服务，时时刻刻把人民群众放在心上。将"四史"融入思政课堂，就是要引

①习近平. 学史明理、学史增信、学史崇德、学史力行 [J]. 求是，2021 (13).

②中共中央文献研究室. 习近平关于青少年和共青团工作论述摘编 [M]. 北京：中央文献出版社，2017：27.

③中共中央国务院印发《新时代公民道德建设实施纲要》[N]. 人民日报，2019-10-28.

导广大青年学子充分领悟英雄人物和时代楷模身上所体现的道德风范，从百余年党史中涌现出来的优秀共产党人的感人道德事例和可敬道德形象中获得提升道德修养的动力，从而匡正道德追求、强化道德自律，追求更有高度、更有境界、更有品位的人生。习近平总书记在中国人民大学考察时就强调指出，立足新时代新征程，中国青年的奋斗目标和前行方向归结到一点，就是坚定不移听党话、跟党走，努力成长为堪当民族复兴重任的时代新人。

时代新人的道德要求①应当具备以下四点：一要有家国情怀，树立报效祖国、奉献社会的道德理想。"历史告诉我们，每个人的前途命运都与国家和民族的前途命运紧密相连。国家好，民族好，大家才会好。"② 无数事实证明，家国情怀作为中华民族自强不息的文化基因，不断滋养着国人的爱国主义情怀，也不断促进国人的全面发展。作为复兴大任的实践主体，时代新人肩负着舍我其谁的历史使命，其道德理想只有同国家前途、民族命运相结合才有价值。时代新人必须认清个人、家庭、民族赖以生存的社会关系，洞察家庭与国家的互动本质，把个人成长更加积极主动地融入国家发展大局，形成家国一体的道德理想，这样才能跳出个人的"小确幸，小确丧"，远离"处处不坚持，事事随大流"的佛系文化，以"位卑未敢忘忧国"的担当，从大处着眼全球发展基本面，从小处着手自身事业发力点，实现道德层次和人生境界的提升。

二要有至善理念，形成崇德向善、见贤思齐的道德认知。"在至善论的视域里，个人与他人、自然不是一个个彼此孤立的，而是休戚与共、共生共荣的整体。"③ 因此，作为道德认知的"天际线"，至善理念并非人人可得，但对担当大任，有较高道德理想的时代新人，则有能力坚守始终。当然，不管追求何种至善理念，都必须以恪守基本的道德底线为前提。对时代新人而言，只有"自觉抵制拜金主义、享乐主义、极端个人主义、历史虚无主义等错误思想，追求更有高度、更有境界、更有品位的人生"，④ 才能够自由追求道德至善。

三要有仁爱之心，养成饮水思源、心系人民的道德情感。习近平总书记指出："离开了祖国需要、人民利益，任何孤芳自赏都会陷入越走越窄的狭小

---

①张驰、宋来. 论时代新人的道德素养及其培育［J］. 思想政治教育研究，2021（3）.

②习近平在参观《复兴之路》展览时强调：承前启后　继往开来　继续朝着中华民族伟大复兴目标奋勇前进［N］. 人民日报，2012-11-30（1）.

③曹刚. 美好生活与至善论［J］. 伦理学研究，2019（2）：6.

④习近平. 在纪念五四运动100周年大会上的讲话［N］. 人民日报，2019-04-30（2）.

天地。"① 作为国家未来发展的中坚力量，时代新人在工作学习的各方面，都要领会饮水思源、心系人民的道理。把个人才干与社会发展联系起来，把个人奋斗与群众需求结合起来，把个人成长成才置于更为宏大的社会愿景和时代画卷之中，只有这样，才能意识到自身肩负的神圣使命，明白自我的奋斗是为了谁、依靠谁，在千磨万击的历练中，实现道德情感的成熟稳定。

四要有自律精神，具备知行合一、止于至善的道德自觉。习近平总书记就曾用亲身经历告诫广大青年："我到农村插队后，给自己定了一个座右铭，先从修身开始。"② 修身之后，才是齐家、治国、平天下，而修身本身，强调的就是自律精神。作为核心价值观的"代言人"，时代新人不能只停留于抽象的概念认知，而是可感知、可奉行的思想理念。只有在理性深思的基础上才能形成发自内心的道德自觉，最终实现常修善德、常怀善念、常做善举的道德行为。

四、学史力行：把握历史主动是"以史育人"的最终指向

学史力行，即在前三个学习的基础上深化"四史"学习，知行合一，积极践行。习近平总书记在党史学习教育动员大会上的讲话中指出，要"进一步把握历史发展规律和大势，始终掌握党和国家事业发展的历史主动"。所谓历史主动是指作为历史主体的人充分发挥主观能动性，在深刻把握历史规律的基础上，立足所处的历史方位，顺应历史发展大势，勇于抓住历史机遇，自觉肩负历史责任，主动担当历史使命，勇于开创未来的精神品质。③

当代中国青年是与新时代同向同行、共同前进的一代，生逢盛世，肩负重任。处在中华民族发展的最好时期，既面临着难得的建功立业的人生际遇，也面临着"天将降大任于斯人"的时代使命。他们既是社会主义现代化建设的见证者、亲历者，更是推动者、实践者，中华民族伟大复兴的伟大梦想将由他们来实现。一部"四史"，也是一部不懈奋斗史。百余年来，中国共产党团结带领人民不懈奋斗，迎来了中华民族从站起来、富起来到强起来的伟大飞跃。百余年奋斗路，可以总结为从建党大业的开天辟地到立国大业的改天换地，从富国大业的翻天覆地到强国大业的惊天动地。"四史"不仅生动地记载了共产党人为人民谋幸福、为民族谋复兴的初心和使命，记载了无数"无

①习近平. 在纪念五四运动 100 周年大会上的讲话 [N]. 人民日报，2019-04-30（2）.

②中国有梦青春无悔——习近平五四青年节参加主题团日活动侧记 [N]. 人民日报，2013-05-06（2）.

③曲青山. 发扬伟大的历史主动精神 [J]. 学习月刊，2022（6）.

名之辈"为民族复兴抛头颅、洒热血的真实事迹以及共产党人的精神谱系，同时也记录了共产党百余年的执政理念、方法、立场和经验。

习近平总书记强调："一切向前走，都不能忘记走过的路；走得再远、走到再光辉的未来，也不能忘记走过的过去，不能忘记为什么出发。"① 将"四史"融入思政课堂，有助于引导广大青年学生把握历史趋势、增强历史主动，在深刻地认识自身的历史使命，不断提高自身把握大局大势、应对风险挑战、推进实际工作的能力水平的基础上，更加锐意进取、顽强拼搏，在全面建设社会主义现代化国家新征程中勇当开路先锋、争当事业闯将。把听党话、跟党走的信念变成自觉追求，赓续红色血脉、传承红色基因，用脚步丈量祖国大地，用眼睛发现中国精神，用耳朵倾听人民呼声，用内心感应时代脉搏，把对祖国血浓于水、与人民同呼吸共命运的情感贯穿学业全过程、融汇在事业追求中，于危机中育先机、于变局中开新局，不断描绘历史新画卷、答好时代新答卷。

第四节　高校思政课"以史育人"教学模式的实践进路

"四史"教育融入高校思政课要把握形势、多措并举，以新时代爱国主义教育为主线，遵循"是什么、为什么、怎么办"的研究思路，以教学模式改革为切入点，通过探索并构建"12345"教学模式，丰富课堂教学内容设计，创新实践教学环节，探索实施以引导学生参与课堂和突出历史教育为重点的教学改革，积极探寻出将"四史"教育有机地融入思政课程教学中的新思路和新路，以助推高校思政课"以史育人"教学模式实现新发展、取得新突破。

一、把握"一条主线"：增进历史认知的宗旨所在

"四史"凝结着中华民族共同的集体记忆。学习"四史"，有助于引导高校学生更好地了解历史事实，理清历史脉络，把握历史发展规律，形成正确的历史认知。诚如习近平总书记所强调，"学习党史、国史，是坚持和发展中国特色社会主义、把党和国家各项事业继续推向前进的必修课。这门功课不仅必修，而且必须修好"。② 贯穿其中的"一条主线"就是以爱国主义教育为

---

① 习近平. 在党史学习教育动员大会上的讲话 [M]. 北京：人民出版社，2021：3.
② 习近平在中共中央政治局第七次集体学习时强调：在对历史的深入思考中更好走向未来　交出发展中国特色社会主义合格答卷 [N]. 人民日报，2013-06-27 (1).

主线。在中华民族历史发展的漫长时间里，爱国主义精神始终是贯穿其中的关键主线，是维系祖国统一、增进民族团结、推动国家发展的重要精神力量。"爱国主义是中华民族精神的核心。爱国主义精神深深植根于中华民族心中，是中华民族的精神基因，维系着华夏大地上各个民族的团结统一，激励着一代又一代中华儿女为祖国繁荣发展而不懈奋斗。5000多年来，中华民族之所以能够经受住无数难以想象的风险和考验，始终保持旺盛生命力，生生不息，薪火相传，同中华民族有深厚持久的爱国主义传统是密不可分的。"① 古有"王师北定中原日，家祭无忘告乃翁"的爱国情，有"人生自古谁无死，留取丹心照汗青"的爱国志，也有"一年三百六十日，多是横戈马上行"的爱国行。近代以来，为救家国前赴后继的改良之士有之，自强求富的探索之士有之，武装起义的革命之士亦有之。自梁启超首次提出"中华民族"一词后，中华民族的团结统一逐渐内蕴为近代爱国主义精神的深沉追求。

中国共产党是在近代救国的时代大潮中应运而生的。党一经成立就义无反顾地肩负起救国救民、实现民族复兴的时代重任。在新民主主义革命时期，"爱国主义主要表现为致力于推翻帝国主义、封建主义、官僚资本主义反动统治的斗争"，② 即通过革命改变中国半殖民地、半封建社会性质，实现民族独立。在社会主义革命和建设时期，爱国主义主要体现为巩固新生人民政权和引导全国各族人民建设社会主义。在改革开放和社会主义现代化建设新时期，中国共产党领导人民积极投身改革开放和社会主义现代化建设的伟大事业就是爱国主义的重要体现。在习近平新时代中国特色社会主义建设中，实现中华民族伟大复兴是爱国主义最鲜明的主题。中国共产党推动中国革命、建设、改革的历史实践表明党是爱国主义精神最坚定的弘扬者和实践者。中国共产党的百余年奋斗史就是一部气势恢宏的爱国主义史诗，为此理应大力弘扬爱国主义精神。高校肩负为党和国家、为社会和人民培养优秀人才的历史使命，不断加强对青年学生的爱国主义教育更是责无旁贷。

党的十八大以来，习近平多次强调加强青少年爱国主义教育的重要性，强调新时代"要把加强青少年的爱国主义教育摆在更加突出的位置"，③ 广大青年也"要加强思想道德修养，自觉弘扬爱国主义……以实际行动促进社会进步"。④《新时代爱国主义教育实施纲要》明确指出：要"始终高扬爱国主义

---

① 中共中央文献研究室. 习近平关于社会主义文化建设论述摘编 [M]. 北京：中央文献出版社，2017：128.

② 江泽民文选：第1卷 [M]. 北京：人民出版社，2006：121.

③ 习近平谈治国理政：第3卷 [M]. 北京：外文出版社，2020：301.

④ 习近平谈治国理政：第1卷 [M]. 北京：外文出版社，2014：53.

旗帜，着力培养爱国之情、砥砺强国之志、实践报国之行，使爱国主义成为全体中国人民的坚定信念、精神力量和自觉行动"①。党的二十大报告更是进一步强调新时代培育和践行社会主义核心价值观要"深化爱国主义、集体主义、社会主义教育，着力培养担当民族复兴大任的时代新人"。② 新时代中华民族伟大复兴进入关键性的历史阶段，越是接近目标，越是形势复杂，越是任务艰巨，越需要从爱国主义教育中汲取不竭的精神动力源。以爱国主义教育为主线，学习党史、新中国史、改革开放史和社会主义发展史，不仅为引导学生知史爱党、知史爱国、知史惜今提供了丰厚的历史素材，同时对于引导青年学子正确认识当代中国的历史和现实，深刻认识到红色政权来之不易、新中国来之不易、中国特色社会主义来之不易，使青年学子的爱党爱国爱社会主义之心更加淳厚、报国之志更加坚定、强国之行更加有力等具有十分重要的意义，能进一步增进高校青年学生对伟大祖国、中华民族、中华文化、中国共产党、中国特色社会主义的政治认同、思想认同和情感认同，增强高校思想政治理论课教育教学的实际效果。

（一）不断增进青年学子对伟大祖国的认同

中国改革开放总设计师邓小平曾深情地讲过："我是中国人民的儿子，我深情地爱着我的祖国和人民。"抗日民族英雄杨靖宇，在整个部队都牺牲的情况下，一个人靠着吃草根、吃衣服里的棉絮与敌人作顽强斗争，被捕后面对劝降的伪"保安村"农民赵廷喜，他讲了一句朴素但又令无数国人泪目且震撼的话，"要是我们国人都投降了，哪里还有中国呢？"梁启超《少年中国说》认为"夫国也者，何物也？有土地，有人民，以居于其土地之人民，而治其所居之土地之事，自制法律而自守之；有主权，有服从，人人皆主权者，人人皆服从者。夫如是，斯谓之完全成立之国"。今日之中国，是坚定共产党的领导，以人民为本的人民民主专政的社会主义国家。今日之中国人民，是国家的主人，是实现中国梦的主体力量，也是实现中国梦的直接受益者。今日之中国梦，是昨日无数仁人志士所热切期盼与向往，在中华民族深陷苦难之际，为挽狂澜于既倒，扶大厦于将倾，甘愿为之抛头颅、洒热血的未圆的中国梦；是要使得我们这个国家经历了数代人的励精图治变得更加富饶强大、各民族物质和文化都得到振兴发展、所有中国人的需求都得到满足的中国梦。

引导学生增进对伟大祖国的认同，就是要引导学生不仅要认同自己的国

①新时代爱国主义教育实施纲要［N］. 人民日报，2019-11-12（6）.
②习近平. 高举中国特色社会主义伟大旗帜　为全面建设社会主义现代化国家而团结奋斗——在中国共产党第二十次全国代表大会上的报告［N］. 人民日报，2022-10-16.

家归属，同时也应该认同自己作为一名中华人民共和国的公民所应该履行并承担的对于我们这个国家的义务和责任，其主要表现为爱国。作为千百年来所凝结和巩固起来的每一个公民对自己祖国所怀有的一种最深厚最真挚的感情，爱国不仅是中华民族的一种优秀品格和优良传统，同时也是每个人都应当自觉履行的责任或义务。爱国主义是我们凝聚民族精神、鼓舞人民斗志的鲜艳旗帜，是一个国家的核心价值观。1840年以来的中国近代苦难史中，无数仁人志士对伟大祖国和中华民族的认同而展现出的爱国情怀和自我牺牲精神，曾经唤醒了无数国人对伟大祖国和民族的情感认同。一代又一代的中华儿女也正是在对伟大祖国和民族的情感认同中寻觅到团结的力量。当各民族群众意识到"我是中国人，我是中华民族一分子"后，随之而来的是对这种所属关系的强烈认同，并从中找到归属感和自豪感，产生"热爱祖国，热爱民族"的强烈的情感和历史责任感。各族人民只有不断强化自己的国民意识和公民意识，自觉把祖国摆在心里最高位置，把维护祖国统一、民族团结作为自己的神圣职责，旗帜鲜明地维护国家和民族的尊严，国家才能繁荣富强，个人也才能得到全面的发展。

高校要积极教育和引导学生系统学习中国古往今来的历史知识，使其了解和熟悉国家发展变化的总体概况以及重大历史事件，当前尤其要重视对学生进行"四史"教育，使其充分了解党和国家事业的发展历程，深切感受无数革命先烈和英雄模范人物前赴后继、无私奉献所饱含的为国为民的不懈奋斗精神和矢志不渝的高尚情怀，使其明确中国为什么会在中国共产党的坚强领导下，一步步走上这条救国救民、强国富民的道路。通过使学生明晰中国道路的纵向发展脉络，使其深切体会中国过往的历史征程和饱含的内在意蕴，使其在充分把握历史发展进程的基础上，树立科学的历史观、党史观和正确的人生价值观，做到心系国家前途、民族未来和人民期盼，并从中汲取继续前行的思想智慧和宝贵经验，指导自身的日常实践。

（二）不断强化青年学子对中华民族的认同

中华民族是生活在960多万平方千米中华大地的所有民族以及海外华侨华人的统称，包括汉族在内的56个民族。它是一个由多民族血缘融通、流动交汇构成的命运共同体。作为中华民族大家庭的一员，每一个民族都和这个大家庭血肉相连、休戚与共。在面对外敌入侵时，各民族同仇敌忾、万众一心；在面对艰难险阻时，大家相互帮助、相互理解、相互支持。以抗日战争为例，在艰苦卓绝的伟大全民族抗日战争中，全国人民地无分南北，人无分老幼，族无分大小，在中国共产党倡导建立的抗日民族统一战线的旗帜下，从莽莽太行到云贵高原，从东海之滨到新疆戈壁，"四万万人齐蹈厉，同心同德一戎衣"，全体中华儿女以铮铮铁骨战强敌、以血肉之躯筑长城、以前仆后继赴国难，用生命和鲜血共同谱写了一幕幕中华民族历史上抵御外侮的辉煌壮丽篇章。中国共产党在抗日前线和敌后组织了东北抗日联军、内蒙古大青山抗日武装力量、陕甘宁回民抗日骑兵团、冀中和渤海回民支队以及海南抗日根据地的琼崖纵队等各民族武装，为全面抗战的胜利做出了不可磨灭的贡献，中华民族的民族意识由此获得完全的觉醒，中华民族的概念从此完全深入人心。

如今，进入新时代的中华民族，在经历了血与火的淬炼之后，已从过去一个自在的民族，逐步转变成了一个自觉、自强、自新的团结统一且强大的民族，拥有了全新的意义。对中华民族的认同，其实质就是对中华民族是由56个民族组成的民族共同体这一基本史实的认同。各民族不仅在政治上团结统一、平等相处，经济上相互依存、互助共生，文化上兼容并蓄、彼此尊重和学习，同时在情感上也是相互亲近，你中有我、我中有你的相互离不开的紧密关系。要深刻认识中华民族的历史是各民族共同缔造的历史，中华民族大家庭不仅是一个利益的共同体，同时也是一个手足相亲、守望相助的命运的共同体，各民族都是骨肉兄弟，都有共同的目标和方向，都是中华民族大家庭不可或缺的重要一员。从而进一步构筑起维护国家统一和民族团结的坚固思想长城，夯实我国民族关系发展的思想基础。

高校要注重教育和引导学生着眼大局和长远，树立"大历史观"，使其从中华民族五千多年文明史中汲取思想政治教育的丰厚资源，逐步强化高校学生对党和国家的认识与感知，进一步深化对中华民族的政治认同。

（三）不断强化青年学子对中华文化的认同

"文以载道，文以化人。"没有文化做支撑，就没有民族之间的情感依托，也就不可能实现一个国家长远稳定的发展。中华文化不仅对延续和发展中华文明发挥着十分重要的作用，同时也是推动人类文明进步和世界和平发展的重要动力。为此，作为民族团结之根、民族和睦之魂，文化认同是最深层次的认同，对于铸牢中华民族共同体意识发挥着重要且独特的作用。

作为各民族共建共有共享的文化，各族群众所予以认可并产生归属感的中华文化，不仅包括博大精深的中华优秀传统文化，同时也包括中国共产党领导中国人民在长期伟大的斗争实践中积淀和孕育形成的以红船精神、井冈山精神、长征精神等为代表的革命文化以及新中国诞生70多年来，党带领人民在战天斗地、开拓创新、砥砺奋进的非凡历程中丰富和发展形成的社会主义先进文化。这些文化内容在铸牢中华民族共同体意识方面发挥着方向引领、凝心聚力、鼓舞激励等作用，推动事业不断前进、发展。

基于此，应不断强化青年学子对中华文化的认同。首先，是强化对中华优秀传统文化的认同。作为中华民族生生不息、薪火相传的不竭精神动力，中华优秀传统文化不仅蕴含着深厚的思想理念、人生智慧、价值观念、情操境界以及家国情怀，同时也内蕴着崇仁爱、重民本、讲辩证以及尚和合、求大同等思想信念；不仅蕴含着自强不息、敬业乐群、扶正扬善等传统美德，同时也内蕴着安万邦、和黎民、格天地、遂万物、济苍生等宽广胸怀。这些源远流长、浩瀚璀璨、博大精深、生生不息以及吐故纳新、包容并蓄的传统文化因其中所蕴藏着的丰富的哲学思想、人文精神以及价值理念、道德规范等，使其成为中华民族的生命力、凝聚力，同时也是创造力所在。作为中华民族的一分子，我们要坚持守正创新，与时俱进地深化和拓展中华优秀传统文化的内容与范畴，使其可以更好地适应现代社会发展的新需求。

其次，是对革命文化的认同。作为中国共产党带领中国人民在追求民族独立和解放、反对帝国主义封建主义官僚资本主义压迫的斗争实践中形成的，以建立无产阶级政权为目的，以推翻反动统治阶级为任务，旨在追求富强民主文明的革命文化，是新时代中国特色社会主义文化的重要组成部分。作为党和人民在伟大斗争实践中孕育而成的革命精神和革命传统，是对中华优秀传统文化的承袭与创新。近代以来，面对内忧外患，党和各族人民在百折不挠的伟大的革命斗争实践中休戚与共，手足相亲、守望相助，同甘共苦、并肩战斗的经历与体验，饱含了崇高的政治理想和价值信念，孕育了为国家富强和民族崛起而敢于拼搏、勇于担当、舍生取义等伟大人格品质，承载了一代又一代的中国人民为建设一个伟大的社会主义国家而自强不息、艰苦奋斗等伟大精神作风。作为中华民族的一分子，我们要在激扬信仰力量、凝聚价值共识、淬炼思想自觉、优化舆论环境中，传承和弘扬具有强大感召力、凝聚力和向心力的革命文化，不断厚植社会主义文化强国的红色底蕴。

最后，是对社会主义先进文化的认同。作为中华文化的时代凝练，社会主义先进文化是指新中国成立以来尤其是改革开放以来，在伟大的社会主义实践中孕育出来的民族的、科学的、大众的社会主义文化，不仅是对中华民族优秀传统文化和红色革命文化的深度融合和传承弘扬，同时也是中华文化在当代中国的最新发展；不仅集中体现着全国各族人民在新的历史条件下的精神追求，同时也始终代表着当代中国发展前进的方向。作为中华民族的一分子，我们应不断增强社会主义先进文化自信，夯实自信的物质根基，植入自信的动力基因，生成自信的开放包容心态，彰显团结进步、向上向善的精神面貌。

高校要教育和引导学生明确中国文化之所以能够绵延不绝，很大程度上缘于国家的统一和强盛。中国文化具有独特的魅力，不断滋养着中华民族和中国人民。要在马克思主义理论和党的创新理论的指导下，积极向学生宣讲、展示、传播祖国的灿烂文化，尤其是做好对中国文化内在意蕴的科学阐释，使之不断滋养学生的精神世界，促使学生树立正确的文化理念，坚定文化自信，并将优秀文化的价值理念内化为自身的道德操守、外化为自觉合理的行为示范，争做中华文化的坚定热爱者和积极传播者。中国精神作为中国文化的重要组成部分，对促进中华民族发展也具有重要的推动作用，要引导学生从中学习与感悟。中国精神是中国文化的重要凝结，是党和国家在更大范围、更深层次实现凝心聚力的精神力量，更是向外展示中国形象、传递中国声音的重要载体。中国精神实质上就是"以爱国主义为核心的民族精神和以改革创新为核心的时代精神"的统一体，它指引着一代又一代中国人民为实现民族复兴前赴后继、奋勇向前。

（四）不断强化青年学子对中国共产党的认同

翻开风云激荡的红色篇章，我们便不难发现，百余年来，正是因为一代又一代的中国共产党人矢志践行"为中国人民谋幸福、为中华民族谋复兴"的初心使命，滚石上山，闯关夺隘；逆水行舟，过滩涉险，重建满目疮痍的土地，踏破万千沟壑无数荆棘的道路，才在风雷磅礴的岁月里带领全国各族人民不断夺取重大胜利，历经风雨依旧风华正茂。而透过历史的烟云，从山河破碎到繁荣稳定，从一穷二白到世界第二大经济体，从封闭愚昧到自信开放，从站起来、富起来到强起来……也正是因为中国共产党人始终牢记"为中华民族谋复兴"的这一历史使命，才引领着一路求索、一路奋斗的波澜壮阔的征程。老百姓是天、老百姓是地，是她永恒的坚持和信仰；同呼吸、共命运、心连心，是她不变的誓言与行动。为了这份信仰和誓言，有人选择放弃过往，告别安逸生活和高官厚禄；有人选择执着追求，不畏牺牲，不怕忍饥受冻，历尽艰辛；还有人选择忘我拼搏，艰苦奋斗。无论是彻底废除了在中国延续了数千年的封建剥削的土地制度，解放了农村生产力，还是全面取消农业税，终结延续 2600 年的"皇粮国税"，推进农村税费改革进入新的阶段；无论是建立人民当家作主的政治制度，还是竭尽全力把这样一个人口众多的大国一个不落带入全面小康……事实证明，中国共产党是一经诞生就是全心全意为人民谋利益的党，是"自己有一条被子也要剪半条给老百姓"的人，是在困难挑战面前一次次将"不可能"变成"一定能"的人。也因此，中国共产党在世界舞台上也以其自身独特的魅力吸引着无数目光，成为国际社会关注的焦点。经济学家称赞，这是"人类历史上最伟大的故事"；历史学家感叹，这是"一个巨大的组织奇迹"；政治学家评价，"中共治国理政智慧独一无二"。中国共产党为什么能？百余年大党何以风华正茂？这就是奥妙所在！坚持中国共产党的领导，是中华民族的命运所系。而对于我国这样一个在漫长的岁月中自强不息，交往联系，唇齿相依，共同创造了多民族的统一体和统一的多民族国家而言，要加强中华儿女的大团结，同样必须坚持中国共产党的领导，增强对党的领导的认同，这是凝聚、发展以及繁荣各民族的根本保证。

不断强化青年学子对中国共产党的认同，首先，必须锻造信仰认同。坚定的理想信念是共产党人初心不改、使命不移的精神源泉，是中国共产党人的"补钙"良方。只有认同中国共产党人的信仰，以中国共产党人的信仰为信仰，才能增进对中国共产党的认同。其次，应不断增强理论认同。要在提高对学习马克思主义理论重要性的认识的基础之上，提高理论学习的思想自觉、政治自觉和行动自觉，做到真学真懂、真信真用，把党的创新理论转化为推动工作落实、促进事业发展的强大动力。最后，要树牢"四个意识"，坚定"四个自信"，做到"两个维护"。在切实加强和完善党的民族工作的全面领导的基础之上，把民族工作纳入重要议事日程，定期研究并及时发现解决工作中存在的困境和急需解决的问题。强化政治责任，保持政治定力，把准政治方向，提高政治能力，增强斗争精神，确保民族团结进步事业始终沿着正确轨道向前推进。高校要注重教育和引导青年学子"从党走过的风云激荡的历史中、从党开创和不断推进的伟大事业中、从党全心全意为人民服务的根本宗旨和长期实践中，深化对党的信赖，坚定对党的领导的信念"，[①] 从而更好地理解和把握中国共产党为什么能，并从党的奋斗历程中继承党的优良传统、铭记党的高尚品格、坚定党的价值追求，从中汲取为中国特色社会主义伟大事业接续奋斗的强大精神力量。

（五）不断强化青年学子对中国特色社会主义的认同

"明天的中国，奋斗创造奇迹""明天的中国，力量源于团结""明天的中国，希望寄予青年"。在 2023 年新年贺词中，习近平主席回望波澜壮阔的历史长河，放眼"今天的中国"，展望"明天的中国"，指出"今天的中国，是

---

①习近平. 以史为镜、以史明志，知史爱党、知史爱国 [J]. 求是，2021 (12).

充满生机活力的中国",强调"只要笃定信心、稳中求进,就一定能实现我们的既定目标",寄语亿万人民"我们要一往无前、顽强拼搏,让明天的中国更美好"。豪情满怀的宣示、语重心长的嘱托、殷切深情的祝福,给人以深刻的启示、奋进的力量,鼓舞和激励着亿万中华儿女阔步新征程、昂首向未来。

回望 1949 年 10 月 1 日那天,当毛泽东按动电钮,新中国第一面鲜艳的五星红旗冉冉升起之时,全场肃立,心潮澎湃。中国共产党用自己的行动告诉全世界:中国的命运已经握在人民自己的手里。从此,中国 100 多年来被侵略被奴役的屈辱历史已经结束,真正成为独立自主的国家,中国人民从此成为国家的主人,中华民族的发展开启了新的历史纪元。我们不曾忘记,洋务运动"师夷长技以制夷",一腔"兴业殖产、富国强兵"的梦想,却被西方列强猛烈的炮火击得粉碎;我们不曾忘记,辛亥革命推翻帝制,一心"实现民族解放、建立共和政体"的愿望,却未改战乱频仍、山河破碎的旧貌;我们更不曾忘记,无数革命英雄为抵御外侮而遭受重大苦难、付出流血牺牲,无数豪杰仁人为民族解放、人民幸福而苦苦追寻,凄风苦雨、历尽艰难……这是血与泪的历史。而从 1949 年的那个起点出发,中华人民共和国的成立,不仅将近代以来中华民族所遭受的所有灾难、屈辱和苦痛,封存在历史深处,而且开启了人类历史上规模最为浩大且气势最为雄伟的推进中华民族伟大复兴的现代化建设新征程,把中国带到了世界第二大经济体的位置。"祖国,我为你骄傲"不仅是亿万人民共同的心声,也是全体中华儿女内心深处油然而生的浓浓的民族自豪感。自中华人民共和国成立以来,我们党领导亿万人民汇聚起勠力同心、共创伟业的磅礴力量,以不舍昼夜的团结奋斗,攻克了一个个看似不可攻克的难关险阻,创造了一个个令人刮目相看的人间奇迹,从而书写了一个崭新的时代篇章,成就了一段波澜壮阔的东方传奇,铺展开一条通往复兴的中国道路。不仅以占全球 9% 的耕地养活了世界近 20% 的人口,粮食产量连续多年稳居世界第一,同时,更是历史性地解决了困扰中华民族千百年来的绝对贫困问题,创造了人类反贫困史上举世瞩目的中国奇迹。曾经"一辆汽车、一架飞机、一辆坦克、一辆拖拉机都不能造"的国家,现在不仅跃升为全球货物贸易第一大国,第一大外汇储备国,同时高铁运营里程也稳居世界第一,银行业资产总规模位居全球第一……正是在一穷二白的一张"白纸"上,中国共产党带领亿万人民,意气风发、豪情满怀,用努力拼搏、团结奋斗的精气神绘就了壮美画卷,用 960 多万平方千米的热土上涌现出的一个又一个彪炳史册的人间奇迹,汇聚起奔腾向前的历史潮流,刷新着世界对中国的认知。

曾记否，为了有朝一日中华民族自立自强于世界，无数先驱在黑暗中孜孜以求、探索前行，挺身而出、无怨无悔；无数先烈舍生忘死、前赴后继，历尽艰辛、矢志不渝。林觉民在留下一封道尽了家国情怀，写尽了对妻子的惦念和内疚的《与妻书》后慷慨赴死，赵一曼在写完给儿子的最后一封信后，一路高唱《红旗歌》，高呼"打倒日本帝国主义！""中国共产党万岁！"等革命口号，英勇就义……风骨铮然，无怨无悔，只为全天下的劳苦大众都能摆脱受剥削受压迫的境况，过上吃饱穿暖有尊严的生活，只为后代生活在和平安康的幸福时代。今天，我们可以自信且豪迈地说：这盛世，如你所愿！今天的中国，从巩固脱贫攻坚成果、全面推进乡村振兴，到成功举办北京冬奥会、冬残奥会；从中国空间站全面建成、第三艘航母"福建号"下水，到首架 C919 大飞机正式交付、白鹤滩水电站全面投产；从"一带一路"建设风生水起、人类命运共同体理念日益深入人心，到成功举办北京冬奥会、冬残奥会，向各国人民发出"一起向未来"的热情呼唤，再到进博会、广交会、服贸会、消博会上，一场场中国搭台的"东方之约"，践行"开放的大门将越开越大"的坚定诺言……一项项荣誉、一次次进步，中国人民一路高歌猛进，弹创新拼搏的主旋律，奏快速发展的新乐章，勾勒出新时代路上的精彩路标。这，不正是孙中山先生所期盼的"富强中国、安乐中国"？今天的中国，稳经济、促发展，战贫困、建小康，控疫情、抗大灾，应变局、化危机……面对前进道路上的风浪，中国人民总能在党的旗帜下团结成"一块坚硬的钢铁"，书写"人心齐，泰山移"的动人篇章。这，不正是方志敏所渴求的"欢歌代替了悲叹，笑脸代替了哭脸，富裕代替了贫穷，健康代替了疾苦"的"可爱的中国"？"今天，我们比历史上任何时期都更接近、更有信心和能力实现中华民族伟大复兴的目标。"铿锵话语，催人奋进。而这种自信，来自我们找到了一条经过中国人民探索和拓展开来的不仅符合中国国情、符合人民意愿、同时也符合人类文明发展趋势的现代化道路，那就是中国特色社会主义道路。

回望历史，在漫长的岁月里，中华民族以自己的勤劳和智慧，曾经创造了令世界瞩目的灿烂辉煌的东方文明，不仅为人类文明的发展贡献了杰出成果，同时也使自身成为当之无愧的世界伟大民族。然而，在近代以来百余年民族屈辱史中，中国连续遭遇外族的侵略与蹂躏，经历了苦难与黑暗。中国人苦苦寻找适合中国国情的道路，提出了各种制度和主义，但都没有让中国人摆脱积贫积弱、任人宰割的历史。最后，中国选择了社会主义道路，并用改革开放 40 多年的辉煌成就向世人交了一份有说服力的答卷，不仅守住了社会主义的坚强阵地，而且成为世界社会主义的中流砥柱。创造了世所罕见的一系列伟大成就。习近平总书记曾指出，一个国家实行什么样的主义，关键要看这个主义能否解决这个国家面临的历史性课题。我们实行的中国特色社会主义并不是什么别的主义，而是科学社会主义在中国的成功实践和创新发展。苏联解体后，作为世界上最大的社会主义国家，中国所取得的极不寻常、极不平凡的世界性、历史性的伟大成就和深刻变革都深刻地告诉我们，走社会主义道路，不仅顺乎世界之潮流，同时适合人民之所需。只有社会主义才能救中国，只有中国特色社会主义才能发展中国，这是自近代以来中国人民和中华民族在为实现中华民族伟大复兴所进行的可歌可泣的斗争中得出的不可动摇的历史结论，是凝聚全党全国各族人民团结奋斗的旗帜。改革开放40多年来，正是由于我们始终保持政治定力，坚定不移地走中国特色社会主义道路，才实现了从"赶上时代"到"引领时代"的伟大跨越。如今，中国特色社会主义已进入新时代，在习近平新时代中国特色社会主义思想的引领下，一个充满活力的新时代中国正在走向世界。只有让各族人民在"中国之治"与"西方之乱"的鲜明对比中，深刻认识到作为以马克思主义为指导、植根中国大地、具有深厚中华文化根基、深得人民拥护的制度和治理体系——中国特色社会主义制度所具有的强大生命力和巨大优越性，只有让各族人民在新时代新征程的伟大实践中感同身受地体悟到中国特色社会主义的伟大，才能进一步铸牢中华民族共同体意识。

基于此，强化青年学子对中国特色社会主义的认同，就应在向青年学子全面展示党和国家在各个领域取得的新突破、新进展、新成就的基础之上，引导广大青年学子深刻领会习近平新时代中国特色社会主义思想的核心要义、精髓思想以及世界观和方法论，自觉运用这一马克思主义中国化时代化的最新成果，观察、分析和把握中国"新时代"与世界"大变局"，把好政治方向、站稳政治立场，坚持把国家和民族发展放在自己力量的基点上，坚持以中国式现代化全面推进中华民族伟大复兴。

二、实现"两个转变"：增强历史自觉的内在要求

所谓实现"两个转变"即指实现由教材体系向教学体系转变、由知识教育向信仰教育转变。高校思想政治理论课教材编排具有完整严密的系统性和逻辑性，集权威性和学理性于一体。教材内容大多是马克思主义的概念、范畴、原理，教材的抽象性不能直观解释现实的问题，而这恰恰是影响学生接受效果和认知效果的最大障碍。但"理论是向上的兼容性，人类的历史，从某种意义上说，是概念上升的历史"，教师在教学过程中应当按照教材培养目

标和"四史"内容特点，有效协调教材内容的严谨性与"四史"知识广博性的关系，结合教材内容重点合理选择史料"配方"，实现教材话语体系向教学话语体系的转变，知识教育向信仰教育的转变，不断增强"四史"教育的解释力和宣传力，增强学生的情感体验和精神共鸣，引导学生主动做历史潮流中的坚定者、奋进者、搏击者，在时代前进的洪流中，坚定历史自觉，书写中华民族发展新篇章。

（一）实现由教材体系向教学体系转变

实现思想政治理论课教材体系向教学体系转换，是增强思想政治理论课教学实效的需要，关键在于能否实现"有效"转换。这是一项科学性和系统性很强的工程，从教材体系和教学体系的关系看，教材体系是构建教学体系的基础和依据，教学体系构建要受教材体系的规定和制约。思想政治理论课教材体系和教学体系是两个既相互区别，又彼此紧密联系的概念。教材是一课之本，是按照教学大纲的要求而编写的，是对一门学科进行系统阐述的理论体系，编写的思路是从具体到抽象，呈现更多的是概念、观点和结论，具有明显的规范性和抽象性的理论逻辑特征。其不仅是教师进行讲授的主要依据，同时也是学生进行学习的基本材料。教学体系则是指教师在教学实践活动过程中依据教学对象、教学目的、教学情境等因素的不同，为适应教育环境的需要而构建的一套理论讲授表达体系。如果说教材体系的主要载体是文字，解决的主要问题是"教什么"与"学什么"的话；那么教学体系的主要载体便是语言，主要解决"怎么教"和"怎么学"的问题。要实现从教材体系抽象文字到教学体系生动语言的转化，对教师的要求更高。教师必须在掌握教材的理论原理、结构、观点基础上，立足学生需求，以学生最关心的、最想得到解决的问题为切入点，能动地对教材体系进行再创造，通过教学内容的表达方式和呈现形式的变化。将教材知识理论体系转化为学生所能掌握的教学体系，把理论语言转化为生活语言，转化为学生听得懂、愿意听、记得住的语言。从而使教学内容贴近实际、贴近生活、贴近学生，使学生的认知与情感在教育过程中协调发展，在获得知识，提升思想境界、道德品质、心理情趣的同时，也为提高学生的感悟能力、思辨能力、组织能力、语言表达能力及胆量等搭建了平台，从而更好地实现教学体系最终向学生认知体系的递进转化，引导学生领会教材内容背后所蕴含的马克思主义的立场、观点和方法，培养学生对中国特色社会主义的理论认同、政治认同和情感认同，增强道路自信、理论自信、制度自信和文化自信，从而大大提高教育教学的实效。因此，教材体系向教学体系转换决不是随意的，而是要以教材体系为基础和依据，遵循思想政治理论课的教育目标，体现和反映思想政治理论课教材内容所承载的教育目的。

"四史"精准融入思政课教学必须找准"四史"融入思想政治理论课教学的侧重点。这是加快构建新时代思想政治理论课教学体系的重要任务，也是充分发挥思想政治理论课与"四史"教育铸魂育人功能的现实需要。事实上，从各门思政课的内容来看，都蕴含着极为丰富的"四史"教育的内容，如"思想道德与法治"课中关于价值评价、革命道德、共产主义理想信念等内容，与"四史"教育密切相关，对于帮助学生正确进行历史事件、历史人物评价、深刻把握历史发展进步规律等具有重大指导意义；"中国近现代史纲要"课本身就是历史教育与思想政治教育结合最密切的课程，是进行"四史"教育的最主要课程；"毛泽东思想和中国特色社会主义理论体系概论"课讲述了马克思主义中国化时代化的历史进程，是对"四史"教育中有关党史、新中国史、改革开放史相关内容的深入解读，其历史教育功能不言而喻；"马克思主义基本原理概论"课中有关唯物史观、社会主义发展史、资本主义发展史等内容为"四史"教育提供了最直接的方法论的指导，亦是"四史"教育的重要内容。可见，"四史"教育一直内隐在各门思政课教学内容中，只是各门思想政治理论课之间还未完全形成整体部署与有机衔接，存在"四史"融入针对性不够等问题。

基于此，在"四史"融入思想政治理论课的教学过程中，各门思想政治理论课不能各自讲述、互不照应。在备课环节，各门思想政治理论课的主讲教师就应将就设计融入大纲进行探讨，以避免各门课程在融入"四史"过程中出现叠加与重复。尤其是"中国近现代史纲要"（以下简称"纲要"）课程和"毛泽东思想和中国特色社会主义理论体系概论"（以下简称"概论"）课程，这两门课联系十分密切，如果没有侧重点就会出现内容重复讲述，导致教学效果不够理想。"纲要"课程包括鸦片战争到"五四运动"前夜的上篇、"五四运动"到新中国成立的中篇、1949年中华人民共和国成立到新时代中国的下篇三大部分内容。"概论"课则聚焦历史事件背后的理论提炼，聚焦讲述中国共产党在革命、建设和改革时期的理论成就。因此，在"四史"融入内容处理上，"纲要"课程应重点讲述中共党史和新中国史，包括近代中国面临的危机、各阶层志士仁人的道路探索、中国共产党领导中国人民进行的英勇抗争的历史成就等。"概论"课在"纲要"课之后，因此可略讲革命时期历史事件本身，重点讲革命时期历史事件背后的经验和理论，目的是让学生在了解马克思主义中国化过程的基础上，掌握马克思主义中国化的理论成果，增强中国特色社会主义理论自信。为此，应将党史、新中国史、改革开放史的相关历史事实进行整合后融入，并适度增加改革开放史的内容，让学生从实践中的矛盾及其解决中，体会马克思主义中国化过程的必然性，并自觉运用中国化马克思主义，以此实现与"纲要"课各有侧重地处理中共党史、新中国史和改革开放史内容的教学。比较"概论"课和"纲要"课，"马克思主义基本原理"（以下简称"原理"）课程在社会主义发展史部分有更大的融入空间。与"概论"课程和"纲要"课程相比而言，"原理"课在新中国史、中共党史和改革开放史的融入又相对薄弱，需要在这方面重点着力。为此，要求在"原理"课程讲述过程中，教师应拓宽拓深历史视域，善于用经典的历史事件、历史人物去讲述史料背后所蕴含的原理，"既要讲两点论，又要讲重点论"。① 目的在于让学生掌握马克思主义的立场、观点、方法，增强对"三大规律"的认识，提升对社会主义的信心。为此，应在融入社会主义发展史相关内容的同时，注意适当融入党史、新中国史、改革开放史中党的马克思主义中国化实践，弥补现有教学内容重"论"轻"史"的不足，让学生体会到理论力量转化为现实力量的惊人成就，实现"学史明理、学史增信"。"思想道德与法治"（以下简称"基础"）课程设置了人生观、爱情观、法治观等七大专题。这些专题内容贴近学生实际，具有生动性，但也存在理论性不足的问题，如何实现课程教材体系转化为教学体系，需要从"四史"内容中寻找理论支撑。如通过讲述马克思主义理想信念的强大精神引领力量，认识中国发展道路选择的正确性；通过回顾中国特色社会主义法治印记，引导学生树立法治思维，自觉维护法律权威，从而在历史传承与讲述中进一步增强"基础"课的厚度和温度。在"四史"视域中讲授"习近平新时代中国特色社会主义思想概论"这一门课程，就是既要本着马克思主义历史观即唯物史观来讲授习近平新时代中国特色社会主义思想，又要通过对这一理论思想的讲授发掘、呈现其中所蕴含的唯物史观，从而说清楚习近平新时代中国特色社会主义思想的理论渊源和实践基础。其中，习近平总书记关于"四史"和"四史"教育的重要论述毫无疑问是习近平新时代中国特色社会主义思想的重要组成部分，也理应成为"习近平新时代中国特色社会主义思想概论"课程内容的有机组成部分。因而，既要使习近平总书记关于"四史"的重要讲话和论述原汁原味地进课堂，也要像其他专题一样厘清条理、突出重点、制定章节、系统讲授；既要开辟专题讲授习近平总书记关于"四史"的重要论述，

---

① 慎海雄. 习近平改革开放思想研究［M］. 北京：人民出版社，2018：67.

也要使这些论述有机地融入本课程其他相关知识点，如此才能达到将"四史"教育全面融入本门课程的效果。此外，对于"形势与政策"课而言，虽然各学期时政热点不同，但对现实问题的回应离不开对历史经验的积累和思考。因此，教学中应结合国内国际形势，理解中国共产党制定方针政策及所坚持路线的背景，引导学生对相关政策的历史性缘起进行思考，从时政内容学习中把握党的最新理论和政策，认识中国共产党治国理政思路，深化学生对党的策略的理解，增强对历史规律性的体悟。"四史"与各门思政课的协同，能够让学生从不同角度客观审视历史，有利于培养其透过现象看本质、摒弃支流抓主流的分析方法，使其自觉加深对党的领导以及中国特色社会主义制度、道路、理论的认同。

（二）实现由知识教育向信仰教育转变

从知识教育与信仰教育二者的关系来看，知识教育主要指的是通过教师的引导与讲解，丰富学生的知识储备，使学生可以运用知识来解答相关的理论问题，是"形"；而信仰教育则要高深一些，主要是通过理论知识的教育与思想的培养，使学生们拥有一种精神世界的武装，一种可以为之奋斗的坚定信念、为之牺牲的精神力量，而使学生们获得这种信念和力量的过程，就是信仰教育，就是"神"。知识教育可以是信仰教育的起点，但纯粹的知识教育并不能取代信仰教育。因为知识教育传递的更多的是客观的事实、概念或规律，体现"真"的客观存在，但不能反映出受教育者的情感体验和价值认同。而健全的教育不仅包括知识的学习，更包括具有价值观意义的家国情怀教育，尤其是思想政治中社会主体力量所倡导的主流价值的教育。

基于此，在推进"四史"融入思政课的教育教学过程中，就应该在深刻领会习近平总书记反复强调的立德树人是教育的根本任务这一指导思想的基础之上，更加自觉、更加有效地把知识教育和理想信念教育、道德品格教育有机结合起来，让所有课程真正承载起育人的功能，以进一步增强青年学生对主流意识形态的认同，树立坚定的理想信念，培育和践行社会主义核心价值观。

"中国近现代史纲要"课作为肩负"四史"教育的关键课程，是高校思想政治理论课的主干课程之一，具有历史性和思想政治性的双重特征。课程教学主要是以中国近现代历史为主线，揭示近现代中国社会发展和革命发展的历史进程及其内在规律，其目的是从历史教育的角度对学生进行思想政治教育。为此，讲好"纲要"课就需要从历史的维度将"四史"教育融入其中，通过"四史"中重大历史事件的具体背景、发展历程、产生结果等进行具体分析，使学生了解社会主义存在和发展的必然性，深刻领会中国共产党带领全国人民实现民族独立和人民解放的艰辛奋斗历程，感受改革开放为中国带来的翻天覆地的变化，深刻认识和理解中国特色社会主义道路来之不易。通过讲清马克思主义传入中国的来龙去脉，讲透中国共产党的诞生是一种历史的必然，讲明马克思主义中国化时代化的历史过程，讲好习近平新时代中国特色社会主义思想，使学生在领悟历史与人民"四个选择"的基础上更加坚定自己的政治立场，自觉自愿拥护党的领导；通过在把握历史规律中推进"四史"学习教育，用辩证思维呈现复杂历史，充分展现中国共产党从无到有，再到团结和带领全国各族人民取得新民主主义革命、社会主义革命和建设、改革开放和社会主义现代化建设的伟大成就，以有效引导大学生树立正确的价值观，提高大学生运用科学的历史观和方法论分析和辨别历史是非、评价历史问题和认清社会发展方向的能力，激发大学生爱党、爱国、爱社会主义的热情。

"毛泽东思想和中国特色社会主义理论体系概论"课程，以马克思主义中国化为主线，以马克思主义中国化最新成果为重点，集中阐述马克思主义中国化理论成果的形成过程、主要内容、精神实质、历史地位和指导意义，充分反映中国共产党不断推进马克思主义基本原理同中国具体实际相结合、同中华优秀传统文化相结合的历史进程和基本经验，使学生对马克思主义中国化进程中形成的理论成果有更加准确的把握；对中国共产党领导人民进行的革命、建设、改革的历史进程、历史变革、历史成就有更加深刻的认识；对中国共产党在新时代坚持的基本理论、基本路线、基本方略有更加透彻的理解。从内容上讲，毛泽东思想、邓小平理论、"三个代表"重要思想、科学发展观与"四史"紧密联系，贯穿于党的历史、新中国的历史、改革开放的历史和社会主义的历史进程。因而，"概论"课"四史"教学能否顺利进行，将直接影响"立德树人"的根本任务是否能够完成。"概论"课程教学中所阐述的马克思主义中国化的历史进程及马克思主义中国化的两大理论成果及其关系（毛泽东思想与中国特色社会主义理论体系的关系）等这些重要的理论知识并非凭空想象出来的，是在实践中不断摸索出来的，是从无数次历史经验中总结出来的，经得住时间的考验，经得住历史的验证。[1] 因此，在教学过程中，教师不能脱离历史和实际单纯进行抽象理论知识的讲授，而是需要将"四史"与"概论"相融合，将每一个重要理论产生的历史背景、历史渊源等

---

①王丽娜."四史"教育融入高校思政课的几点思考［J］.时代报告，2021（8）：96—97.

向学生逐一阐明，不仅要将理论知识阐述清楚，同时也需要融入情感故事，情景交融，做到要"情"与"理"相结合，增强教学亲和力。比如，在第一个专题"毛泽东思想"部分，就需要融入中国共产党百余年不懈奋斗史、理论探索史与自身建设史，融入建党、建军、长征等重大历史事件，融入红船精神等一系列伟大的民族精神，融入相关的历史人物、历史教训、历史评价等，融入理想信念教育，使学生明白革命前辈之所以能够完成一次次伟大斗争、建设一次次伟大工程、推进一次次伟大事业，就是因为他们有着崇高的理想信念和对共产主义事业坚定不移的信心。我们党之所以能够不断从胜利走向新的胜利，关键是有正确的理想信念。在课程第三专题"社会主义改造理论"至第八专题"科学发展观"部分，就需要融入新中国 70 多年的艰辛探索和历史教训，新中国的经济、政治、文化、社会、生态文明建设成就方面的经验与内容，特别是要融入改革开放 40 多年来中国共产党取得的伟大成就、发展经验和历史意义，以汲取中国精神的力量，传承伟大创造精神等一系列精神。在"绪论"部分就必须把社会主义的发展脉络、历史必然性、实践本质讲清楚，重点讲马克思主义中国化后社会主义在中国的发展轨迹和成就。

"习近平新时代中国特色社会主义思想概论"课程，通过对习近平新时代中国特色社会主义思想的科学含义、形成发展过程、科学体系、历史地位、指导意义、基本观点及新时代中国特色社会主义现代化建设的路线、方针、政策等的阐述，旨在引导学生在学习过程中能够准确把握马克思主义中国化的最新理论成果，对新时代中国特色社会主义建设过程中党的重大理论创新有更加准确的认识，对习近平新时代中国特色社会主义思想这一新时代中国共产党的思想旗帜、国家政治生活和社会生活的根本指针和当代中国马克思主义、21 世纪马克思主义有着更加透彻的理解和更加科学的运用。习近平新时代中国特色社会主义思想在中国共产党史、中华人民共和国史、改革开放史、马克思主义中国化发展史上都具有里程碑式的、划时代的重要政治意义、理论意义和实践意义。[①] 其在"四史"教育中之于党史是党探索将马克思主义基本原理与中国特色社会主义建设和改革的具体实践相结合的最新成果；之于中华人民共和国史是引领久经磨难的中华民族实现从站起来、富起来到强起来伟大飞跃的行动纲领；之于改革开放史是在"直接碰到的、既定的、从

---

①王伟光. 当代中国马克思主义的最新理论成果——习近平新时代中国特色社会主义思想学习体会 [J]. 中国社会科学，2017（12）：4－30，205.

过去承继下来的条件下"对中国特色社会主义道路、理论、制度、文化的创新;① 之于社会主义发展史既是在空间维度上对资本主义的扬弃,也是在时间维度上对以往中国特色社会主义理论成果的扬弃。这四个历史维度,最终有机统一在本门课程中"习近平新时代中国特色社会主义思想的历史地位"主题中。故"四史"教育融入"习近平新时代中国特色社会主义思想概论"课程专题教学,将使本门课程的教学体系更具有宏观性、科学性和深刻性。

"思想道德与法治"课程主要讲授人生观、价值观,理想信念,新时代爱国主义,中国精神,道德观及法治思维等内容,是青年学生进入大学后的首门思政课程,目的在于通过通俗易懂的道理培养大学生正确的世界观、人生观、价值观,增强大学生对中国特色社会主义道路、理论、制度、文化的信念和信心。"欲知大道,必先为史","四史"中蕴含着丰富的有关人生价值、理想信念、爱国主义、精神力量、道德模范等方面的生动案例,是"思想道德与法治"课教学的鲜活资源,易于学生接受,二者有机融合,有助于提升课程的吸引力和感染力,提高教学实效性。比如,在关于"四史"教育融入"人生观、价值观教育"方面,结合"四史"人物故事,围绕"人生价值"设计专题讨论,带领学生们穿越历史长河,聚焦故事人物的前途命运,讨论得出"不同的人生价值评判标准会决定不同的人生前途命运"的结论,从而引导广大青年学生自觉选择与历史同向,与祖国同行,与人民同在的人生发展方向。在关于"四史"教育融入"理想信念教育"方面。结合"四史",特别是革命战争年代的党史人物故事,围绕"信仰的力量"设计教学专题,突出李大钊、夏明翰等一批"因相信而看到"的革命党人,探讨他们相信什么同时又看到了什么,进而证明对马克思主义的坚定信仰是中国共产党人的政治灵魂。在关于"四史"教育融入"爱国主义教育"方面,结合"四史",以"从中国精神中汲取爱国力量"设计专题讨论,通过讲解新民主主义时期的长征精神、抗战精神,社会主义革命时期的抗美援朝精神、"两弹一星"精神,改革开放和现代化建设时期的抗震救灾精神、载人航天精神,中国特色社会主义新时代时期的伟大抗疫精神、北斗精神,引导学生深刻理解爱国主义是中国精神的核心。将"四史"教育融入爱国主义教育,进一步达到激发和提升学生爱国主义情怀的目的。在关于"四史"教育融入"社会主义核心价值观教育"方面,结合"四史",以"坚定的价值观自信"设计专题讨论,从核心价值观扎根中华优秀文化,彰显人民至上的价值立场,有强大的道义力量

---

① 马克思恩格斯选集:第 1 卷 [M]. 北京:人民出版社,1995.

等显著特征中探寻核心价值观产生的历史脉络，帮助学生理解社会主义核心价值观是在一定的历史条件下形成的，反映特定的时代精神，且具有鲜明的中国特色。通过"四史"内容的融入探求真实的历史，给大学生以正确的价值观引导，帮助大学生进一步理解新时代培育和践行社会主义核心价值观的重要性。在关于"四史"教育融入"道德观教育"方面，结合"四史"内容，设计"不同时期的道德模范"专题讨论，分别选取新民主主义革命时期、社会主义建设时期，改革开放时期和新时代四个历史时期在明大德、守公德和严私德不同维度的道德模范，以故事叙事和理论叙事相结合的方式帮助学生认识道德模范在我国革命时期和社会主义现代化建设时期都发挥着极其重要的作用，是我们前进道路上不可或缺的精神动力，从而让大学生真正了解社会主义道德的发展过程、主要内容及现实价值，切实做到内化于心，外化于行。在"四史"教育融入"法治思维教育"方面，结合"四史"内容，以"宪法的制定与修订历程"为主线进行教学设计，通过故事讲述与历史性归纳的方式，梳理与厘清我国社会主义法治建设发展的历史进程，帮助大学生了解和掌握我国社会主义法治道路进阶的历史脉络，深刻懂得新中国成立70多年来，从倡导建设法治政府到明确提出建设法治政府，再到现在的法治国家、法治社会，这条道路的形成意义重大，从而坚定走中国特色社会主义法治道路。

"马克思主义基本原理概论"作为高校思想政治理论课的核心课程，是一门系统讲授马克思主义基本原理的课程。国务院学位办主持撰写的《马克思主义理论专业、学科点介绍》中明确指出："马克思主义基本原理是马克思主义科学体系的基本理论、基本范畴，是其立场、观点和方法的理论表达。""原理"课教学的内在要求就在于通过传授马克思主义基本原理，即马克思主义的基本立场、基本观点、基本方法，帮助学生自觉接受马克思主义世界观和方法论，真正认识马克思主义，深刻理解马克思主义，并使马克思主义内化为自己的信仰。本质上讲，"原理"课教学就是树立正确的世界观、人生观和价值观的教育，就是坚定马克思主义信仰的教育。"原理"课教学的内在逻辑结构就是以哲学为开端揭示唯物史观的基本规律，通过阐述资本主义的形成和发展，推导出社会主义和共产主义必将胜利的结论，从而培养学生共产主义理想和坚定的马克思主义信仰。为此，在对学生进行马克思主义信仰教育的过程中，一定要着重讲授马克思主义的世界观和方法论，帮助学生从整体上把握马克思主义，正确认识人类社会发展的基本规律，把马克思主义的科学性和真理性作为教育的重要内容，使他们理解马克思主义是迄今为止最科学、最严整，最具生命力的关于人类历史发展规律的思想体系。与此同时，要对马克思主义做出合乎时代，与时俱进的当代注解。① 面对纷繁复杂的社会现实问题，教会他们用基本原理解决新问题、新情况，不失时机地加强社会主义核心价值体系的教育，使教学富有时代特色，从而增强信仰教育的现实性。

三、坚持"三个结合"：提升历史思维能力的基本原则

毛泽东曾指出："今天的中国是历史的中国的一个发展""从孔夫子到孙中山，我们应当给以总结，承继这一份珍贵的遗产"②。"四史"中蕴含着丰富的历史思维实践。历史思维能力，"就是以史为鉴、知古鉴今，善于运用历史眼光认识发展规律、把握前进方向、指导现实工作的能力"。③ 高校"四史"教育并不是简单的历史教育，它是基于历史教育的思想政治教育。作为新时代高校思想政治教育的重要环节，"四史"融入思想政治理论课的教育教学活动的开展要遵循一定的教育规律。教育活动作为一种与人打交道的、影响人的身心发展的社会活动，必然要肩负起人们思想意识引导和行为指导的社会化使命，而高校思想政治教育所面向的群体是高校大学生，就要引导他们形成与社会主义文化相一致的世界观、人生观、价值观。因此，在推动新时代高校大学生"四史"教育的过程中必须统筹"四史"基本史实与高校思想政治教育的关系、教育主体与客体的关系、教育形式与教育内容的关系等若干矛盾，坚持政治性与学理性相结合、理论性与实践性相结合、历史性与时代性相结合等三项方法论原则，将"四史"教育真正从可视、可感、可悟提升到知情意行的全面融合。

（一）坚持政治性与学理性相结合

习近平总书记在全国学校思想政治理论课教师座谈会上的讲话中要求上好思想政治理论课要做到"八个相统一"，其中就提出了"政治性和学理性相统一"的要求。这不仅是对一般的思想政治理论课的要求，同样也适用于高校"四史"教育。

所谓政治性，就是在"四史"教育中必须始终把握正确的政治立场、政治方向、政治原则、政治观点，体现出正确的政治导向性。邓小平指出："毫

---

①傅继宏.社会思潮多元化背景下思想政治理论课信仰教育的实效性探析［J］.南方论刊，2013，(2)：102—103.

②毛泽东选集：第2卷［M］.北京：人民出版社，1991：534.

③中共中央宣传部.习近平总书记系列重要讲话读本［M］.北京：人民出版社，2016：287.

无疑问，学校应该永远把坚定正确的政治方向放在第一位。"① 着眼于中华民族千秋伟业，习近平总书记强调办好思政课"必须培养一代又一代拥护中国共产党领导和我国社会主义制度、立志为中国特色社会主义事业奋斗终身的有用人才"，② 也就是要培养社会主义的建设者、接班者和奋斗者，而不是社会主义的旁观者和评论者，更不是社会主义的破坏者和掘墓人。高校思政课建设是关系中国特色社会主义事业薪火相传、后继有人的一项铸魂工程、战略工程、系统工程。因此，应当从世界百余年未有之大变局、党和国家事业发展全局的视野，从培养社会主义建设者和接班人、坚持和发展中国特色社会主义、建设社会主义现代化强国、实现中华民族伟大复兴的高度，把握高校思政课面临的形势、要求和任务，认识高校思政课的地位、使命、作用，制定高校思政课改革创新的思路和措施，为党和国家事业兴旺发达、后继有人提供坚实支撑和重要保障。

所谓学理性，就是要把握"四史"教育中蕴含的学科专业知识和理论逻辑。学理阐释是思政课的重要支撑，思想政治理论课要实现使青年学生"真学、真懂、真信"的目标，就要以深刻的学理阐释理论与实践中的问题，尤其要对关涉新时代中国特色社会主义发展的重大问题予以学理性回应，以彻底的理论说服人。学理性关乎思想政治理论课的科学性和真理性，关系到思想政治理论课能否占领真理制高点，是思想政治理论课的生命。诚如马克思所言："理论只要说服人，就能掌握群众；而理论只要彻底，就能说服人。"政治上的坚定来源于理论上的清醒，而理论上的清醒来源于马克思主义对人类社会发展规律和必然趋势的透彻揭示。思政课要寓政治性于学理性之中，不仅要讲好马克思主义的道理"是什么"，还要讲好"为什么""怎么办"。思政课讲道理不能照本宣科，也不能蜻蜓点水，而必须结合中国和世界发展的历史与现实，讲清社会主义必然代替资本主义，讲清只有社会主义才能救中国，讲清只有社会主义才能发展中国，讲清只有社会主义和共产主义才能带给人类光明的未来，从而以透彻的学理分析回应学生，以彻底的思想理论说服学生，以真理的强大力量引导学生。因此，思政课教师必须具备深厚的理论功底，坚持"内容为王"，用深厚的学术讲道理，用理论的力量吸引人、感染人，不断提升思政课对现实问题的解释力与说服力。同时，思政课教师要善于结合学生的思想实际，运用马克思主义立场、观点、方法，直面各种错

---

①邓小平文选：第 2 卷 [M]. 北京：人民出版社，1994：104.

②习近平主持召开学校思想政治理论课教师座谈会强调：用新时代中国特色社会主义思想铸魂育人 贯彻党的教育方针落实立德树人根本任务 [N]. 人民日报，2019-03-19（1）.

误观点和思潮，在释疑解惑中澄清认知，在批判鉴别中明辨是非，在纵横比较中增强自信，从而使思政课切实实现立德树人的根本任务，真正达到铸魂育人的根本目的，更好地塑造灵魂、塑造生命、塑造新人。

政治性和学理性是辩证统一关系，习近平总书记曾指出："要坚持政治性和学理性相统一，以透彻的学理分析回应学生，以彻底的思想理论说服学生，用真理的强大力量引导学生。"① 没有政治性，"四史"教育就失去了灵魂和方向，为此，无论何时，我们都不能忘记培养什么人、怎样培养人、为谁培养人这个根本问题。我们必须坚持马克思主义指导地位，贯彻习近平新时代中国特色社会主义思想，坚持社会主义办学方向，落实立德树人根本任务；坚持教育为人民服务，为中国共产党治国理政服务，为巩固和发展中国特色社会主义制度服务，为改革开放和社会主义现代化建设服务。而没有了学理性，"四史"教育就会缺乏说服力，就会变成空洞的说教，难以使大学生心服口服。在"四史"教育中坚持政治性和学理性的统一，必须牢牢把握政治性这个灵魂和方向，在坚持正确的政治立场和政治方向的基础上，着重对历史过程、历史事件、历史人物的学理阐释和逻辑解释，使学生在对历史大势的把握中形成正确的政治观、历史观。习近平总书记曾指出："只有在整个人类发展的历史长河中，才能透视出历史运动的本质和时代发展的方向。"② 马克思主义中国化时代化的理论成果及其文化表现形态，离不开人类历史发展大背景，离不开近代以来，特别是中国共产党百余年发展的"大历史"。没有人民创造的波澜壮阔的"大历史"，就无法解释马克思主义和当代中国的马克思主义——习近平新时代中国特色社会主义思想。因此，思想政治理论课教师必须明晰"论从史出"的深刻内涵，以深厚而广阔的历史视野，用生动、深入、具体的纵横比较，把"思想政治"的道理讲明白、讲清楚，让学生入耳、入脑、入心。也只有坚持政治性和学理性相统一，透彻地讲清楚马克思主义如何在中国大地生根发芽、开花结果，才能真正把思想政治理论课打造成既有理论深度，又有实践温度、让学生受益一生的好课。这是上好高校思想政治理论课的奥秘所在。

（二）坚持理论性与实践性相结合

马克思主义既是科学的理论，也是科学的实践，是理论性与实践性的高度统一，其理论性与实践性的应然关系就是科学理论与科学实践之间的应然

①习近平.用新时代中国特色社会主义思想铸魂育人 贯彻党的教育方针落实立德树人根本任务[N].人民日报，2019-03-19.

②习近平在纪念马克思诞辰200周年大会上的讲话[N].人民日报，2018-05-05.

关系。马克思主义哲学认为，科学理论与科学实践之间是辩证统一与有机结合的关系：一方面，科学理论来源于科学实践，而科学实践又是科学理论发展的根本动力和最终目的，也是检验科学理论的唯一标准；另一方面，科学理论是我们对客观事物所做的客观、系统、本质的观察和解释，对实践具有反作用，可以指导科学实践，服务于科学实践，没有科学理论指导的实践往往是盲目的，科学理论也只有在指导和服务于实践的过程中，才能体现其存在的实际价值。

作为落实立德树人根本任务的关键课程，思想政治理论课的教材内容是马克思主义及其中国化的最新成果，必然是理论性与实践性的高度统一，在强调理论传授的同时，应凸显行为指导意蕴，致力于培养既具有马克思主义理论素养，又具有创新发展实践能力的有用人才。2019 年 3 月 18 日，习近平总书记在主持召开学校思想政治理论课教师座谈会上指出，推动思想政治理论课改革创新，要坚持"八个相统一"，以坚持政治性和学理性相统一为统领的同时，"要坚持理论性和实践性相统一，用科学理论培养人，重视思政课的实践性，把思政小课堂同社会大课堂结合起来，教育引导学生立鸿鹄志，做奋斗者"。① 2020 年 9 月 1 日，《求是》杂志刊发了习近平总书记的重要文章《思政课是落实立德树人根本任务的关键课程》，在文章中，习近平总书记站在世界百余年未有之大变局、党和国家事业发展的全局，从坚持和发展中国特色社会主义、建设社会主义现代化强国、实现中华民族伟大复兴的高度对办好思想政治理论课所应遵循的包括"坚持理论性与实践性相统一"的原则和方针再次做了强调，这些深刻论述不仅是对思政教育规律和思政课教学规律的科学把握，同时也为推动思政课改革创新，促进青年学生知信行合一提供了根本遵循。"四史"，既是思想理论史，也是实践发展史。既有内涵深刻的理论知识，也有导向鲜明的历史实践。因而"四史"教育融入思想政治理论课教学要坚持理论性与实践性相统一的原则，即既要坚持理论教育，用科学理论培养人；又要重视实践教育，将理论与实践结合起来，以增进新时代高校思政课的亲和力、现实感、时代感和实效性，把新时代高校思政课立德树人和铸魂育人的任务落到实处。

理论性是指理论知识的内在逻辑性、系统性，强调"是什么""为什么"。

"四史"包含着丰富的历史过程、历史事件与历史人物，是中国人民历史记忆的根本。目前党史、新中国史、改革开放史以及社会主义发展史教育是

---

① 习近平主持召开学校思想政治理论课教师座谈会强调：用新时代中国特色社会主义思想铸魂育人 贯彻党的教育方针落实立德树人根本任务 [N]．人民日报，2019-03-19（1）．

广大青年学子认识和学习中国历史的主要途径，要充分重视理论知识的讲授，把握"四史"内容的真实性、丰富性、严肃性，厘清"四史"教育的时间逻辑、理论逻辑、实践逻辑，进而将"四史"转化为思想政治理论课教学的"活教材"，使广大青年学子加深对"四史"内容的熟悉程度、理解深度、诠释力度，从而形成正确的历史认同、身份认同和国家认同。凸显"四史"融入思政课教学的理论性应该做到：在教学中注重由教材逻辑知识体系向教学逻辑知识体系的话语转化；清楚解析课程涉及的基本概念、重要范畴及其内在逻辑；深入分析课程的核心理论，不仅要让学生知其然，而且要帮助学生知其所以然，"不仅在于让大学生知道这个理论是什么，该怎么做，也不仅仅是让他们进一步知道这个理论为什么是这样的，为什么这样做才是正确的，还要通过理论的引导和学习，使他们从思想层面的认知转化为价值层面的认同，用价值层面的认同指导实践上自发、自觉、自主的行动"。[1]"四史"融入思政课教学，之所以要突出理论性，是由思政课本身的课程性质决定的。思政课是传播马克思主义理论及其中国化理论成果的主战场和主渠道，强调提升大学生掌握和运用马克思主义基本原理和方法分析与解决实际问题的能力和素质。思政课并非单纯地进行理论知识传授，更承担着"培养什么人、如何培养人、为谁培养人"的重要育人使命，引导学生树立正确的世界观、人生观、价值观，矢志不渝听党话跟党走，勇担民族复兴大任。

思想政治理论课除了具有传授基础理论知识的初级目标外，还有更重要的高级目标，即依托教学的实践性培养学生运用马克思主义基本原理、立场和方法分析与解决问题的能力，提升其社会主义道德观念和法治素养。实践性是指理论知识的运用与践行，强调"做什么""如何做"。"四史"教育资源是对中国共产党领导中国人民进行革命、建设和改革实践的理论概括和总结，其本身就是实践的产物，具有强大的吸引力和感召力，在实践教育中具有独特的优势。对于广大青年学子而言，他们没有经历过革命年代，鲜少了解国家的近现代史及社会发展，缺乏对国家的感性认识。做好"四史"教育的融入工作就是要通过课堂实践、校园实践、社会实践等活动引导广大青年学子重温中国革命史、建设史和改革史，从而在无形中让他们深化爱国之情、砥砺强国之志、实践报国之行。这是因为，理论教学只能使学生获得间接经验、初步形成理论认知，而要将间接经验转化为直接经验、将理论认知内化为行为能力和身心素质，除通过实践活动外，别无他途。同时，突出教学的理论

---

①张奇峰. 增强思想政治理论课教学的理论性 [J]. 思想理论教育导刊, 2012 (8).

性也必须通过强化实践性来实现。这是因为，突出理论性的根本目的不是仅仅让学生记住理论，而是使他们深刻理解并熟练运用理论解决实际问题，只有在各种实践活动中真正运用、检验并评价理论，才能对理论有更加深刻的理解和把握，才能自觉运用理论武装自己。所谓课程教学的实践性是指教学内容的现实性、实际性与针对性和教学方式的参与性、应用性与活动性。强化思想政治理论课教学实践性，注重实践育人，"可以帮助学生在理论和现实的互动中树立正确的世界观、人生观和价值观""在观察、探讨社会问题中提高运用理论知识正确分析和解决问题的能力""有利于创新精神、创新能力的养成"①。以引导学生"既多读有字之书，也多读无字之书"，鼓励学生走向社会，深入实践，锻炼"脚力"和"眼力"，在实践中感悟"广袤大地是学习成长的最好教材"，激发为祖国建功立业的豪情壮志。实践性是思政课的价值追求，也是思想政治教育的必备条件。如果没有实践性，思政课就成了无源之水、无本之木的空洞理论，失去了其存在的价值。离开实践的思想政治教育是寸步难行的。"四史"融入思政课的内容设置和授课方式只有与社会实践相结合，才能不断针对新情况、新问题，研究和揭示思想政治工作的新特点和新规律，提炼和总结思想政治工作实践的新成果，使思政课具有持久的活力，也才能使个人的理想追求与国家民族的事业相统一。因此，强化实践性也是思政课改革创新所必须遵循的基本原则。

总之，"四史"教育在融入思想政治理论课教学中要在教育内容上紧密结合"四史"，在教育形式上要坚持理论性与实践性相统一的基本原则。即在理论教育上以"内容为主"，讲清楚"四史"故事，使学生更好地把握"四史"的叙事；在实践教育上以"践行为核心"，教育引导学生知行合一，将"小我"融入"大我"。不仅注重理论厚度和价值塑造，还有鲜明的行为指导意蕴；不仅注重帮助学生构建知识体系，还积极指导学生基于历史经验和教训的理性自觉，基于40多年改革开放和社会主义市场经济建设的伟大实践的成功，基于人类社会发展的未来趋势和中华民族伟大复兴的目标，从中领悟、提高运用马克思主义分析和解决实际问题的能力，正确认识时代责任和历史使命，正确认识远大抱负和脚踏实地，珍惜大好学习时光，打深打牢成才基石，求真学问，练真本领，从而在中华民族伟大复兴实践中，"用臂膀扛起如山的责任，展现出青春激昂的风采"。

（三）坚持历史性与时代性相结合

知史以明鉴，查古以知今，始能明白历史方位。习近平总书记指出，"了

---

①王建新. 论思想政治理论课的"学理性"与"实践性"[J]. 思想理论教育，2009（17）.

解历史才能看得远，理解历史才能走得远"，强调"建成社会主义现代化强国，实现中华民族伟大复兴，是一场接力跑"。历史责任感是激励接续奋斗的力量之源，一代人有一代人的使命，一代人有一代人的奋斗。"四史"教育起于厘清过往，重在镜鉴当下，落于谋划未来，要在历史前进的逻辑中前进，在时代发展的潮流中发展。所以说"四史"教育融入思想政治理论课教学要坚持历史性与时代性相统一的原则。

所谓历史性，就是要引导广大青年学子"明所从来"，强化国家民族身份认同感。历史是民族的立命之所，是映照现实和未来之镜，历史发展有其规律，是不以人的意志为转移的客观存在，是任何人都无权也无法改变的客观事实。如果要强行改变就只能是走上虚无、歪曲和割裂历史的错误道路。只有尊重历史，才能正确认识和解释历史，准确地描述历史进程，科学地把握历史规律，深刻地领悟历史真理。正如习近平总书记所说的，"我们回顾历史，不是为了从成功中寻求慰藉，更不是为了躺在功劳簿上、为回避今天面临的困难和问题寻找借口，而是为了总结历史经验、把握历史规律，增强开拓前进的勇气和力量"①。我们走得再远也不能忘记来时的路，"四史"蕴含着人类认识世界和改造世界的智慧，承载着党在不同时期团结带领全国各族人民在不同时期取得的重大成就的经验智慧总结，凝聚着民族复兴磅礴伟力，是新时代中华儿女团结奋进的"必修课"。所以，将"四史"融入思政课教学要尊重历史性原则，将"四史"内容置于一定的历史范围、历史环境之中进行分析，引导学生以"历史思维"客观认识"历史问题"，从历史中发现真相、从历史中学会工作方法和解决问题的经验，增长解决现实问题的能力和素养，并最终落实在民族复兴的伟大实践中。

所谓时代性，就是要引导广大青年学子"知向何处"，担当中华民族复兴的时代使命。2015年7月24日，习近平总书记在致中华全国青年联合会第十二届委员会全体会议和中华全国学生联合会第二十六次代表大会的贺信中指出，"一代青年有一代青年的历史际遇。我们的国家正在走向繁荣富强，我们的民族正在走向伟大复兴，我们的人民正在走向更加幸福美好的生活。当代中国青年要有所作为，就必须投身人民的伟大奋斗"。"四史"铭刻着中华民族砥砺奋进的辉煌，指引着继续前进的方向。高校开展"四史"教育，就是要引导广大青年学子深刻认识自身的历史使命，更好地把握现在中国发展的大势，树立自己的使命意识，自觉地把自己的志向和国家民族的命运紧密贯

---

① 习近平. 在庆祝中国共产党成立 95 周年大会上的讲话 [M]. 北京：人民出版社，2016.

通起来，实现个人成才和中华民族伟大复兴的有机结合。因此，"四史"教育的一个基本教学逻辑就是从讲党的历史知识开始，从建立学生的正确历史观着眼，最后落脚到让学生为实现中华民族伟大复兴而团结奋斗。从这个角度看，"四史"教育虽是讲历史，却又不是简单的历史教育，而是和当代中国政治紧密联系。它的根本任务在于以广大青年学子最容易接受的传播方式和话语体系，营造出"学史、知史、懂史、用史"的良好氛围，以服务现实，从而用"四史"的独特智慧和价值去涵养广大青年学子的家国情怀，引导广大青年学子深刻认识中国特色社会主义的本然和应然，从而进一步增强对中国特色社会主义的道路自信、理论自信、制度自信和文化自信。故而，以史鉴今、立德树人就成了"四史"教育的重要任务。

总之，"欲知大道，必先知史"。"四史"教育融入思想政治理论课教学只有坚持历史性原则才能达到正确认知过往的目的，使广大青年学子避免被错误思潮的"别有用心"所利用；只有坚持时代性原则才能真正实现立足当下、展望未来的目标，使广大青年学子在中华民族复兴事业中发挥出巨大作用。在教学中应始终坚持把"四史"教育同国家发展的现实目标和未来方向紧密联系在一起，为坚持和完善中国特色社会主义制度服务，为改革开放和社会主义现代化建设服务，增强青年学生的使命担当，力争培养出更多具有家国情怀、创新能力、全球视野和引领时代的一流人才。

四、讲清楚"四个为什么"：培育历史认同的认知基础

习近平总书记强调："一个民族的历史是一个民族安身立命的基础"① "一个民族、一个国家的核心价值观必须同这个民族、这个国家的历史文化相契合"。② 不同民族的不同历史，会形成不同的价值观和历史认同。要更好地激发学生从历史认知走向历史认同，提升民族凝聚力和向心力，就应大力加强"四史"教育。作为一个紧密相连的有机整体，"四史"凝结着中华民族共同的集体记忆。在"四史"融入思政课的教学过程中，要坚持唯物史观和正确党史观，结合各自的内容和特点，通过讲清楚"中国共产党为什么能""马克思主义为什么行""中国特色社会主义为什么好""改革开放为什么灵"等历史之问、时代之问，以进一步增进学生的历史认同，坚定历史自信，知史爱国、知史爱党。

---

①习近平. 在纪念毛泽东同志诞辰120周年座谈会上的讲话 [M]. 北京：人民出版社，2013：12.
②习近平谈治国理政 [M]. 北京：外文出版社，2014：171.

(一) 讲清楚中国共产党为什么"能"

在百余年奋斗的实践中，中国共产党形成并弘扬"坚持真理、坚守理想、践行初心、担当使命，不怕牺牲、英勇斗争，对党忠诚、不负人民的伟大建党精神"，以马克思主义为指导，不断总结自身建设的智慧经验，统筹推进党的政治、思想、组织、作风、纪律和制度建设，从成立时只有 50 多名党员，发展到今天已经成为在全球具有重大影响力的世界第一大执政党。

"中国共产党领导是中国特色社会主义最本质的特征，是中国特色社会主义制度的最大优势，是党和国家的根本所在、命脉所在，是全国各族人民的利益所系、命运所系。"① 中华民族近代 180 多年的历史、中国共产党成立以来 100 多年的历史、中华人民共和国成立以来 70 多年的历史都充分证明，没有中国共产党，就没有新中国，就没有中华民族伟大复兴。那么，中国共产党为什么"能"建立中华人民共和国？为什么"能"从胜利走向新的胜利？作为世界最大的马克思主义执政党——中国共产党"能"的奥秘在哪里？回答好并讲清楚以上一系列问题，对于引导学生更好地理解和把握中国共产党为什么能，进一步坚定对中国共产党的信任等具有十分重要的意义。

一是讲清楚中国共产党具有强烈的使命担当。历史的长河大浪淘沙，也昭示历史担当者的风采。实现中华民族伟大复兴是近代以来中华民族最伟大的梦想，谁能够承担起这个历史使命，谁就能赢得中国各民族人民的衷心拥护，成为中华民族的主心骨。中华民族有五千多年文明历史，为人类进步与发展做出了卓越贡献。鸦片战争后，中国陷入内忧外患的黑暗境地，中国人民经历了战乱频仍、山河破碎、民不聊生的深重苦难。为了民族复兴，无数仁人志士"以爱国相砥砺，以救亡为己任"，不屈不挠、前仆后继，进行可歌可泣的斗争，进行各式各样的尝试。不甘屈服的中国人民一次次抗争，一次次失败，又一次次奋起。历史呼唤真正合格的使命担当者。在历史的反复比较中，在各种政治力量的反复较量中，在马克思列宁主义同中国工人运动的结合过程中，中国共产党应运而生。我们党一经成立，就义无反顾地肩负起实现中华民族伟大复兴的历史使命。

我们党团结带领人民进行 28 年浴血奋战，打败日本侵略者，打败国民党反动派，推翻帝国主义、封建主义、官僚资本主义统治，完成了新民主主义革命，建立了中华人民共和国，实现了中国从几千年封建专制政治向人民民主的伟大飞跃，为中华民族伟大复兴扫清了根本障碍。我们党团结带领人民

---

① 习近平. 在庆祝中国共产党成立 100 周年大会上的讲话 [N]. 人民日报，2021-07-02 (2).

完成社会主义革命，确立社会主义基本制度，推进社会主义建设，完成了中华民族有史以来最为广泛而深刻的社会变革，实现了中华民族由近代不断衰落到根本扭转命运、持续走向繁荣富强的伟大飞跃，为中华民族伟大复兴奠定了坚实基础。我们党团结带领人民进行改革开放新的伟大革命，开辟了中国特色社会主义道路，使中国大踏步赶上时代，迎来了中华民族从站起来到富起来、强起来的伟大飞跃，为中华民族伟大复兴开辟了光明前景。党的十八大以来，以习近平同志为核心的党中央统筹中华民族伟大复兴战略全局和世界百年未有之大变局，以巨大的政治勇气和强烈的历史担当，科学把握当今世界和当代中国的发展大势，顺应时代要求和人民愿望，统揽伟大斗争、伟大工程、伟大事业、伟大梦想，统筹推进"五位一体"总体布局、协调推进"四个全面"战略布局，推动党和国家事业取得历史性成就、发生历史性变革。中国大地上呈现的百余年巨变证明了中国共产党强大的创造力和领导力。在党的领导下，中华民族以日益强大的国家形象屹立于世界东方，我们党带领中国人民把一穷二白的旧中国建设成为世界第二大经济体。经过全党全国各族人民共同努力，在纪念建党100周年的重要时刻，我国脱贫攻坚战取得了全面胜利，取得了抗击新冠疫情斗争的重大战略成果，等等。这些彪炳史册的辉煌成就，让全世界看到的是人类社会奇迹的创造。这样的奇迹"前所未有""世所罕见""惊天动地"，党和人民引以为豪。

在教学中应引导学生明白，回顾近代以来的中国历史，正是有了中国共产党，才改变了中国人民的命运，创造了中华民族的新辉煌。为了实现中华民族伟大复兴的历史使命，一代又一代中国共产党人同中国人民接续奋斗，攻克了一个又一个看似不可攻克的难关，创造了一个又一个彪炳史册的人间奇迹。实践充分证明，中国共产党是民族复兴使命的合格担当者，只有中国共产党才能带领人民实现中华民族伟大复兴的梦想。

二是讲清楚中国共产党是以马克思主义为指导思想的政党。"历史告诉我们，没有先进理论的指导，没有用先进理论武装起来的先进政党的领导，没有先进政党顺应历史潮流、勇担历史重任、敢于作出巨大牺牲，中国人民就无法打败压在自己头上的各种反动派，中华民族就无法改变被压迫、被奴役的命运，我们的国家就无法团结统一、在社会主义道路上走向繁荣富强。"[1]中华民族由曾经的盛世走到百余年前的衰颓，一个极其重要的原因，就是没有正确的思想指引。当中华民族处在最危险的时候，每一个有觉悟的中华儿

---

[1]习近平. 在庆祝中国共产党成立95周年大会上的讲话 [M]. 北京：人民出版社，2016：4.

女都在思考中华民族未来之命运，都在探索"相会于中华腾飞世界时"之方案，都在寻找求达中华民族独立和解放之主义。直到十月革命一声炮响，给我们送来了马克思列宁主义。习近平总书记铿锵有力地讲道："在近代中国最危急的时刻，中国共产党人找到了马克思列宁主义，并坚持把马克思列宁主义同中国实际相结合，用马克思主义真理的力量激活了中华民族历经几千年创造的伟大文明，使中华文明再次迸发出强大精神力量。"从1840年鸦片战争之后的81年，中国经过多种政治尝试的失败，直到1921年以马克思主义为理论指导、以中国工人阶级为阶级基础的中国共产党成立，才使得中国人民和中华民族找到了实现民族独立、人民解放和国家富强、人民幸福的正确道路。中国共产党从诞生之日起就把马克思主义确立为自己的指导思想，并在百余年的历史当中不断把马克思主义基本原理同中国实际和时代特征结合起来，坚持推进马克思主义的中国化和时代化，先后创立了毛泽东思想、邓小平理论、"三个代表"重要思想、科学发展观和习近平新时代中国特色社会主义思想，并不断以新的理论成果指导实践，相继取得了新民主主义革命、社会主义革命和建设、改革开放和社会主义现代化建设、新时代中国特色社会主义的伟大成就，从根本上改变了中华民族的命运，使得中华民族有尊严、有底气、有能力巍然屹立于世界民族之林。

在教学中应引导学生深刻认识到历史与现实反复证明的一个规律：马克思主义只有实现中国化才能在中国富有生命力、闪耀着真理光芒，也只有实现中国化才能救中国、发展中国，才能发展好中国特色社会主义。作为领导着14亿多人口的发展中大国的执政党，面对深刻复杂变化的国际国内环境和思想观念多元多变的新情况，只有坚持用马克思主义中国化时代化的最新成果来武装全党、教育人民，用中国特色社会主义共同理想来凝聚力量，才能做到统一全党全国各族人民的思想，为实现中华民族复兴的伟大目标而共同奋斗。

三是讲清楚中国共产党具有至诚的人民情怀。历史告诉我们，"人民立场是中国共产党的根本政治立场，是马克思主义政党区别于其他政党的显著标志。党与人民风雨同舟、生死与共，始终保持血肉联系，是党战胜一切困难和风险的根本保证"。[①] 中国共产党自成立以来的百余年历史，就是一部始终为人民群众谋幸福的奋斗史、为中华民族谋复兴的复兴史。纵观我们党成立以来革命、建设和改革的各个历史时期，坚持人民至上的价值立场和原则犹

---

① 习近平. 在庆祝中国共产党成立95周年大会上的讲话 [M]. 北京：人民出版社，2016：18.

如一条"生命线"贯穿始终。在革命时期，我们党践行人民至上价值理念的表现是推翻"三座大山"，实现民族独立、人民解放。在建设时期，我们党践行人民至上价值理念的表现是确立社会主义根本政治制度，真正实现人民当家作主。人民大众真正成为国家政治的主角，被赋予直接或间接管理国家事务的基本权利，开辟了真正意义上的人民民主时代。在改革开放新时期，我们党践行人民至上价值理念的表现是解放和发展生产力，进行社会主义现代化建设。以邓小平同志为主要代表的中国共产党人开始聚焦经济发展，改善人民群众的物质文化生活。"三个代表"重要思想将人民作为根本落脚点，始终代表中国最广大人民的根本利益。科学发展观坚持以人为本，将人的全面发展与经济社会发展并列作为发展的重要目标。这是中国共产党在改革开放新时期对人民至上价值理念的进一步阐释。新时代，我们党践行人民至上价值理念的表现是领导全国各族人民团结奋斗、不断创造美好生活、逐步实现全体人民共同富裕。以习近平同志为核心的党中央把"以人民为中心"作为中国共产党治国理政的基本价值遵循和根本经验，"始终把人民立场作为根本立场，把为人民谋幸福作为根本使命，坚持全心全意为人民服务的根本宗旨"。立足时代发展的前沿，习近平总书记进一步深化了"人民至上"的时代命题，这既是党的初心使命的集中体现，也是党的宗旨意识的最高境界。

在教学中应引导学生深刻认识到，纵观中国共产党的艰辛奋斗史，从新民主主义革命时期向代表着封建专制政治的"三座大山"开火，到社会主义革命建设时期向"一穷二白"宣战，到改革开放和社会主义现代化建设新时期向全面小康迈进，再到进入中国特色社会主义新时代向共同富裕前行。可以说每一个时期，中国共产党都将人民的渴望、希望、愿望作为自己的奋斗方向和目标，孜孜以求、不懈前行、砥砺奋斗，引领着全国各族人民铲平了一个又一个阻碍、克服了一个又一个困难、摆脱了一个又一个羁绊、开拓了一个又一个新局面、完成了一个又一个伟大的飞跃。"我愿做一颗永不生锈的螺丝钉""把有限的生命投入无限的为人民服务中去"的雷锋，让世人看到了一名共产党人无私高尚的为民情怀；一身正气、为官清廉、解民疾苦，亲定《干部十不准》的焦裕禄，竖起了一座"权为民所用、为官一身清"的丰碑；为了打赢脱贫攻坚战而主动回乡奉献、谱写新时代青春之歌的黄文秀，身患渐冻症依然奋战在抗击新冠疫情一线的张定宇，敢啃硬骨头、甘当司法改革"燃灯者"的邹碧华等，可以说，正是这些共产党人用自身的奋斗历程践行着始终不易的初心，将"全心全意为人民服务"淋漓尽致地发挥，与其他党员一起为党的百余年奋斗史增添着光彩和荣耀，才凸显着至真至深的人民情怀。

如今，航天探月振奋民族自信心、北斗导航惠及亿万民众、"复兴号"高铁让人民出行体验更美好、亿万脱贫群众走出温饱低谷……中国人民正以幸福美好的生活状态，奋进在新时代伟大的征程中。

在教学过程中，有关"中国共产党为什么能"的话题，可以从多维度进行教学设计。但不论从哪一角度谋划，"中国共产党为什么能"的论题都是一个多维度思想主张与实践成就的集合体。思政课教师进行教学设计时，必须关切学生普遍存在的思想困惑，回答时代之问；必须结合我党百余年的理论探索史、革命奋斗史、自身建设史以及辉煌成就史，以理服人，用事实确证，以引导学生把实现个人理想融入实现国家富强、民族复兴、人民幸福的伟大梦想之中，进一步提升学生的思想认识和道德情感，达到知情意行的统一。

（二）讲清楚马克思主义为什么"行"

自 1516 年英国人文主义者托马斯·莫尔《乌托邦》这部"金书"出版，世界社会主义已经走过了 500 多年波澜壮阔、跌宕起伏的发展历程。在这一历史进程中，世界社会主义实现了从"直接共产主义的理论"① 空想，到科学社会主义理论体系创立的飞跃；实现了从俄国跨越"资本主义制度的卡夫丁峡谷"② 实践社会主义、确立"苏联模式"，到鼓舞推动世界更多被压迫阶级和民族投身争取解放斗争、建立社会主义制度的飞跃；实现了从新中国学习借鉴"俄国人的路"探索开展社会主义建设，到改革开放以来坚持"走自己的路"开创和发展中国特色社会主义的飞跃。特别是中国共产党将科学社会主义的理论逻辑与中国社会发展的历史逻辑有机结合起来，在实践中不断探索推进马克思主义中国化，用 70 多年时间完成了西方国家几百年的发展历程，使得"科学社会主义在二十一世纪的中国焕发出强大生机活力"。③ 历史和实践充分证明，"历史和人民选择马克思主义是完全正确的，中国共产党把马克思主义写在自己的旗帜上是完全正确的，坚持马克思主义基本原理同中国具体实际相结合、不断推进马克思主义中国化时代化是完全正确的！"④ 习近平总书记在庆祝中国共产党成立 100 周年大会上的重要讲话中强调指出，"中国共产党为什么能，中国特色社会主义为什么好，归根到底是因为马克思主义行！"这个新的重大论断，清晰阐明了中国共产党、中国特色社会主义与

---

①马克思恩格斯文集：第 3 卷 [M]. 北京：人民出版社，2009：525.
②马克思恩格斯文集：第 3 卷 [M]. 北京：人民出版社，2009：575.
③习近平谈治国理政：第 3 卷 [M]. 北京：外文出版社，2020：70.
④中共中央党史和文献研究院. 十九大以来重要文献选编：上 [M]. 北京：中央文献出版社，2019：427—428.

马克思主义三者之间"能、好、行"的辩证统一关系，揭示了马克思主义行对于中国共产党能、中国特色社会主义好的战略决定性意义。

一是讲清楚马克思主义是科学的理论，创造性地揭示了人类社会发展规律。习近平总书记曾强调指出："在人类思想史上，就科学性、真理性、影响力、传播面而言，没有一种思想理论能达到马克思主义的高度，也没有一种学说能像马克思主义那样对世界产生了如此巨大的影响。"马克思主义理论以唯物史观和剩余价值学说揭示了人类社会发展的一般规律与资本主义社会矛盾运动的特殊规律，为人类提供了思想解放的火种。它以极其强烈的现实关怀，为人们指明了从必然王国通向自由王国的路径，为每个人的现实解放铺平了道路。时代在变化，社会在发展，但马克思主义基本原理依然是科学真理。尽管我们所处的时代同马克思所处的时代相比发生了巨大而深刻的变化，但从世界社会主义 500 多年的大视野来看，我们依然处在马克思主义所指明的历史时代。这是我们对马克思主义、共产主义保持坚定信仰的科学根据。

二是讲清楚马克思主义是人民的理论，第一次创立了人民实现自身解放的思想体系。人民性是马克思主义的鲜明品格。"在马克思之前，社会上占统治地位的理论都是为统治阶级服务的。马克思主义第一次站在人民的立场上探求人类自由解放的道路"，① 无论是《共产党宣言》中对无产者与共产党人纯洁立场的宣称，还是工人运动中时刻与广大工人站在一起的革命实践，马克思主义始终以社会主义、共产主义为最高信仰，以广大人民的利益和解放为最高革命追求。马克思主义博大精深，归根到底就是一句话，为人类求解放。在马克思主义之前，社会上占统治地位的理论都是为统治阶级服务的。马克思主义第一次站在人民的立场探求人类自由解放的道路，以科学的理论为最终建立一个没有压迫、没有剥削、人人平等、人人自由的理想社会指明了方向。马克思主义之所以具有跨越国度、跨越时代的影响力，就是因为它植根人民之中，指明了依靠人民推动历史前进的人间正道。

三是讲清楚马克思主义是实践的理论，指引着人民改造世界的行动。实践的观点是马克思主义首要的、基本的观点。马克思认为，理论的真理性和现实性只能在实践中得到检验和实现："人的思维是否具有客观的真理性，这不是一个理论的问题，而是一个实践的问题。人应该在实践中证明自己思维的真理性，即自己思维的现实性和力量，自己思维的此岸性。"列宁也说："一切理论，如果它符合客观实际，那就是好的。"马克思主义不是教条而是

---

① 习近平. 在纪念马克思诞辰 200 周年大会上的讲话［M］. 北京：人民出版社，2018：8.

行动的指南，不是书斋学问而是实践的理论，它之所以超越以往及同时代的各种理论，就在于为人们提供了改造世界的强大思想武器。其来源于社会实践，也在实践生活中得以丰富和发展。无论是从《莱茵报》时期开始对物质利益问题的关注，还是到《德意志意识形态》唯物史观的基本建立，再到《资本论》对资本主义社会的现实批判，"实践—认识—实践"的观点始终贯穿于马克思主义理论体系之中，成为破解思想困惑的关键密码。"哲学家们只是用不同的方式解释世界，问题在于改变世界。"① 正是在马克思主义的指导下，社会主义由空想变成科学，由科学理论转变为社会实践。社会主义国家的出现和社会主义制度的建立，深刻改变着人类历史的走向。虽然东欧剧变和苏联解体使世界社会主义运动遭受了严重挫折，但是历史发展的总趋势并没有改变。特别是中国特色社会主义的成功实践，无可辩驳地证明了马克思主义具有鲜活的实践性和创造性，证明了马克思主义在中国的实践伟力。在人类思想史上，还没有一种理论像马克思主义那样对人类文明进步产生如此广泛而巨大的影响。

四是讲清楚马克思主义是不断发展的开放的理论，始终站在时代前沿。开放性是马克思主义的鲜明特征，与时俱进是马克思主义的理论品质，是其能够永葆蓬勃生命力的根本途径。一部马克思主义发展史，就是马克思主义创始人及后继者根据时代和实践的发展而不断创新发展马克思主义的历史，是不断吸收人类历史上一切优秀思想文化成果丰富自己的历史。正如恩格斯所说，我们的理论"是一种历史的产物，它在不同的时代具有完全不同的形式，同时具有完全不同的内容"。正是因为马克思主义理论的开放性，才能在指导人们认识世界和改造世界的过程中，在指导社会主义事业发展的过程中，不断与时代特征和各国具体实际相结合，得到丰富和发展，并形成新的理论成果。马克思主义进入中国，既引发了中华文明的深刻变革，也走过了一个逐步中国化和时代化的过程。百余年来，正是因为中国共产党始终坚持解放思想和实事求是相统一、培元固本和守正创新相统一，不断开辟马克思主义新境界，才相继产生了毛泽东思想、邓小平理论、"三个代表"重要思想、科学发展观以及习近平新时代中国特色社会主义思想，从而为党和人民事业发展提供了科学理论指导。一部党的历史，其实就是一部不断推进马克思主义中国化时代化的历史，就是一部不断推进理论创新、进行理论创造的历史。历史和实践充分证明，马克思主义也只有同中国具体实际相结合、同中华优

---

①马克思恩格斯文集：第1卷 [M]. 北京：人民出版社，2009：502.

秀文化相结合，才能焕发出更为强大的生命力、创造力和感召力。

"根本固者，华实必茂；源流深者，光澜必章。"将"四史"融入学习思政课教学中，应紧扣"坚持和运用马克思主义的立场、观点、方法"这一主线，引导大学生学深悟透"看家本领"，活学活用"精神武器"，不断深化对自然界、人类社会、思维发展、人的自由全面发展等问题客观规律的认识，在史论结合中增进对历史发展总趋势的把握，增强对社会主义光明前景的自信。当前，"特别是要结合党的十八大以来党和国家事业取得历史性成就、发生历史性变革的进程"，① 引导大学生用发展着的马克思主义观察现实、解读时代、引领实践，在水到渠成中领会新时代党的创新理论的丰富内涵、时代价值和世界意义。从而引导学生在深刻感悟和把握马克思主义的无穷魅力和价值，进一步坚定对马克思主义的信仰，明白从哪里来、到哪里去，在历史的逻辑中"感悟信仰的力量，始终保持顽强意志，勇敢战胜各种重大困难和严峻挑战"② 的基础之上，校准价值航标，自觉将马克思主义当作理解历史、分析现实、观照人生的强大思想武器，自觉运用当代中国马克思主义、21 世纪马克思主义武装头脑、指导实践，在学、信、用结合，思、践、悟贯通中补足理想信念之"钙"，从而在具有新的历史特点的伟大斗争中为实现第二个百年奋斗目标和民族复兴的宏伟大业接续奋斗。

（三）讲清楚中国特色社会主义为什么"好"

中国特色社会主义是我们党领导人民经过艰辛探索、奋斗而创造出来的，是在改革开放 40 多年的伟大实践中走出来的，是在中华人民共和国成立 70 多年的持续探索中走出来的，是在对近代以来 180 多年中华民族发展历程的深刻总结中走出来的，是在对中华民族 5000 多年悠久文明的传承中走出来的，"是党和人民历经千辛万苦、付出巨大代价取得的根本成就，是实现中华民族伟大复兴的正确道路"。中国人民在中国共产党的领导下接续奋斗，中华民族迎来了从站起来、富起来到强起来的伟大飞跃。在教学中通过加强"四史"教育，引导学生深刻地感悟只有社会主义才能救中国，只有中国特色社会主义才能发展中国，从而更加坚定中国特色社会主义的道路自信、理论自信、制度自信和文化自信。

一是讲清楚中国特色社会主义是党和人民历经艰辛取得的伟大成就。一

---

① 习近平在党史学习教育动员大会上强调：学党史悟思想办实事开新局　以优异成绩迎接建党一百周年 [N]. 人民日报，2021-02-21 (1).

② 习近平在广西考察：解放思想深化改革凝心聚力担当实干　建设新时代中国特色社会主义壮美广西 [N]. 人民日报，2021-04-28 (1).

个国家走什么样的道路，是由其现实国情决定的。习近平总书记指出："一个国家实行什么样的主义，关键要看这个主义能否解决这个国家面临的历史性课题。"古老中国曾"独领风骚"，但1840年鸦片战争之后，中国国门被强行打开，逐步沦为半殖民地半封建社会。在此后的105年间，"全世界几乎一切大中小帝国主义国家都侵略过我国，都打过我们"，中华民族遭遇了前所未有的劫难，面临着亡国灭种的危险。基于民族濒临危亡的国情，寻求一条救亡图存并能走向伟大复兴的正确道路成为中国社会各个阶级必须面对的时代课题。但农民革命追求的未来理想社会在"太平天国"的失败中破灭，"中体西用"思想指导下的洋务运动因甲午战争失败而告终；维新变法、清末新政和君主立宪改良无果而终；资产阶级民主共和国刚出生则夭折。辛亥革命后，中国政坛上先后出现了数百个政党，他们提出的各种救国方案和主义，都没有能够解决中国的问题，反而导致军阀混战、民不聊生。1921年，中国共产党的诞生"深刻改变了近代以后中华民族发展的方向和进程，深刻改变了中国人民和中华民族的前途和命运，深刻改变了世界发展的趋势和格局"。1949年中华人民共和国成立，从此中国开启了由新民主主义走向社会主义的实践探索。1978年，中国共产党团结带领中国人民进行改革开放，成功开创了中国特色社会主义。习近平总书记指出，中国特色社会主义"不是从天上掉下来的"，不是简单延续我国历史文化的母版，不是简单套用马克思主义经典作家设想的模板，不是其他国家社会主义实践的再版，也不是国外现代化发展的翻版。它是"建立在我们党长期奋斗基础上的，是由我们党的几代中央领导集体团结带领全党全国人民历经千辛万苦、付出各种代价、接力探索取得的"。在教学中，教师应引导学生深刻地感悟，中国特色社会主义所取得的举世瞩目的成就以及所创造的"中国奇迹"，都深刻地说明了中国特色社会主义不是自然生成的，而是在党和人民长期实践探索中被证明是适合中国发展的正确选择和根本成就，是党和人民在新时代为实现历史使命和奋斗目标必须长期坚持的必然选择。

二是讲清楚中国特色社会主义是实现中华民族伟大复兴的正确道路。一个国家走什么样的道路，关键看这条道路能否解决这个国家面临的历史性课题；评价这条道路是不是好，关键要看事实，要看中国人民的判断。历史和现实都告诉我们，只有社会主义才能救中国，只有中国特色社会主义才能发展中国，这是历史的结论、人民的选择。改革开放以来，我们用几十年时间走完了西方发达国家几百年走过的工业化历程，书写了创造世所罕见的经济快速发展奇迹和社会长期稳定奇迹的中国故事，书写了中华民族迎来从站起来、富起来到强起来伟大飞跃的中国故事。中国以西方不认可的社会形态、发展道路、政党模式、价值观念，花费比西方少的时间，付出比西方小的代价所获得的成功，可以说本质上是中国特色社会主义的成功，是中国特色社会主义道路、理论体系、制度、文化的成功。不仅宣告了"西方中心论"的破产和"历史终结论"的终结，拓展了发展中国家走向现代化的途径，同时也给世界上那些既希望加快发展，又希望保持自身独立性的国家和民族提供了全新选择，为解决人类问题贡献了中国智慧和中国方案。如今，经过长期努力和接续奋斗，中国特色社会主义进入了新时代，我们比历史上任何时期都更接近、更有信心和能力实现中华民族伟大复兴的目标。进入新时代，我们党的理论和实践的主题，仍然是坚持和发展中国特色社会主义；我们党的思想旗帜，仍然是高举中国特色社会主义伟大旗帜；我们党治国理政第一位的任务，仍然是紧紧围绕新时代坚持和发展中国特色社会主义这个主题，续写中国特色社会主义这篇大文章。

在教学过程中，教师应该将眼光放到中华人民共和国成立以来，特别是改革开放 40 多年来我国现代化建设所取得的伟大成就，即我国综合国力和国际地位的提升上。用事实说话，通过丰富历史素材的呈现，引导学生深刻理解中国特色社会主义制度是怎么来的、中国特色社会主义制度如何行稳致远，深刻认识到中国特色社会主义道路关乎国家前途、民族命运和人民幸福。正是因为中国共产党领导中国人民坚持走符合国情的中国特色社会主义道路，形成世界瞩目的"中国模式"，才使我们掌握了发展的主动权和主导权，使中国特色社会主义事业得以蓬勃发展，使中国特色社会主义道路越走越宽，使人民生活越来越美好。从而进一步强化学生对中国特色社会主义制度的历史认同、情感认同和价值认同，进一步坚定大学生对中国制度成就中国之治目标的信心。

（四）讲清楚改革开放为什么"灵"

1978 年党的十一届三中全会开启了改革开放和社会主义现代化建设的伟大征程，历史的车轮滚滚前行，改革开放至今已走过 40 多个春夏秋冬。一部改革开放史就是党和人民顺应历史潮流，在积极应变中主动求变，创立、发展和不断完善中国特色社会主义的伟大革命史与创造史。"40 年的实践充分证明，改革开放是党和人民大踏步赶上时代的重要法宝，是坚持和发展中国特色社会主义的必由之路，是决定当代中国命运的关键一招，也是决定实现

'两个一百年'奋斗目标、实现中华民族伟大复兴的关键一招。"① 小岗破冰、深圳兴涛、海南弄潮、浦东逐浪、雄安扬波……改革开放的浩荡浪潮，让华夏神州在"历史的一瞬"翻天覆地、沧海桑田，即便最大胆的预言家也不会想象到这个古老的国家"史诗般的进步"。改革开放以来取得的巨大成就和丰富经验不仅不断发展和完善了中国特色社会主义制度，同时也进一步解放和发展了社会生产力，解放和增强了社会活力，全方位、宽领域、多层次地促进了中国特色社会主义现代化的繁荣发展。而中国的改革开放能够除旧布新、成就卓著，最关键的就在于顺应历史发展潮流，把握了历史发展的规律。恩格斯早就指出："所谓'社会主义社会'不是一种一成不变的东西，而应当和任何其他社会制度一样，把它看成是经常变化和改革的社会。"② 历史告诉我们，改革和创新是社会发展的不竭动力。"周虽旧邦，其命维新。"一代代地接力求索，最终在中国共产党领导人民将马克思主义中国化的具体实践中、在走中国特色社会主义道路中、在实行改革开放的伟大事业中开辟出新的天地。

一是讲清楚改革开放"灵"，在于坚持党的全面领导。中国是一个拥有 14 亿多人口的发展中大国，必须有一个坚强的领导核心，才能把这么多的人口团结起来，形成推动改革开放和经济社会发展的强大力量。中国共产党正是这个坚强领导核心。在教学中，教师通过史论结合，引导学生深刻认识到，中国共产党的领导是中国特色社会主义各项事业能够行稳致远的"定盘星"，是中国特色社会主义最本质的特征。改革开放是党领导全国人民在历史大潮中抓住战略机遇、发挥主观能动性的深刻体现。正如习近平总书记指出的："最核心的是坚持和改善党的领导、坚持和完善中国特色社会主义制度，偏离了这一条，那就南辕北辙了。"③

二是讲清楚改革开放"灵"，在于毫不动摇地坚持和发展中国特色社会主义。改革不是改向，开放不是西化。"改什么、怎么改必须以是否符合完善和发展中国特色社会主义制度、推进国家治理体系和治理能力现代化的总目标为根本尺度，该改的、能改的我们坚决改，不该改的、不能改的坚决不改。"④ 路决定命运，作为中国改革开放以来党的全部理论和实践的主题，中国特色社会主义不仅是党和人民历尽千辛万苦、付出巨大代价取得的根本成就，同

①习近平. 在庆祝改革开放 40 周年大会上的讲话 [M]. 北京：人民出版社，2018：21.

②马克思恩格斯选集：第 4 卷 [M]. 北京：人民出版社，2012：601.

③中共中央文献研究室. 习近平关于全面深化改革论述摘编 [M]. 北京：中央文献出版社，2014：18.

④习近平. 在庆祝改革开放 40 周年大会上的讲话 [M]. 北京：人民出版社，2018：28.

时也是直面新时代新征程，实现中华民族伟大复兴的正确道路。早在改革开放之初，邓小平就提出走自己的路，建设中国特色社会主义的伟大号召。40多年来，党领导和带领全国各族人民承前启后、继往开来，接力推进改革开放伟大事业，形成了一套完整的党的基本理论、基本路线、基本方略，成功地开辟了中国特色社会主义道路。中国特色社会主义道路是科学社会主义的理论逻辑和中国社会发展历史逻辑的辩证统一，是根植于中国大地、反映中国人民意愿、适应当代中国和时代发展变化的科学社会主义道路，是建设社会主义现代化强国、实现中华民族伟大复兴中国梦的必由之路。引导学生更加深刻地感悟，只有坚持马克思主义科学理论的指导，增强中国特色社会主义道路自信、理论自信、制度自信和文化自信，才能以深邃的历史眼光和宽广的国际视野把握好改革开放的前进方向，推动改革开放的巨轮乘风破浪。

三是讲清楚改革开放"灵"，在于坚持了正确的方法论指导。中国共产党领导人民顺应历史潮流推进改革开放，发展中国特色社会主义事业，最根本的是坚持辩证唯物主义和历史唯物主义的世界观和方法论的指引，正确处理改革、发展、稳定三者之间的关系。正如习近平总书记所讲的："我们坚持加强党的领导和尊重人民首创精神相结合，坚持'摸着石头过河'和顶层设计相结合，坚持问题导向和目标导向相统一，坚持试点先行和全面推进相促进，既鼓励大胆试、大胆闯，又坚持实事求是、善作善成，确保了改革开放行稳致远。"[①] 在 40 多年的改革开放进程中，我们党始终坚持辩证唯物主义和历史唯物主义的世界观方法论，不断深化对改革开放规律的认识。始终坚持解放思想、实事求是、与时俱进、求真务实，注重调查研究，在深入研究新情况、不断解决新问题的实践中增强本领、提高能力。不断提高战略思维、历史思维、辩证思维、创新思维、法治思维、底线思维等科学思维能力，增强工作的科学性、预见性、主动性和创造性。始终坚持系统观念，注重各项改革的相互促进、良性互动，形成推动改革开放的强大合力。始终坚持稳中求进的工作总基调，既注重改革的系统性、整体性、协同性，又鼓励大胆试验、大胆突破，不断把改革开放引向深入。始终坚持问题导向和目标导向相统一，把化解矛盾、破解难题作为深化改革的突破口，克服了改革中一个又一个难题。始终发扬"钉钉子"精神，稳扎稳打向前走，一张蓝图绘到底，不断取得改革开放和社会主义现代化建设新胜利。

通过"四史"融入思政课的教学，有利于引导学生在把握改革开放历史

---

① 习近平. 在庆祝改革开放 40 周年大会上的讲话 ［M］. 北京：人民出版社，2018：36.

必然性的基础上坚定对中国特色社会主义道路的理论自信与实践自觉，"更加深刻地认识到中国共产党、中国人民和中国特色社会主义的伟大力量，更加深刻地认识到我们党的理论是正确的、党中央确定的改革开放路线方针是正确的、改革开放的一系列战略部署是正确的，更加深刻地认识到改革开放和社会主义现代化建设的光明前景"，① 进而坚定对中华民族伟大复兴的信心，在新时代的浪潮中激扬青春、砥砺奋进。

五、推进"五个融合"：增强历史担当的重要途径

"四史"教育不仅仅在于"以史鉴今"，更重要的是为了服务未来和开拓未来。学习"四史"，要注重引导学生通过学习历史，增强其使命感。2020年6月，习近平总书记在给复旦大学志愿服务队师生党员的回信中强调指出，"希望广大党员特别是青年党员认真学习马克思主义理论，结合学习党史、新中国史、改革开放史、社会主义发展史，在学思践悟中坚定理想信念，在奋发有为中践行初心使命"。② 基于此，以教学模式改革为切入点，从"五个育人"的维度着力，通过探索并推进"五个融合"教学模式，以期为"四史"教育融入高校思政课教学的建设路径及其优化提供可供参考的新思路就成为现实之所需。

"五个融合"教学模式，即从课程育人的维度着力，通过再造课程教学体系，丰富拓展课程教学内容，实现历史和理论相融合；从实践育人的维度着力，通过推进"三个课堂一体"，实现理论教学和实践教学相融合；从文化育人的维度着力，通过构建"四个融入"的文化育人长效机制，实现显性教育和隐性教育相融合；从网络育人的维度着力，通过推进"四个育人平台"联动，实现线上教学和线下教学相融合；从协同育人的维度着力，通过构建"三位一体"协同育人模式，实现专职教师队伍与兼职教师队伍的有机融合。

（一）课程育人：再造课程教学体系，实现历史和理论相融合

"四史"内容丰富、博大精深，其中蕴含崇高的理想信念、坚定的政治立场、崇高的价值追求、卓越的精神品质和优良的思想作风，与大学生思想政治教育的内在要求与目标价值高度契合。高校应深入挖掘和利用"四史"资源，以加强课程体系建设为抓手，不断优化思想政治教育内容。

一是充分发挥"思政课程"在课程体系中的政治引领和价值引领作用。

①习近平. 以史为镜、以史明志　知史爱党、知史爱国［J］. 求是，2021（12）.
②习近平给复旦大学青年师生党员回信勉励广大党员：在学思践悟中坚定理想信念　在奋发有为中践行初心使命［N］. 人民日报，2020-07-01（1）.

积极推动思政课程的专业性和补充性相协调，以现有思政课程体系为基础，积极开设"四史"必修课、选修课，形成设置科学、特色兼具的"四史"课程体系。高校是党的意识形态工作的前沿阵地，引领青年学生掌握党的政策与理论是高校思想政治教育的主要职责。以马克思主义时代视野和历史眼光在新时代挖掘具有历史穿透力的教育资源，才能使高校思想政治理论课成为时代与历史交织的交响乐。将"四史"教育资源融入高校思政课教学内容中，才能使高校思想政治理论课以自身美妙的旋律滋养着学生们的耳朵，从而使党的创新理论入脑入心，切实提高教学效果。2010年6月《中共中央关于加强和改进新形势下党史工作的意见》指出，要"把党史作为各级各类学校思想政治课的重要内容，开展形式多样的党的历史知识、光荣传统和优良作风、英雄模范事迹教育"。① 中共中央办公厅、国务院办公厅印发的《关于深化新时代学校思想政治理论课改革创新的若干意见》提出了"调整创新思政课课程体系"的要求，明确要求"各高校要重点围绕习近平新时代中国特色社会主义思想、党史、新中国史、改革开放史、社会主义发展史，宪法法律，中华优秀传统文化等设定课程模块，开设系列选择性必修课程"。② 思政课作为"四史"学习教育的主渠道、主阵地，在课程体系中发挥着政治引领和价值引领作用。通过强化"四史"融入思政课的课程群建设，提升思政课建设水平就成为现实之所需。以"四史"的四方面内容作为"纲"，以高校思政课各门课程具体内容为"目"，以学思践悟习近平总书记关于加强历史学习的重要论述为指导，围绕"四史"中重要的历史发展线索、历史发展脉络、重大的标志性的历史事件、重要的有影响力的历史人物以及重要会议、重要文件等，围绕党的十八大以来党中央的一系列重大决策部署以及所取得的一系列历史性成就等，通过探寻"四史"理论与思政课程内容的内在契合点，通过创设以"中国共产党的奋斗历程和优良传统""从石库门到天安门""学'四史'，走好新时代的长征路""欲知大道，必先为史——'四史'学习之社会主义发展史""薪火相传，初心依旧；砥砺奋进，使命在肩"等为主题、以问题导向和目标导向相结合的系列专题教育教学模式，强化思想政治理论课课程体系建设，深化思政课教学内容的改革创新，站在历史发展的高度，用辩证的、理性的思维把握历史，以逐步形成相互联系、层次分明、有机统一的历史和理论相融合的"四史"教育课程内容结构体系。"中国近现代史纲要"课是以"历史事实去阐明中国近现代历史的基本问题和理论观点"，因此在"四史"

---

① 中共中央关于加强和改进新形势下党史工作的意见 [M]. 北京：人民出版社，2010：5.
② 关于深化新时代学校思想政治理论课改革创新的若干意见 [N]. 人民日报，2019-08-15 (2).

融入教学的过程中需要对近现代中国的历史演进问题、"四个选择"等理论问题进行深刻阐释。"马克思主义基本原理概论"课也不能只停留在抽象的概念分析上，而是应立足于马克思主义产生发展的历史背景、在中国传播本土化的历史情境，进行有效把握，以历史事实为基础进行相关理论分析。"毛泽东思想和中国特色社会主义理论体系概论"课可以丰富的历史事实呈现马克思主义中国化的历史进程，展现出生动的历史细节，但必须从理论维度阐释毛泽东思想与中国特色社会主义理论体系的关系、新民主主义革命理论、社会主义改造理论、改革开放理论等关键问题，回归课程设置目标。"思想道德与法治"课立足于青年学生世界观、人生观和价值观的培育，解决有关人生、理想、道德、法律等诸多方面的理论问题与实际问题，以此抵制错误思想观念的侵蚀，树立远大的理想目标。因此，从理论维度融入"四史"可使高校思政课铸就的思想大厦既有根基，又有力度，经得起风雨，镇得住豺狼，守住大学生崇高理想信念的阵地，从而进一步加强并提升"四史"教育融入思政课教学的系统性、针对性以及实效性。同时在根据各门思政课的课程目标优化教材内容，使"四史"内容合理嵌入各课程教材之中的同时，还应结合开设"四史"选修课的要求，开发运用本土"四史"文化资源，编写有关"四史"教育的大学生读本、教学参考读物、自主学习辅导用书等，为大学生学习"四史"提供参考，以加快推进思政课程教学由教材体系向教学体系的转化，更好地满足大学生在思政课中学习"四史"的需要。

二是充分发挥"课程思政"对"思政课程"的有益补充作用。要扎实推进"四史"教育与"课程思政"有效衔接，寻找学科、专业发展在历史中的闪光点，探索跨学科中"四史"教育的有效途径，搭建重点突出、载体丰富、协同育人的"四史"教育课程体系，努力推进专业课与思想政治理论课同行同向。"掷地有声，润物无声"，高校对学生进行思想政治教育，除了应充分发挥思政课教学这一显性思想政治教育的主渠道和主阵地作用以外，还必须充分发挥"课程思政"这一隐性思想政治教育的功能。摒弃传统观念所认为的"价值引领"仅仅是"思政课"的任务和责任，其他专业课程则只负责知识传授和能力培养的错误思想，始终坚守正确政治方向和社会主义办学方向，全面落实好立德树人这一根本任务，按照价值引领、能力达成、知识传授的总体要求，通过充分地挖掘、有效地运用各学科中所蕴含的大量丰富而实用的德育元素，着重强调价值塑造，诸如理想信仰、人生追求以及社会主义核心价值观在专业学习中的突出地位，以真正做到显性教育与隐性教育融会贯通，真正实现思政教育从专人向全员的创造性转化。习近平总书记在2016年的全国高校思想政治工作会议中就强调指出，"要坚持把立德树人作为中心环节，把思想政治工作贯穿教育教学全过程，实现全程育人、全方位育人，努力开创我国高等教育事业发展新局面"① "要用好课堂教学这个主渠道……其他各门课都要守好一段渠、种好责任田，使各类课程与思想政治理论课同向同行，形成协同效应"，这就突破了过去将思想政治教育局限于思想政治理论课的观点，更成为新时期高校推动课程思政与思政课程协同育人的根本指针。"四史"教育融入"课程思政"，能为"课程思政"中的思政元素提供历史线索，找到事实依据，夯实历史支撑，能将思政元素进行串联，使思政元素与历史进行有效融合，让专业课产生"味道"。同时，"课程思政"与"四史"教育的融合，能强化学生辩证历史思维，让学生以历史自觉来把握历史规律、辨析现实情况、判断发展大势，用学生易于认同和接受的方式，实现"课程思政"的学理性、生动性和实践性的有机统一。在将"四史"教育中蕴含的马克思主义历史观融入学生的思想意识和行为方式的同时，增强"课程思政"教学的价值共鸣。为此，依循两者在教育价值、教育主体、教育内容等方面的契合逻辑，对照现实推动过程中的迫切要求，实现"四史"教育与"课程思政"的双向融合，就成为高校有效开展思想政治教育的重要抓手。

为此，"四史"教育融入"课程思政"，需要力求形成一个分门别类、结构合理的课程体系。因为，只有依托这个科学合理的课程体系，"四史"教育融入"课程思政"才能有的放矢。基于此，专业课教师要深入挖掘"四史"宣传教育元素，聚焦青年学生关注的国家大事、社会热点，找准教学融入点，精心设计教学内容，用摆事实、讲道理的方法解疑释惑，以鲜活的案例和背景资料增强专业课程教学的说服力和感染力，帮助青年学生透过历史现象洞察历史本质，正确看待、辩证认识、理性分析现实问题，引领青年学生知党情、报党恩、跟党走，自觉把个人理想与国家的需要、民族的命运联系在一起。具体而言，一要按照"学院—课程—教师"的构建思路，进行"课程思政"体系构建。由学院对"四史"教育融入"课程思政"的形式方法进行宏观设计，紧扣课程目标、课程内容、课程类型、课程实施和课程评价等环节，由教师作为"主力军"承担好"课程思政"的育人责任，进而将"四史"教育的资源实现科学合理覆盖。二要实施集体备课，集思广益，融合交叉，完善"课程思政"的课程体系。要充分把握公共基础课、专业课、实践类课程等不同课程类型的特征，按照课程类型召集相应的课程教师实施集体备课，

---

①习近平. 把思想政治工作贯穿教育教学全过程 [N]. 人民日报，2016-12-09.

调集思想政治课专任教师与专业课教师共同开展课程设计，一起完善"课程思政"的课程体系。三要选树典型，打造校级、省级、国家级课程思政"金课"体系。要建设一批"四史"教育融入"课程思政"的示范课程，打造校级、省级、国家级课程思政"金课"，展现"四史"教育融入"课程思政"是合乎政治性、合乎思想性与合乎艺术性的。

（二）实践育人：推进"三个课堂一体"，实现理论教学和实践教学相融合

习近平总书记指出："社会是个大课堂。青年要成长为国家栋梁之材，既要读万卷书，又要行万里路。社会实践、社会活动以及校内各类学生社团活动是学生的第二课堂，对拓展学生眼界和能力、充实学生社会体验和丰富学生生活十分有益。"① 实践教学是课堂教学的必要延伸，是"大思政课"的重要组成部分。思政课改革创新需要树立"大思政课"的理念，不仅需要用好课堂教学这个显性教育的主渠道，还需要用好社会生活这个人生大课堂，使学生在潜移默化中受到累积性、持久性熏陶。"四史"与思政课的融合，不仅需要通过课堂教学渠道使知识性内容显性嵌入，同时还需要拓宽价值性引导的融入渠道，创新各种隐性融入的方式，协同各种思想政治教育载体，使"四史"的价值传导在思政课教学中有充分理据，能铭刻脑海，会打动感情，可以扎根心田，也就是入理、入脑、入情、入心。

一是做实第一课堂，夯实实践基础。所谓"第一课堂"即课堂实践育人，是指为达到以理服人、以德感人的效果，教师应在理论吃透、真懂真信的基础上，用"小事件"折射"大历史"、用"小故事"反映"大发展"，通过建构"四导六位"主课堂教学模式，不断地创新丰富以及拓展行之有效的课堂实践教学形式，从而让思政课堂真正地"活"起来。"四导六位"主课堂教学模式即着力于"学讲议评思"五个维度，积极探索将"四史"及具有本土地域特色的历史、文化、改革历程等有机融入课堂，通过优化教学内容，改革教学方法以及创新教学手段，以进一步增强思政课堂的鲜活度和吸引力。"四导"指在课堂理论教学中应注重发挥教师的"导向、导学、导思、导练"四个主导作用。"导向"就是教学目标明确，教师结合每一个教学模块中所涉及的与中国共产党百余年奋斗史相关的重大历史事件、历史过程、历史节点以及历史人物、历史影响等内容，精心组织教学活动。通过阅读梳理、分析思考等方式，运用教学手段，瞄准教学目标，讲好党的故事，讲好中国故事，

---

① 中共中央文献研究室. 习近平关于青少年和共青团工作论述摘编 [M]. 北京：中央文献出版社，2017：55.

做到"形散而神不散"。"导学"就是引导学生在深刻地感悟党的领袖故事、革命英雄事迹、重要历史事件以及重大发展成就的同时掌握课本上的基本理论、基本知识。"导思"就是摒弃传统的让学生被动接受知识的模式，留给学生更多的时间和空间自主支配，调动学生学习的主动性，启发学生独立学习、观察、思考，并积极参与讨论、交流，充分发表自己的见解、观点。"导练"就是引导学生在把自身的所学所思所想加以提炼升华的基础之上，形成自己的认识并内化为自己的思想，外化为自己的行动，真正做到学以致用。

"六位"即指在教学实施过程中通过采用集"视频冲击式、任务驱动式、案例式、情景体验式、讨论式以及网络式"即"六位一体"活动导向设计教学法，打通课前导学、课中探究、课后拓展三阶段，通过讲解分析、答疑思辨，拓展知识域；通过案例展示、交流研讨，营造交流场；通过视频展播、观剧评剧，联结共鸣点；通过体验参与、成果展示，延伸社会感等，扩展思政课教学的时空范围，最终实现教学过程全要素、各环节的有机连接与融合，实现德育浸润，增强以史育人深度。不仅应在教学内容上引导学生原原本本读原著、学原文、悟原理，还应在教学形式上综合运用课堂讲授、小组研讨、"微照片"拍摄、"微故事"宣讲、"微剧场"创作、"微视频"制作等实践教学形式，更好地引导学生搜集整理重大事件、重要会议、重要人物的典型事例等，以传承中国精神、讲好中国故事。从而有效地把"思政小课堂"同"社会大课堂"结合起来，让青年学子在经典的历史故事分享中感受心灵的震撼，并扣好走向社会的"第一粒扣子"。

二是做活第二课堂，提升实践能力。所谓"第二课堂"即校园实践育人，指根椐青年学生特点，以青马班以及各系部马克思主义学习小组为载体，按"八个一"要求，即每半月至少开展一次与"四史"相关的集中读书活动，每月至少开展一次与时政热点新闻相关的主题宣讲活动，每位社团成员每月撰写一篇学习心得，每学期至少开展一次学习论坛和一次相关理论宣传普及活动，每年至少开展一次社会调查、形成一份调研报告、汇编一本学习研究成果集等，进一步拓展校园实践教学形式。通过举办"四史"学习"三进"学习坊，"四史"学习阅读马拉松，"学'四史'、悟初心"为主题的短视频、漫画、诗歌文化艺术作品征集活动；通过开展"红色故事我来讲""党史上的今天""绽放抗疫青春，决胜全面小康""口述校史，薪火相传""一五一十讲党史，牢记使命展担当""衣锦天下铭壮志，丝路人生留芳踪""忆革命峥嵘岁月，承新时代责任担当"等为主题的大学生讲思政课公开课展示竞赛活动；通过开展"知史爱党，知史爱国"知识竞赛、"同心战疫，有你有我"新冠疫情防控知识竞答挑战赛活动；通过开展以学生骨干为引领、班级团支部为主体、学生党支部为先锋的线上学习、研讨和热议活动；通过策划"大国工匠进校园""时代先进人物进校园"等素质拓展教育活动，举办劳模故事分享会，分享劳模职工、校友扎根一线的先进事迹，宣传和弘扬敢于担当、勇于创新、甘于奉献的劳模精神、劳动精神和工匠精神，引导广大青年学生在"润物细无声"中激发爱国情怀、坚定理想信念、勇挑使命担当。通过打造"红色记忆，薪火相传"支部书记微党课竞赛、优秀团干"百秒讲百余年小故事""青春心向党·建功新时代"主题团日活动、"经典诵读""礼敬中华传统文化"微演讲活动，学习习近平青年思想暨道德文化知识竞赛活动；通过举办"中国共产党的光辉奋斗历程"大型图片展、信仰公开课、"青春志·民族魂·中国梦"舞蹈大赛、"我和我的祖国"合唱比赛以及"军歌嘹亮——学生退伍军人热血赞歌献给党"等主题教育特色活动，不断完善和拓展丰富师生担当奉献、实现价值的平台，从而打通思政学习"最后一公里"，形成创新化、多元化、一体化的"四史"学习教育工作体系。

三是做特第三课堂，提升育人实效。所谓"第三课堂"是指社会实践育人。社会实践是大学生认识社会、服务社会、增长才干的重要教育形式，社会实践不仅是大学生的第二课堂，也是学生学有所成的最终归宿，要结合"四史"充分利用和开发好第三课堂。以"国情社情调研""红色政治宣讲""红色足迹寻访""弘扬爱国精神、奏响爱国三问时代强音"等为主题，通过开展一系列蕴含不同主题的"青年红色筑梦之旅""三下乡"、义务支教、理论宣讲、社区服务等社会实践活动，引导青年学子走进革命老区、贫困地区，接受思想洗礼、学习革命精神、传承红色基因，重温革命前辈伟大而艰辛的创业史。作为大学生校内教育的延伸与拓展，这些社会实践活动对于进一步加深大学生专业学习、开阔眼界、认识社会、提升能力，对于以更好地引导青年大学生在红色教育中传承精神，在踏实劳动中增长才智，在服务社会中滋润心灵，以更好服务地方经济建设和民生发展，勇做担当民族复兴大任的时代新人等都具有十分重要的意义。高校在开展大学生社会实践过程中，应注重系统设计，充分利用各种资源，将"四史"教育的内容有机融合到社会实践教育中。例如，要充分利用红色文化践履活动，用鲜活的事实，深化大学生对中共党史的认识和理解；要充分利用国情调研、理论宣讲等实践活动，使大学生加深对新中国史、改革开放史的认识，体悟新中国成立以来特别是改革开放以来我国取得的巨大进步，坚定中国特色社会主义"四个自信"；要充分利用"三下乡"、义务支教、社区服务等深入社会基层的活动，加深大学生对社会发展与进步的理解与感受，深化大学生对中国特色社会主义进入新时代的认识和理解，进一步认清当代青年肩负的历史使命，从而坚定他们为实现中华民族伟大复兴中国梦而奋斗的信心和决心。高校人才培养不是孤立的或可量化的数据，而是朝向社会的生命实践。因此，不但要鼓励大学生不断积攒学识与智慧，以史为鉴，还要鼓励学生敢于做梦、勇于追梦、勤于圆梦，真正将"四史"学习融会贯通，将学校所学所思所感付诸社会实践，毕业后积极投身于社会主义建设伟大实践中，成为中国特色社会主义事业建设浪潮中的一员，最终成为一名合格的社会主义建设者和接班人。

（三）文化育人：构建"四个融入"的文化育人长效机制，实现显性教育和隐性教育相融合

"观乎人文以化成天下"，高校学生活动范围比较固定，校园文化环境对学生日常思想政治教育起到重要作用，是学生日常活动的第二空间。将"四史"教育素材有机融入其中，通过校园文化的沉浸式教育，春风化雨、点滴入土，以增强师生互动感、加强仪式感，增强"四史"教育的吸引力、感染力，丰富"四史"教育的形式与内涵。

一是通过理念引领，融入精神文化。即以青马班以及各系部马克思主义学习小组为载体，结合重要历史纪念节点，如在庆祝"七一"建党之时，在庆祝"十一"国庆之时，在纪念抗日战争胜利之时，通过选取有代表性的经典原著以及重要论述，如《习近平关于"不忘初心、牢记使命"重要论述选编》，习近平总书记重要讲话中有关党史、新中国史、改革开放史、社会主义发展史的重要论述，《中国共产党历史》第一卷和第二卷、《中国共产党党史》《中华人民共和国简史》《改革开放简史》《社会主义发展简史》等，有重点、有针对性地开展专题学习，让红色基因成为"新时代答卷人"的鲜亮底色。还可结合实际，通过开设地方党史相关课程，利用好各地与"四史"教学相关的党性教育基地，组织高校思政课"教授团"、党史党建专家，开展情景党课现场展示活动。通过历史场景的还原、生动故事的讲述以及重要角色的代入等方式，开展不同主题的理论宣讲以及互动对话等宣教活动，以传递中国共产党人百折不挠地追求信仰的执着以及更加深刻地阐释马克思主义的真理力量。通过创新发布"四史"人物专刊以及理论学习周刊等，引导学生深挖革命先烈、英雄模范等人物的典型事迹，讲好"英雄"的故事；通过深挖新中国成立以来改天换地、辉煌成就背后的奋斗历程，讲好"复兴"的故事；通过聚焦改革开放以来艰辛创业和重大创造背后的宝贵经验，讲好"创新"的故事；通过回溯社会主义运动波澜壮阔、跌宕起伏的发展历程，讲好"信念"的故事等，从而更好地引导学生增强爱国情、强国志、报国行，激励学生将个人成长成才与国家前途命运紧密结合在一起，为实现中华民族伟大复兴的中国梦不懈奋斗。

二是通过载体活跃，融入行为文化。革命纪念馆等场所是大学生开展思政课实践教学的主阵地，习近平总书记深刻指出："革命博物馆、纪念馆、党史馆、烈士陵园等是党和国家红色基因库。"[①] 应积极挖掘具有地域特色的场馆资源，通过对这些纪念场馆、红色基地进行实地参观、考察、调研、服务等方式，让学生在生动的史实、鲜活的史料、切身的体验中引发情感上的共鸣，拉近与英雄人物的距离，深化对历史事实、规律的理解、认同。为此，在推进"四史"融入思政课的教学中，充分利用校园红色遗址遗迹、纪念馆或充分依托校外革命遗址遗迹、爱国主义教育基地、红色文化纪念场馆等载体，通过"现场讲授＋互动交流"的教学方式，运用场景复原等现代科学技术手段，辅以文字、图片、实物和多媒体交互展示，从而为广大青年学子量身打造看得见文物、听得到历史、悟得到精神的"四史"学习教育新品牌，使单一的参观向体验学习转变，使"四史"学习教育更加生动，更好地引导学生运用宣传展板、LED 显示屏、VR 等新技术实时展示党史、新中国史、改革开放史、社会主义发展史等史实以及习近平新时代中国特色社会主义思想等理论成果，增强思想政治教育教学改革的扁平化、信息化、精细化。同时，以理想信念教育主阵地为依托，精心打造一批实践活动特色品牌项目，以进一步增强思想政治工作的实效性并形成示范辐射效应。

三是通过导向规范，融入制度文化。即围绕"四史"学习融入思政课的基本问题，即"为什么融""融什么"和"怎么融"等教学重点难点问题，在深入交流研讨的基础之上，相继形成《"四史"融入思政课教学改革与实践课程改革方案》《"讲好中国故事·上好思政课程"实施方案》《"四史"学习教育实施方案》等各项教学管理制度，形成育人目标的一致性，以全方位推进"四史"融入思政课教育教学全过程，不仅能有效地增强思政课的思想性、理论性，也可强化思政课教学工作的亲和力以及针对性。

四是通过环境涵养，融入景观文化。苏霍姆林斯基说过：让校园的每一面墙壁都会"说话"。人生活在一定的环境之中，其品德与心灵不可避免地受到环境的濡染和熏陶。近年来，习近平总书记就"四史"教育以及四史教育融入思政课发表了一系列重要讲话、作出了一系列重要指示。为此，可以将这一系列与"四史"教育相关的重要讲话、重要指示以及重要批示等以墙体文化的形式刻于学院的教学楼、校内红色场馆等内、外墙体。还可以充分

---

① 习近平. 论中国共产党历史 [M]. 北京：中央文献出版社，2021：111.

利用学生思政主题公园、学生美育工作坊、"学生之家"、学雷锋志愿服务站等一系列"红色"教育新阵地，充分挖掘校园内一草一木、一花一石的文化内涵和价值元素等，建设"四史"等系列主题文化墙，通过"润物细无声"的方式，引导学生实地学习了解相关历史，现场开展革命传统教育，以实现"蓬生麻中不扶自直""入芝兰之室久而自芳"的教育效果。

（四）网络育人：推进"四个育人平台"联动，实现线上教学和线下教学相融合

当前的互联网已成为高校思想政治工作的最大变量，思想政治工作过不了网络关，就过不了时代关。充分运用新媒体新技术，通过完善网络育人体系，牢牢把握新时代网络育人的发展脉搏与话语权，把"四史"教育工作"做到家""入心田"，充分提升高校思政课教学"四史"教育的实效性和针对性。具体而言，应从建构四个平台入手。

一是加强慕课教学资源平台建设。教师通过充分利用"教学辅助 APP 混合教学平台""无纸化考试系统（大数据分析评价）""平台型实训基地"等实践实训场所，全面支撑思政课教学改革。学生只需通过电脑、手机等互联网终端访问，即可随时随地参与慕课学习，加入课程讨论组和微信平台，既继承传统大学课堂教育的优势，又突破网络教育的局限。授课教师可以通过超星学习通、钉钉、腾讯课堂、微信等优势互补的网络平台，以习近平总书记关于历史学习的重要论述为指导，以大力加强"四史"教育为主线，在课前通过精心设计和完善学习资源内容，进行慕课教学平台和教学资源中心的设计与开发。

在内容上除了应充分展示突出"全、精、新、活"四大特点的精品视频案例资源之外，还应包括与教材主干内容相关且联系紧密的背景知识介绍或与之相关的评述，如教案、时事热点跟踪、精品思政课件、思政讲座直播、图书音像和备课资源库、自建校本优质思政资源库、共建共享优质教学资源库以及测试、作业和讨论等。学生可根据个人的知识、能力、水平等实际情况，在上课之前通过分段式观看教学视频，参与阶段性小测验、网上辅导反馈、网上提交作业以及通过积极参与网上社区讨论等基本教学环节活动，逐步转变传统的以教师为中心的、以单向传播为主的学习模式，从而建构起以学生为主体、以移动学习为主的双向互动型的学习模式。在课堂上，老师可以将更多的时间用于解答学生提出的问题，或提供学生所需的个性化教学，以实现符合教育教学规律的因材施教。整个教学过程的组织开展所呈现出来的结果，就是最终使所有学生都能够因此受益——"没有人掉队，也没有人停滞不前",以更好地推动"四史"学习教育走深走实,达到"润物细无声"的教学效果,实现传统课堂教学、新媒体新技术教学、网络教学与实践教学的有机统一,增强思政课的时代感、吸引力和感召力。

二是优化理论宣传信息平台。"唯有不忘初心,方可告慰历史、告慰先辈;唯有不忘初心,方可善作善成、一往无前",初心是思想的基石、行动的动力。作为一名思想政治教育者,应以"四史"学习教育为契机,以丰富的"四史"学习教育素材引导大学生坚定信仰初心,凝聚思想共识。为此,思政课教师应充分依托全国高校思政课教师集体备课平台、学习强国APP、各类微信公众号以及易班等网络思政平台,对学生的文化、精神、心理需求等方面进行认真研究,找准学生兴趣点与主流文化的结合点,从多角度、全方位挖掘"四史"学习教育中蕴含的初心之源、奋斗之魂,以"烽火时代中的红色记忆""峥嵘岁月中的改天换地""改革奋进中的敢为人先"以及"全面跨越中的发愤图强"等为主题,打造"四史云书架""四史云影院""四史长廊"等特色"四史"教育新载体,通过定期推送思政课云端精品课、"四史"学习动态和红色故事、"四史"学习教育课件、青年云讲"四史"系列微视频、音频党课、党建电台之"空中党课"等线上学习栏目,将"四史"学习在"线上留声"。通过"党史学习日签""强国挑战赛",通过广大党员、师生的系列讲述,让红色经典在"心间浸润",从而为广大青年群体提供健康向上、丰富多彩的网络信息资源平台,为广大青年学子自学提供全新的线上学习窗口,以引导学生在"四史"学习中正确认识中国发展大势,科学认识时代使命,用奋斗和热情坚守初心、砥砺奋进。

三是积极搭建对话交流信息平台。以"四史"学习教育为主线,充分利用丰富的红色资源,通过各类微信公众号、易班等网络思政平台,建立青年互动QQ群、微信群,积极引导青年学子积极编创并展播内涵丰富且形式时尚的图片或博文,引导青年学子针对热点话题自由地阐述观点、发表自身对问题的看法,并结合个人成长轨迹史,积极撰写博客日志,打造"初心·对话"及"'四史'青年说"学习专栏。依托线上读书会,思政课教师可深入系统导读《中国共产党简史》《当代中国——改革开放史》《新时代的历史大视野》等经典著作,以青年视域坐标对话历史、对话先辈、对话未来;广泛开展"四史"专题大讨论,分享学习"四史"心得体会,促进广大青年学子在思想的碰撞和交流中深化思想认识,端正价值追求,做出正确的价值选择,从而把使命永担在肩。

四是积极开辟典型宣传信息平台。围绕习近平总书记讲过的感人至深的红色故事、点赞过的改革开放精神、爱国主义精神、"两弹一星"精神等，深入挖掘"四史"红色资源，在思政课程内部网站上设立"红色家书""青春风采""百年巨匠""劳模标兵""新时代楷模""新时代的奋斗者""身边的感动"等栏目，借助行走的"四史"思政课、"四史"学习教育图片展览以及网络专题报道、收视指南、论坛讨论、在线访谈、视频点播（栏目）、播客等互联网形式，大力宣传先进典型，让广大学生真真切切地感受到榜样人物的本色个性以及身边可敬可亲、可信可学的平民化、大众化的先进典型人物的风采，使学生真正做到学有榜样、行有标杆，切实把核心价值观内化于心、外化为行。

（五）协同育人：完善全员全过程全方位的育人体系，实现教与学相融合

"四史"教育队伍作为教育工作的组织保证，队伍的整体素质在很大程度上决定着学习教育的效果，只有队伍建设得到切实加强和提高，"四史"教育的目标才能更好地实现。"四史"学习教育进入学校思政课，不仅是思政课教师的责任，同时也是学校书记、校长的责任，是所有教师的责任。学校要建立领导带头、学校重视、专职为主、专兼结合的师资机制，高校党委要切实担负起推进"四史"教育工作的领导责任、主体责任以及政治责任。以学思践悟习近平新时代中国特色社会主义思想为主线，分层分类推进、搭建学习载体，按照"讲活历史故事，用活红色资源"的要求，校地联动，构建"四史"宣讲矩阵，共筑协同育人机制，以促进"四史"宣传教育走深、走心、走实。

1. 发挥院校领导的"头雁效应"，营造塑人、聚人、育人的"四史"教育环境

院校领导是"四史"宣传教育的组织者、推动者，又是参与者、实践者，要先学先讲，率先垂范，充分发挥"关键少数"的"头雁效应"。一方面，高校党委要切实担负起推进"四史"学习宣传教育工作的领导责任、主体责任以及政治责任。要利用"开学第一课""书记校长上党课"等机会，开展"集中式宣讲"。同时还应进一步健全校领导讲思政课以及定期听课、评课制度等。另一方面，要着力构建上下联动、左右协同的由党委统一领导、党政工团齐抓共管、有关部门和学院共同参与的"四史"育人工作机制，以满足不同群体差异性、选择性和多样性的需求，促进"四史"宣传教育往深里走、往心里去。以实现全方位、全过程育人，努力营造起塑人、聚人、育人的良好"四史"教育环境，从而更好地引领学生健康地成长成才。

2. 加强思政课程和课程思政教师队伍建设，提升教师专业素养

广大教师是高校"四史"专题宣讲的骨干力量，课堂教学是"四史"宣传教育的主渠道。一方面，高校要充分发挥思政课教师的关键作用。高校思政课教师是高校教师队伍中承担用"四史"教育铸魂育人，强化理想信念教育和价值观引导，开展马克思主义理论和党的创新理论学习的中坚力量。习近平总书记强调："思政课作用不可替代，思政课教师队伍责任重大。"① 多年来，党和国家高度重视思政课教师队伍建设，目前，高校建设了一支专职为主、专兼职结合、数量较为充足、素质较为优良的思政课教师队伍。这支队伍不仅理论功底要扎实，要熟知马克思主义、中国共产党不同发展阶段的时代特点和思想指引、中国共产党发展历程中的相关理论与实践问题的历史、中国共产党发展历程中的有益启示以及中国化时代化马克思主义等相关专业知识，还要能够运用学生喜闻乐见的话语表达方式进行授课。不仅能以互动带故事，也能以故事传理论，精心提炼易于传播的"金句"，不断强化和提升"四史"学习教育的实效性以及传播能力，从而准确地向学生传播真理，增强青年学生的理论认知、强化大学生政治认同，从而努力做到学史明理、学史增信、学史崇德、学史力行。另一方面，高校要充分发挥课程思政培根铸魂、启智润心的作用，调动和激发专业课程教师宣讲"四史"的积极性。高校要建立以涵养"家国情怀"为引领的课程思政体系，鼓励专业课程教师系统挖掘、深入梳理各学科专业的价值教育引导元素，将"四史"宣传教育有机融入课程教学中，讲活讲好行业发展故事、专业奋斗故事，从而激发青年学生的价值认同和情感共鸣，促进青年学生知史爱党、知史爱国。

3. 建立健全"四史"教育兼职教师队伍，形成实践育人共同体

高校应通过积极聘请地方党政领导干部、企事业单位管理专家、社科理论界专家、各行业先进模范、优秀校友以及名师大家和专业课骨干教师、日常思想政治教育骨干等来校讲授思政课，以积极建立健全专职为主、专兼结合、数量充足、素质优良的"四史"教育兼职教师队伍。一方面，通过主动邀请长期从事"四史"教学、研究、宣传和实践工作的校内外党务工作者、专家学者等组成的高标准"四史"宣讲团围绕"四史"宣传教育做示范性宣讲，充分发挥宣讲团把方向、突重点、明目标的引导作用，围绕重点、难点、热点进行深入剖析，把关键问题讲深讲透，推动"四史"从书里走进心里，为师生答疑释惑、举旗领航。另一方面，应充分发挥先进模范的感召力以及身边榜样的引领力的作用，结合重大节日、重大主题或社会热点事件，通过

---

① 本书编写组. 习近平总书记教育重要论述讲义 [M]. 北京：高等教育出版社，2020：28.

邀请相关行业和领域的先进典型、英雄模范、优秀校友来校"现身说法"。用小切口反映大主题，小故事阐释大道理，小人物折射大时代。通过当事人生动地分享其亲身经历，变"大水漫灌"为"精准滴灌"；通过就地取材，发挥红色资源"十步之内必有芳草"的优势，组织学生主动寻访身边的先进典型等，让他们在听、看、感、悟中回望来时的路，看清脚下的路。坚定前行的路中，更加真切地触摸历史脉搏，产生更加强烈的思想共鸣，从而激励师生把爱国情、报国志融入学校事业发展的新征程中，为促进学校高质量发展贡献智慧和力量。

4. 引导青年学生构筑立体宣讲矩阵，推动"四史"宣讲广覆盖、深普及、入人心

要充分发挥青年学生的朋辈作用和"自我教育"功能，让他们从"四史"宣传教育的受众，转变为"四史"专题宣讲的主要参与者。一方面，组织青年学生开展以"四史"为主题的读书会、演讲、朗诵、文艺会演等。通过广泛动员，分层参与，使他们在选择题材、收集材料、撰写文稿、制作课件以及演绎经典角色的过程中，追忆"四史"故事精粹、再现"四史"人物风采、感悟"四史"伟大力量，启迪青年学生有所思、有所悟、有所得。另一方面，引导青年学生构筑从"指尖"到身边的立体宣讲矩阵，开展形式多样、丰富多彩的"四史"微宣讲。培养选拔一批政治觉悟高、文化素质好、表达能力强的青年学生组成宣讲团，进教室、进寝室、进班会、进支部，用"青言青语"和同龄人开展面对面的"互动式"宣讲。同时，鼓励青年学生学会用好智媒体技术，组织制作微视频、动漫、MV、微海报等新媒体产品。在微博、微信、抖音、视频号等平台上，用"网言网语"讲好红色故事，实现线上线下同频共振、立体传播，推动"四史"宣讲广覆盖、深普及、入人心。

（六）完善多维立体的评价体系，提升学生的"四史"素养

传统的教学质量评价体系因不能很好地统筹处理好"育才"能力和"育德"能力二者之间的关系，因此，已不能满足当前高校人才培养的需求。为此，以促进学生课程吸收和德智体美劳的培养为目的，各高校要构建的一整套行之有效的教学质量评价体系，就不应仅仅是考核课程的专业质量，还应当对学生的价值观、德行等方面进行考核评价。在评价方法上，应运用实地观察、作品分析、测量、追踪、访谈、调查、考试、统计等多样化的评价方法，通过构建科学的考核评价激励机制，实现将理论基础知识与"四史"素养评价相结合，将校内成绩考核与校外实践考核相结合，将他评与自评、互评相结合，将期末考核与平时考核相结合的考核评价体系来开展综合评价。

课程参与者、师生双方、学校、教育专家学者等都可以成为评价的主体。这些多方面评价主体的参与以及评价体系结构的多元化等，对于紧跟时代前进脉搏，全面将"四史"核心素养的提升渗透到教学质量评价体系的各个环节，培养学生成为社会有用人才等都具有十分重要的作用。

　　总之，推进"四史"教育融入高校思政课，任何环节都不容小视。习近平在庆祝中国共产党成立100周年大会上指出："一百年来，中国共产党团结带领中国人民进行的一切奋斗、一切牺牲、一切创造，归结起来就是一个主题：实现中华民族伟大复兴。"① 在此背景下，开展以党史为重点的"四史"教育进一步凸显了党对历史中蕴含的社会发展规律的系统追求，对历史学习教育时代使命的精准把握。将"四史"教育融入高校思政课堂，把历史教育与政治教育紧密结合，有利于增强思想政治教育的亲和力和感召力，培养适合国家发展需要的社会主义建设者和接班人。诚然，思政课是高校开展"四史"教育的主渠道，但是开展"四史"教育不能是思政课教师的"独角戏"，还需要发挥不同育人主体的作用，把各类要素集聚起来，采用真正融入学生心田的形式，通过讲活历史故事、用活红色资源，化抽象理论为具体实践，引导新时代青年学生以实现中华民族伟大复兴为己任，做出不负时代、不负韶华、不负党和人民的历史新业绩。

①习近平. 在庆祝中国共产党成立100周年大会上的讲话［N］. 人民日报，2021-07-02.

结束语

"明镜所以照形，古事所以知今。"古往今来，一切现实问题的背后，都有其深厚的历史根源，所以仅仅关注当下的发展是不够的，还需要了解历史，追根溯源。我们不仅要看到我国当前的现状是个什么样，还要端起历史望远镜回顾过去，厘清历史线索，挖掘历史材料，总结历史规律，把握历史大势。毛泽东同志曾经指出："指导一个伟大的革命运动的政党，如果没有革命理论，没有历史知识，没有对于实际运动的深刻的了解，要取得胜利是不可能的。"① 恩格斯也说过，"一个民族要站在科学的最高峰，就一刻也不能没有理论思维"。"四史"是中国共产党人英雄本色的集中体现，是中国共产党人增强底气、骨气、正气，提升党性修养水平的根本依据和内生动力，是亿万中国人民的精神食粮，是实现中华民族伟大复兴中国梦和实现人民对美好生活向往的强大动力。"四史"中所蕴含的独特的价值理念、坚定的理想信念、高尚的道德境界、创新的思维方式无论对国家还是对个人来说都具有十分重要的影响作用。忽视"四史"学习或者学习不到位，就不能掌握马克思主义的世界观和方法论。

当今的中国正处在一个从"站起来""富起来"到"强起来"的全新的时代。直面这一新时代，要使广大青年学子顺利成长为爱党爱国爱社会主义的优秀接班人，成长为具有坚定理想信念的社会主义接班人，就必须对他们进行有效的"四史"教育，因为只有这样，我们的社会主义建设者才能"坚定理想的主心骨、筑牢信念的'压舱石'，保持强大的战略定力"。② 基于此，思政课教师应以高度的责任感与紧迫感，以"四史"为最好的教科书，引导青年学生深刻地认识和明白中国特色社会主义形成于改革开放 40 多年波澜壮阔的伟大实践；发端于新中国成立 70 多年中国共产党领导中国人民历经新民主主义向社会主义的过渡以及社会主义建设道路的艰辛探索；立足于 180 多年中华民族由近代日益衰败转而走向伟大复兴的壮阔历程；根植于伟大的中华民族在上下五千多年的发展历程中所创造的辉煌历史和绵延不断、生生不息的灿烂文化。深刻地认识和感悟我们中华民族的昨天是"雄关漫道真如铁"，

---

① 毛泽东选集：第 2 卷 ［M］. 北京：人民出版社，1991：533.
② 习近平. 坚持历史唯物主义不断开辟当代中国马克思主义发展新境界 ［J］. 求是，2020 (2).

今天是"人间正道是沧桑"，明天是"长风破浪会有时"，从而在学习、感悟历史的基础之上，珍惜历史、敬畏历史。也只有知历史，看今朝，想长远，才能在成长中保持一颗火热的心，保持一种追求真、善、美的品质，以"任尔东西南北风，我自岿然不动"的执着，用爱国主义的激情拥抱时代、拥抱事业、拥抱人生，从而成就一个心系国家民族、情牵黎民百姓的光彩人生。

高校思政课"以史育人"教学模式的研究对笔者来说只是一个新的开端。在今后，笔者将以习近平新时代中国特色社会主义思想为指导，继续探寻做好新时代高校思想政治理论课教育教学工作的新路径。

在本书付梓之际，我要特别感谢在本书撰写过程中，很多没有见过面却以思想与文字启迪我的师长和学者。可以说，能够顺利完成这本书，实受益于大量的学习、继受。在此，我谨以参考文献列出作者姓名的方式来表示我内心真诚的感激之情。

参考文献

一、马克思主义经典著作

[1] 马克思恩格斯选集：第1—4卷［M］. 北京：人民出版社，2012.

[2] 马克思恩格斯全集：第3卷［M］. 北京：人民出版社，2002.

[3] 马克思恩格斯全集：第21、22卷［M］. 北京：人民出版社，2017.

[4] 马克思恩格斯全集：第25卷［M］. 北京：人民出版社，2001.

[5] 马克思恩格斯全集：第33卷［M］. 北京：人民出版社，2004.

[6] 马克思恩格斯文集：第1、2、4、10卷［M］. 北京：人民出版社，2009.

[7] 马克思恩格斯列宁历史理论经典著作导读［M］. 北京：人民出版社，2012.

[8] 马克思恩格斯列宁斯大林论历史科学（征求意见本）［M］. 北京：人民出版社，1975.

[9] 列宁选集：第1—3卷［M］. 北京：人民出版社，2012.

[10] 列宁全集：第9卷［M］. 北京：人民出版社，2017.

[11] 列宁全集：第17卷［M］. 北京：人民出版社，2017.

[12] 列宁全集：第21、22卷［M］. 北京：人民出版社，2017.

[13] 毛泽东选集：第1、3、4卷［M］. 北京：人民出版社，1991.

[14] 毛泽东早期文稿［M］. 长沙：湖南人民出版社，2013.

[15] 毛泽东文集：第2卷［M］. 北京：人民出版社，1993.

[16] 毛泽东文集：第7卷［M］. 北京：人民出版社，1999.

[17] 中国共产党中央委员会关于若干历史问题的决议［M］. 北京：人民出版社，1953.

[18] 邓小平文选：第1—2卷［M］. 北京：人民出版社，1994.

[19] 邓小平文选：第3卷［M］. 北京：人民出版社，1993.

[20] 江泽民文选：第1—3卷［M］. 北京：人民出版社，2006.

[21] 江泽民. 狠抓各项工作的落实［M］//论党的建设. 北京：中央文献出版社，2001.

［22］胡锦涛文选：第 1－3 卷［M］. 北京：人民出版社，2016.

［23］中共中央文献研究室. 十六大以来重要文献选编：下［M］. 北京：中央文献出版社，2008.

［24］中共中央文献研究室. 十八大以来重要文献选编：上［M］. 北京：中央文献出版社，2014.

［25］中共中央文献研究室. 十八大以来重要文献选编：下［M］. 北京：中央文献出版社，2018.

［26］习近平谈治国理政：第 1 卷［M］. 北京：外文出版社，2014.

［27］习近平谈治国理政：第 2 卷［M］. 北京：外文出版社，2017.

［28］习近平谈治国理政：第 3 卷［M］. 北京：外文出版社，2020.

［29］习近平谈治国理政：第 4 卷［M］. 北京：外文出版社，2022.

［30］习近平关于全面深化改革论述摘编［M］. 北京：中央文献出版社，2014.

［31］中共中央党史研究室. 历史是最好的教科书——学习习近平同志关于党的历史的重要论述［M］. 北京：中共党史出版社，2014.

［32］中共中央宣传部. 习近平总书记系列重要讲话读本［M］. 北京：学习出版社，人民出版社，2016.

［33］中共中央文献研究室. 习近平关于社会主义文化建设论述摘编［M］. 北京：中共中央文献出版社，2017.

［34］习近平. 决胜全面建成小康社会　夺取新时代中国特色社会主义伟大胜利——在中国共产党第十九次全国代表大会上的报告［M］. 北京：人民出版社，2017.

［35］习近平. 在纪念马克思诞辰 200 周年大会上的讲话［M］. 北京：人民出版社，2018.

［36］中共中央宣传部. 习近平新时代中国特色社会主义思想三十讲［M］. 北京：学习出版社，2018.

［37］中共中央党史和文献研究院. 毛泽东邓小平江泽民胡锦涛关于中国共产党历史论述摘编［M］. 北京：中央文献出版社，2018.

［38］习近平.《中共中央关于坚持和完善中国特色社会主义制度、推进国家治理体系和治理能力现代化若干重大问题的决定》辅导读本［M］. 北京：人民出版社，2019.

［39］中共中央宣传部. 习近平新时代中国特色社会主义思想学习问答［M］. 北京：学习出版社，人民出版社，2021.

［40］本书编写组.《中共中央关于党的百余年奋斗重大成就和历史经验的决议》辅导读本［M］. 北京：人民出版社，2021.

［41］习近平. 论中国共产党历史［M］. 北京：中央文献出版社，2021.

［42］习近平. 在庆祝中国共产党成立 100 周年大会上的讲话［M］. 北京：人民出版社，2021.

［43］习近平. 论党的青年工作［M］. 北京：中央文献出版社，2022.

［44］习近平. 高举中国特色社会主义伟大旗帜　为全面建设社会主义现代化国家而团结奋斗——在中国共产党第二十次全国代表大会上的报告［M］. 北京：人民出版社，2022.

［45］中共中央组织部党建研究所. 党的建设大事记（十六大—十七大）［M］. 北京：党建读物出版社，2008.

［46］中共中央党史和文献研究院. 十九大以来重要文献选编：上［M］. 北京：中央文献出版社，2019.

［47］中共中央关于制定国民经济和社会发展第十四个五年规划和二〇三五年远景目标的建议［M］. 北京：人民出版社，2020.

［48］中共中央党史和文献研究院. 毛泽东邓小平江泽民胡锦涛关于中国共产党历史论述摘编［M］. 北京：中央文献出版社，2021.

［49］中国共产党简史［M］. 北京：人民出版社，2021.

［50］中华人民共和国简史［M］. 北京：人民出版社，2021.

［51］改革开放简史［M］. 北京：人民出版社，2021.

［52］社会主义发展简史［M］. 北京：人民出版社，2021.

［53］习近平新时代中国特色社会主义思想学习纲要［M］. 北京：学习出版社，2023.

二、著作类（按姓名拼音首字母排序）

［1］陈华洲. 思想政治教育资源论［M］. 北京：中国社会科学出版社，2007.

［2］陈万柏，张耀灿. 思想政治教育学原理［M］. 北京：高等教育出版社，2007.

［3］陈立思，高峰，曹峻. 比较思想政治教育［M］. 北京：中国人民大学出版社，2018.

［4］崔海亮. 国家认同、民族认同、文化认同与大学生思想政治教育［M］. 北京：中国社会科学出版社，2016.

[5] 顾海良. 20 世纪马克思主义发展史［M］. 北京：中国人民大学出版社，2020.

[6] 高峰. 西方思想政治教育史［M］. 北京：首都师范大学出版社，2015.

[7] 骆郁廷. 思想政治教育引论［M］. 北京：中国人民大学出版社，2006.

[8] 罗洪铁，董娅. 思想政治教育原理与方法基础理论研究［M］. 北京：人民出版社，2005.

[9] 罗洪铁. 思想政治教育研究［M］. 成都：四川人民出版社，2002.

[10] 吕延勤，等. 中国共产党革命精神系列读本（12 册）［M］. 北京：中共党史出版社，2018.

[11] 孙晓喜. 历史的思维［M］. 北京：中国社会科学出版社，2012.

[12] 王永炳. 公民与道德教育［M］. 新加坡：莱佛士书社，2000.

[13] 王易. 传统文化与思想政治教育创新［M］. 北京：中国人民大学出版社，2018.

[14] 吴潜涛，刘建军. 新时期思想政治教育史论［M］. 合肥：安徽人民出版社，2004.

[15] 肖贵清. 制度自信：中国特色社会主义制度自信研究［M］. 北京：高等教育出版社，2017.

[16] 徐艳玲. 全球化与中国特色社会主义自信［M］. 北京：学习出版社，2017.

[17] 叶小兵. 历史教育学［M］. 北京：高等教育出版社，2004.

[18] 杨德山，朱一鸣. "四史"专题讲座［M］. 北京：中共中央党校出版社，2021.

[19] 张耀灿. 思想政治教育学科建设研究［M］. 北京：中国人民大学出版社，2017.

[20] 郑彪. 中国软实力［M］. 北京：中央编译出版社，2010.

[21] 赵金科，林美卿. 王道与霸道：中国和平崛起的文化自觉与路径选择［M］. 北京：中国书籍出版社，2017.

[22] 赵金科. 中国文化建构和精神自觉的历史回顾与现代反思［M］. 北京：中国社会出版社，2018.

[23] 曾长秋，周含华. 中国德育通史简编［M］. 长沙：湖南人民出版社，2011.

三、报纸类

［1］胡锦涛. 在庆祝中国共产党成立 90 周年大会上的讲话［N］. 光明日报，2011-07-01.

［2］习近平. 顺应时代前进潮流　促进世界和平发展［N］. 人民日报，2013-03-24.

［3］习近平就高校党建工作作出重要指示强调：坚持立德树人思想引领　加强改进高校党建工作［N］. 人民日报，2014-12-30.

［4］习近平. 在哲学社会科学工作座谈会上的讲话［N］. 人民日报，2016-05-19.

［5］习近平. 在全国高校思想政治工作会议上强调：把思想政治工作贯穿教育教学全过程　开创我国高等教育事业发展新局面［N］. 人民日报，2016-12-09.

［6］习近平在北京大学考察时强调：抓住培养社会主义建设者和接班人根本任务　努力建设中国特色世界一流大学［N］. 人民日报，2018-5-3（1）.

［7］习近平在全国教育大会上强调：坚持中国特色社会主义教育发展道路　培养德智体美劳全面发展的社会主义建设者和接班人［N］. 人民日报，2018-09-11.

［8］习近平主持召开学校思想政治理论课教师座谈会强调：用新时代中国特色社会主义思想铸魂育人　贯彻党的教育方针落实立德树人根本任务［N］. 人民日报，2019-3-19.

［9］习近平. 在纪念五四运动 100 周年大会上的讲话［N］. 人民日报，2019-05-01（2）.

［10］关于深化新时代学校思想政治理论课改革创新的若干意见［N］. 人民日报，2019-08-15.

［11］习近平. 在"不忘初心、牢记使命"主题教育总结大会上的讲话［N］. 人民日报，2020-01-09.

［12］习近平给复旦大学《共产党宣言》展示馆党员志愿服务队全体队员的回信［N］. 人民日报，2020-07-01（1）.

［13］习近平. 在新时代继承和弘扬伟大抗美援朝精神　为实现中华民族伟大复兴而奋斗［N］. 人民日报，2020-10-20（1）.

［14］习近平. 在党史学习教育动员大会上的讲话［N］. 人民日报，2021-02-20（2）.

[15] 中共中央办公厅印发《关于在全社会开展党史、新中国史、改革开放史、社会主义发展史宣传教育的通知》[N]. 人民日报，2021-05-26.

[16] 中共中央国务院印发《关于新时代加强和改进思想政治工作的意见》[N]. 人民日报，2021-07-13.

[17] 习近平在中央民族工作会议上强调：以铸牢中华民族共同体意识为主线　推动新时代党的民族工作高质量发展 [N]. 人民日报，2021-08-29 (1).

[18] 习近平中共中央关于党的百余年奋斗重大成就和历史经验决议说明中的讲话 [N]. 人民日报，2021-12-01 (1).

[19] 王沪宁在党史学习教育用书出版座谈会暨专题宣讲动员会上强调：深入学习贯彻习近平总书记重要讲话精神　推动党史学习教育取得扎扎实实成效 [N]. 人民日报，2021-03-16.

[20] 中共中国社会科学院党组理论学习中心组. 必须坚持和发展中国特色社会主义 [N]. 人民日报，2021-08-31.

四、国内学术期刊论文及学位论文（按姓名拼音首字母排序）

[1] 程美东，刘辰硕. 从三个维度理解加强"四史"教育的重大意义 [J]. 思想教育研究，2020 (12).

[2] 陈金龙，吴晓璇. 以大历史观认识和把握改革开放史论纲 [J]. 思想理论教育，2020 (7).

[3] 陈锡喜，桑建泉. 文化自信的内涵及其在"四个自信"中的地位 [J]. 高校马克思主义理论研究，2017 (3).

[4] 刁米艺. "四史"教育融入新时代大学生爱国主义教育研究 [D]. 漳州：闽南师范大学，2022.

[5] 杜丽. "四史"教育融入高校思政课教学研究 [D]. 武汉：华中师范大学，2022.

[6] 杜娟，蒋明. 逻辑、价值与实践：民族高校四史教育融入铸牢中华民族共同体意识教育的思考 [J]. 民族学刊，2022 (11).

[7] 范连生，范文文. "四史"教育融入思想政治理论课的价值意蕴与实现路径 [J]. 教育评论，2021 (7).

[8] 冯俊. 学习和研究"四史"的理论指引——深入学习习近平总书记关于"四史"的重要论述 [J]. 红旗文稿，2021 (3).

[9] 冯霞，刘进龙. "四史"教育融入高校思想政治理论课的三维审视

[J]. 思想理论教育导刊，2021（2）.

[10] 范晓峰，郭凤志. 关于中国特色社会主义文化自信的几点思考 [J]. 思想教育研究，2016（7）.

[11] 方彦明."四史逻辑"研究的科学方法论 [J]. 科学社会主义（双月刊），2021（6）.

[12] 高静毅. 接受视角下"四史"教育入脑入心的思政课教学研究 [J]. 学校党建与思想教育，2022（7）.

[13] 顾钰民."四史"学习与加强思想政治理论课建设 [J]. 理论与改革，2021（1）.

[14] 龚旗煌. 深化"四史"教育培养有志气、有骨气、有底气的时代新人 [J]. 中国高等教育，2022（8）.

[15] 韩庆祥. 中国道路及其本源意义 [J]. 中国特色社会主义研究，2020（2）.

[16] 韩庆祥，方兰欣. 改革开放以来中国特色社会主义的发展逻辑 [J]. 中国特色社会主义研究，2018（3）.

[17] 黄山力."四史"教育融入高校思政课存在的问题及对策研究 [D]. 恩施：湖北民族大学，2022.

[18] 韩菲."四史"教育筑牢爱国主义的思想堡垒 [J]. 广西社会科学，2021（4）.

[19] 胡占君. 社会主义时期毛泽东历史教育思想探论 [J]. 理论月刊，2005（3）.

[20] 韩振峰，张悦."四史"学习教育融入高校思想政治理论课探析 [J]. 北京社会科学，2022（1）.

[21] 韩震. 论中国特色社会主义道路自信 [J]. 中国特色社会主义研究，2012（6）.

[22] 何畏. 坚持和发展中国特色社会主义的根本方法论——学习领会习近平总书记"七一"讲话 [J]. 江苏社会科学，2016（6）.

[23] 季正聚. 在历史自觉和历史担当中砥砺前行——把学习"四史"作为必修课 [J]. 中国党政干部论坛，2020（8）.

[24] 季正聚. 改革开放与"四个自信"——兼驳质疑改革开放的错误观点 [J]. 马克思主义与现实，2017（4）.

[25] 隽鸿飞，周丽. 马克思历史观、唯物史观与历史唯物主义 [J]. 江汉论坛，2018（4）.

［26］刘略.“四史”教育融入高校思想政治理论课研究［D］. 昆明：云南师范大学，2022.

［27］刘迪，李中华.“四史”学习教育融入高校思想政治教育路径研究［J］. 思想政治教育研究，2021（5）.

［28］刘芳. 新中国成立以来历史教育在高校思想政治理论课中的演进及其特点［J］. 高校马克思主义理论研究，2019（3）.

［29］刘经纬. 大学生思想政治教育红色资源利用研究［J］. 思想政治教育研究，2020（10）.

［30］刘志光. 旧邦新命　和平发展——浅论中国文化的和平智慧及其影响［J］. 中华文化论坛，2007（1）.

［31］刘仓. 论习近平文化自信的多维理路［J］. 山东社会科学，2017（12）.

［32］凌晶垚. 新时代高校大学生“四史”教育研究［D］. 长春：东北师范大学，2022.

［33］雷丹丹. 新时代强化大学生“四史”教育的对策研究［D］. 兰州：兰州理工大学，2022.

［34］李浩.“四史”融入高校宣传思想工作研究［D］. 成都：电子科技大学，2022.

［35］李正兴.“四史”教育融入高校思想政治理论课的实践路径［J］. 江西师范大学学报（哲学社会科学版），2021（6）.

［36］李丹，徐晓风.“四史”教育与高校思想政治理论课实效性研究［J］. 思想政治教育研究，2021，37（1）.

［37］李寒梅. 四史教育融入高校思政课教学的逻辑理路［J］. 马克思主义与现实，2022（4）.

［38］李正兴，陈惠萍.“四史”教育融入高校思想政治理论课的实践路径［J］. 江西师范大学学报（哲学社会科学版），2021（6）.

［39］李海星. 坚持和发展中国特色社会主义——基于科学社会主义理论逻辑与中国社会发展历史逻辑相统一的视角分析［J］. 当代世界与社会主义，2013（4）.

［40］刘蓉. 学史明理、学史增信、学史崇德、学史力行：四者内在逻辑探析［J］. 实事求是，2021（6）.

［41］刘倩倩.“四史”教育融入“纲要”课教学的价值意蕴和实践路径［J］. 福建医科大学学报（社会科学版），2022（6）.

　　[42] 刘建华. "四史": 思想政治理论课的硬核力量 [J]. 华侨大学学报（哲学社会科学版），2021（3）.

　　[43] 刘伟，张懋. "四史"教育融入高校思政课的内在机理与内容解析 [J]. 航海教育研究，2023（1）.

　　[44] 刘灿. 加强大学生"四史"教育的三重维度 [J]. 湖南农业大学学报（社会科学版），2021（2）.

　　[45] 栾永玉. 将"四史"教育贯穿高校立德树人全过程 [J]. 中国高等教育，2021（17）.

　　[46] 苗思雅. "四史"教育融入高校思政课教学的内在逻辑及路径研究 [D]. 西安：陕西科技大学，2022.

　　[47] 梅景辉，杨芷涵. "四史"教育融入思政课的现实挑战与策略探析 [J]. 学校党建与思想教育，2023（3）.

　　[48] 牛利坡. 论中国共产党的重史传统与"四史"教育的精神基因 [J]. 河南师范大学学报（哲学社会科学版），2021（11）.

　　[49] 秦宣. 道路自信、理论自信、制度自信的历史和现实依据 [J]. 党建，2013（1）.

　　[50] 曲青山. 关于文化自信的几个问题 [J]. 中共党史研究，2016（9）.

　　[51] 秦志龙，王岩. 论坚定文化自信的三个基本问题 [J]. 科学社会主义（双月刊），2017（1）.

　　[52] 任彩红. 高校思政课加强"四史"教育的多维思考 [J]. 中国高等教育，2021（24）.

　　[53] 盛美真. "四史"教育融入高校思想政治理论课教学的基础、动力和保障 [J]. 云南大学学报（社会科学版）. 2022，21（2）.

　　[54] 沈茹. "四史"教育有效融入高校思政课的路径探究 [J]. 天中学刊，2023，38（1）.

　　[55] 宋俭，廖玉洁. 将"四史"教育融入高校思想政治理论课教学体系的思考 [J]. 思想理论教育，2020（7）.

　　[56] 宋学勤，罗丁紫. 论"四史"教育融入大中小学思想政治理论课一体化建设 [J]. 思想理论教育，2021（3）.

　　[57] 孙力，田志轩. 学习党史、新中国史、改革开放史、社会主义发展史的时代使命 [J]. 思想理论教育，2020（6）.

　　[58] 孙艳美. "中国近现代史纲要"课加强"四史"教育探析 [J]. 思想理论教育导刊，2020（9）.

［59］唐俊，张劲松.“四史”教育融入高校思政课探究［J］.学校党建与思想教育，2021（19）.

［60］佘双好，冯茜.理论自信的表现及其培养路径探究［J］.学校党建与思想教育，2013（9）.

［61］谈振好.新时代高校“四史”教育的方法论原则与实践路径［J］.社科纵横，2021（2）.

［62］田克勤，郑自立.在历史与理论的贯通中增强思想和行动自觉——深入理解习近平总书记关于学好“四史”的论述［J］.思想理论教育，2020（7）.

［63］滕苏苏，顾玉萍.大学生“四史”学习教育的价值意蕴、逻辑理路与实施路径［J］.教育评论，2021（12）.

［64］田克勤，郑自立.坚定文化自信的三个基本维度［J］.思想理论教育，2016（10）.

［65］王炳林，刘奎.关于“四史”融入思想政治理论课的思考［J］.思想教育研究，2021（8）.

［66］王伟光.当代中国马克思主义的最新理论成果——习近平新时代中国特色社会主义思想学习体会［J］.中国社会科学，2017（12）.

［67］王南湜.当代中国的哲学精神构建的前提反思［J］.中国社会科学，2015（10）.

［68］王世恒.“四史”教育融入“纲要”课教学探析［J］.学校党建与思想教育，2021（23）.

［69］王玉.高校思想政治理论课“四史”教学的整体性及其实践路径［J］.思想教育研究，2021（1）.

［70］王哲.立足“四史”强化思政课教学的感性支撑力［J］.思想理论教育导刊，2022（3）.

［71］王利军.推进“四史”教育与思政课深度融合［J］.思想政治课教学，2022（6）.

［72］王强.多维视域下“四史”的理论向度及其辩证统一［J］.暨南学报（哲学社会科学版），2021（7）.

［73］王一安，王福兴.高校开展“四史”教育：意义、内涵、路径［J］.思想政治教育研究，2021（3）.

［74］王广义，胡靖.以党史为重点的“四史”教育融入高校思想政治理论课路径探析［J］.思想教育研究，2021（7）.

参考文献

［75］王伟，王珮璇. 加强大学生"四史"教育的理论基础、时代价值与现实路径［J］. 华北电力大学学报（社会科学版），2023（3）.

［76］王树荫，耿鹏丽. 新时代学习党史、新中国史、改革开放史、社会主义发展史的若干思考［J］. 思想理论教育，2020（5）.

［77］王伟光. 辩证唯物主义世界观方法论是中国共产党全部理论与实践的思想基础［J］. 哲学研究，2019（3）.

［78］王治东. "四个自信"的逻辑生成［J］. 毛泽东邓小平理论研究，2019（4）.

［79］吴怀友. 准确把握中国共产党百余年历史发展的主题［J］. 求索，2021（6）.

［80］辛向阳. 马克思主义视野下的中国特色社会主义制度和国家治理体系建设［J］. 当代世界与社会主义（双月刊），2020（1）.

［81］肖贵清，夏敬芝. 改革开放与中国特色社会主义自信［J］. 中国特色社会主义研究，2018（6）.

［82］肖贵清，张安. 关于坚定中国特色社会主义文化自信的几个问题［J］. 当代世界与社会主义（双月刊），2018（1）.

［83］肖贵清，周昭成. 中国特色社会主义制度自信的学理分析［J］. 马克思主义与现实，2013（4）.

［84］项久雨，欧丹. 马克思主义视域下"四史"教育的价值逻辑与深刻意蕴［J］. 马克思主义理论学科研究，2021（4）.

［85］杨延圣，郑斐然. "四史"教育融入高校思政教育的现实需求与路径优化［J］. 学术探索，2021（5）.

［86］虞志坚. "四史"教育融入高校思想政治理论课教学的三重逻辑［J］. 江淮论坛，2020（6）.

［87］张楚楚. 新时代大学生"四史"教育研究［D］. 郑州：华北水利水电大学，2022.

［88］张健新. 毛泽东的历史教育思想和实践［J］. 湘潭师范学院学报（社会科学版），2000（5）.

［89］张楠. "四史"学习教育与高校思想政治理论课教学改革深度融合的探索［J］. 思想教育研究，2021（3）.

［90］张智. "四史"教育：新时代爱国主义教育的必修课［J］. 社会主义核心价值观研究，2021，7（3）.

［91］张士海. 论习近平新时代中国特色社会主义思想的内在逻辑［J］.

中共中央党校学报，2018（4）.

［92］赵本燕，王建新. 习近平关于"四史"学习教育重要论述的多维审视［J］. 广西社会科学，2021（11）.

［93］周文翠. 精准思维与协同机制："四史"教育有效融入高校思政课教学的理念与行动［J］. 云南大学学报（社会科学版），2021，20（6）.

［94］周苏娅."四史"教育融入高校思想政治理论课的三重维度［J］. 思想教育研究，2021（4）.

［95］赵本燕，王建新. 时代新人培育视野下"四史"教育的逻辑透视［J］. 北京航空航天大学学报（社会科学版），2022，35（6）.

［96］赵金科. 中国特色社会主义道路的文化意蕴［J］. 齐鲁学刊，2014（2）.

［97］袁晓雪."四史"教育凝聚社会共识研究［D］. 银川：宁夏大学，2022.

［98］曾汇萍."四史"教育融入港澳台大学生国情教育研究［D］. 南昌：南昌大学，2022.

五、外文文献（按英文首字母排序）

［1］Aaron C. Weinschenk. Revisiting the Political Theory of Party Identification［J］. Polit Behave，2010.

［2］Bronfenbrenner U. The ecology of human development：Experiments by nature and design［M］. Boston：Harvard university press，1979.

［3］Belas，Oliver，Neil Hopkins. Subject English as Citizenship Education［J］. British Educational Research Journal，2019（2）：320－339.

［4］Campbell David E. Richard G. Niemi. Testing Civics：State－Level Civic Education Requirements and Political Knowledge［J］. The American Political Science Review，2016（3）：495－511.

［5］Duquette Catherine. From a side consideration to a fully fledged discipline：An overview of the past，present，and future of history education［J］. Theory & Research in Social Education，2020，48（2）.

［6］Doussot Sylvain. Case studies in history education：thinking action research through an epistemological framework［J］. Educational Action Research，2020，28（2）.

［7］Gerald Heisler，Robert H. Shipley. The ABC model of assertive behaivior [J]. Behavior Therepy, 1997 (30): 509—512.

[8] History education and educational competences [J]. Educar em Revista, 2019, 35 (74).

[9] Gainous, Jason, Allison M. Martens. The Effectiveness of Civic Education: Are "Good" Teachers Actually Good for "all" Students? [J]. American Politics Research, 2012 (2): 232—266.

[10] History didactics and the competence of meaning attribution: a study from the methodology of history education [J]. Educar em Revista, 2019, 35 (74).

[11] Korber Andreas. Transcultural history education and competence: Emergence of a concept in German history education [J]. History Education Research Journal, 2018, 15 (2).

[12] Kuhberger Christoph. Interdisciplinary Research in History Education [J]. Public History Weekly, 2017, 2017 (26).

[13] Lee, Carol D. Reimagining American Education: Possible Futures: A Curriculum that Promotes Civic Ends and Meets Developmental Needs [J]. Phi Delta Kappan, 2021 (3): 54—57.

[14] Loet Leydesdorff, Martin Meyer. The Scientometrics of a Triple Helix of University-Industry Government Relations [J]. Scientometrics, 2007 (20): 207—222.

[15] Malone, Helen J. Civic Education in America's Public Schools: Developing Service and Politically Oriented Youth. (Education and Academics) [J]. Phi Kappa Phi Forum, 2008 (2), 24.

[16] Milligan Andrea. Meeting the challenges of difficult pasts and presents in history education [J]. Theory & Research in Social Education, 2020, 48 (1).

[17] Michael Fordham. Tradition, Authority and Disciplinary Practice in History Education [J]. Educational Philosophy and Theory, 2017, 49 (6).

[18] Paul L. Kirk. Crime investigation: physical evidence and the police laboratory [M]. New York: Interscience Publishers, 1953.

[19] Rachel Ingram. Interpretation of children's views by educational psychologists: dilemmas and solutions [J]. Educational Psychology in Prac-

tice，2013.

[20] Sanina，Anna G. Patriotism and Patriotic Education in Contemporary Russia [J]. Russian Social Science Review，2018 (5)：468－482.

[21] Suslov，Aleksei，Irina Belova，etc. Legal and Civil Patriotic Education in Russia University as a Factor of Sustainable Development Societies [J]. E3S Web of Conferences，2021 (295)，5011.

[22] Starkey，Hugh. Fundamental British Values and Citizenship Education：Tensions between National and Global Perspectives [J]. Geografiska Annaler. Series B，Human Geography，2018 (2)：149－162.

[23] Silvia Edling，Heather Sharp，Jan Lofstrom，etc. The good citizen：Revisiting moral motivations for introducing historical consciousness in history education drawing on the writings of Gadamer [J]. Citizenship，Social and Economics Education，2020，19 (2).

[24] Shin Ho Jae. The Logic of Historical Awareness and History Education [J]. The Korean History Education Review，2017，142.

[25] Takeuchi Kazuhiro. Reinventing University History Education in Global Contexts [J]. Bulletin of Asia-Pacific Studies，2020，22.

[26] The historian and the research in history education [J]. Educar em Revista，2019，35 (74).

[27] Weinberg，James，Matthew Flinders. Learning for Democracy：The Politics and Practice of Citizenship Education [J]. British Educational Research Journal，2018 (4)：573－592.

[28] Zajda，Joseph (ed.)，Nation－Building and History Education in a Global Culture [J]. Dordrecht：Springer，2015.

参考文献